給与明細から読み解く お金のしくみ

OKANE no SHIKUMI

監修
高橋 創

日東書院

給与明細が読めない!

猫島商事
社会人2年目
日野さな
カシャカシャ
先輩
チェック
お願いします
ハーイ!
おぉ、早いな
さすが2年目
ありがとう
あ、今日
25日だ
忘れずに給与明細
チェックするんだよ
は……はい
25日
どれどれ
ペーパーレスで全部
パソコンの中だから、
見てないんだよね……
どうせ4月に
昇給してから
変わらないし
……
んんん……?
せ、先輩……
ぬっ
ど、どうした
ああの……
お給料減っているん
ですけど……
違うんです
残業代?
なんで…
ああ、これ
これ

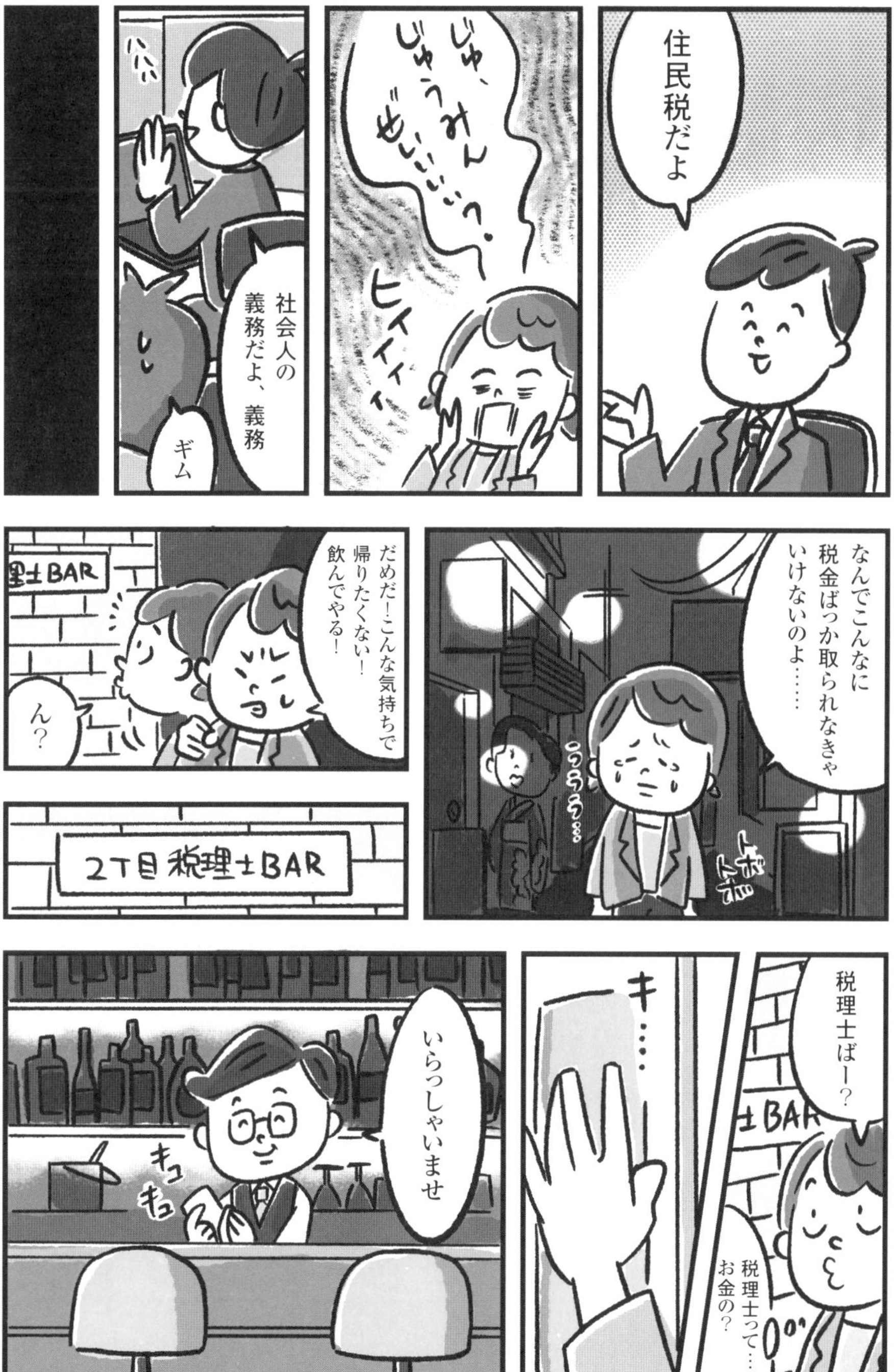
住民税だよ
じゅ、じゅうみんぜいいいい?!
ヒイイイイ
社会人の義務だよ、義務
ギム
ハハハ
なんでこんなに税金ばっか取られなきゃいけないのよ……
トボトボ
だめだ！こんな気持ちで帰りたくない！飲んでやる！
ん？
2丁目 税理士BAR
税理士ばー？
税理士って……お金の？
キ……
いらっしゃいませ
キュキュ

普通のバーの気がする
税理士とは?
あ、このカクテルお願いします
はーい
バーンッ
ちょっとハジメ先生!!
ビクッ
どうしよう
医療費のレシート出てきちゃったの!
ミーガンさんいらっしゃい
あぁ、大丈夫大丈夫それは還付だからまだいけるよ
え、そうなの
うん、5年いけるから今度やっておくね
な、なに この会話
高度…
あ、あの
ん?
マスターはお金に詳しいんですか?
実は僕、税理士が本業で
ええっ
ハジメ先生は私の税理士なのよっ

税理士さんってどんなお仕事なんですか？
税に関する専門家です
身の回りの税金に対してアドバイスしたり、代わりに会計帳簿を任されたり
確定申告のお手伝いをしたりしていますよ
先生っ
税金のこと聞いてもいいですかっ!!
ガシッ
ど、どうぞ
今日、今月の給与明細を確認したら……
よくわからない税金が増えていたんです
1万円も!!
よくわからない税金……？
住民税かな
それ！それです！
もしかして社会人2年目ですか？
ど、どうしてそれを……
なるほど、住民税という税はですね……
コホン

住民税
翌年納税
前年所得
昨年の収入に対して、1年遅れで納める税なんですよ
い、1年遅れ……？
12月に源泉徴収票をもらっているよね
それを基に計算するから少し遅れるんですよ
ゲンセンチョーシューヒョー
うんうん
5月に住民税決定通知書が届いたよね
ジューミンゼーケテーイツーチショ？
う…うう
ちょっと、アンタ大丈夫？
恥ずかしいけどお金のこととか全然わからなくて……
新人研修のときに教えてくれるのかなって
思っていたけど誰も教えてくれなくて……
毎月の給与明細をチェックしろって先輩もいうけど
見たって全然わからないし
頑張って働いて昇給したお給料が、よくわからない税金のせいで帳消しで
なんかもうよくわからないし不安だし、仕事で精一杯でそれどころじゃないけど、このままじゃダメな気がするんです……

先生!!
ビクッ
私に税金のこと教えてもらえませんか
ちゃんと知りたいんです
うん
えらいえらいよ!!
えっ
正直、会社員で、給与明細をきちんと見ている人は少ないんじゃないかな
え
会社員は全て会社が処理してくれるから、そもそも意識することが難しいんだ
結婚や子どもが生まれたとき、家を買うときに
初めてお金と向き合う人も少なくないんだよ
だから社会人2年目で
向きあいたいって思えるのは、とても素敵です
せ、せんせい〜
今度、給与明細を持ってきてください
一緒に見ながらなにが書いてあるのかお話ししましょう
ハーイ
私も!!
ありがとうございます!
先生!
じゃあ、今日はとりあえず
乾杯
チン

はじめに

私たちは案外身の回りのお金のしくみについて知りません。

例えば、毎月の給与の計算方法や、そこから引かれる「税金」と「社会保険」。税金も社会保険も、国にとって大切な制度であることはわかります。しかし、実際にはそれがどのようなもので、私たちにどんな関係があるのかまでしっかりと把握している方は多くありません。私自身も給与をもらって働いていた頃は、内容などまるでわかっておらず、天引きされる「健康保険」「厚生年金」「所得税」を、毎月苦々しく思いながら給与明細を眺めていた記憶があります。

そもそも、税金や社会保険といった制度は本当に必要なものなのでしょうか。もし本当に必要なものだったり、日頃お世話になったりしているものであれば、給与から引かれていても多少は納得感があるかもしれませんよね。そういう意味でも、しくみや制度を知ることはとても大切です。

みなさんのお手元にある給与明細に対して、たいしたことが書いてないと感じる方や、難しすぎてよくわからないと投げだしている方もいるかもしれません。しかし、給与明細にはお金にまつわる大事な情報がちりばめられています。給与明細を手がかりに、普段なかなか意識をしない「お金のしくみや制度」について考えてみる、というのがこの本の目的です。

生きている限り、避けて通れないものがお金です。であるならば、お金のしくみを詳しく知ることによって、しくみや制度を使いこなすというのが最善の道。読み進めていくうちに、もしかしたら「困ったときにはこういう制度が利用できるのか！」ですとか「もしかしたら税金がちょっと安くできるかも？」といった発見があるかもしれません。

給与明細を片手に、お金のしくみを読み解いていきましょう！

高橋創

給与明細から読み解く
お金のしくみ
OKANE no SHIKUMI

もくじ

「健康保険」ってなんだろう

「厚生年金」ってなんだろう

「介護保険」ってなんだろう

「雇用保険」ってなんだろう

「労災保険」ってなんだろう

そもそも税金ってなんだろう

「源泉所得税」ってなんだろう

「住民税」ってなんだろう

Chap. 1

「支給」について

まずは『支給』を読んでみよう

じゃあ、まずこの「支給」のブロックを見ていこうか
はい先生!
支給は、単純に会社がさなさんに支払う
支給
給料
手当
残業代
など
給料や手当てなどの「給与」です
ん?
お給料と給与って別なんですか?
そうなんです
時間外手当
基本給
225,000
支給
非課税通勤費
「給料」は基本給を示す言葉で
給料＝基本給
「給与」は手当を含む「総支給額」を示します
給与＝総支給額(額面)
手取り＝差引支給額
「お給料」っていうけど本当は給与なんだ
そうなんですよ
給与の内容について話す前に
まずはお金について、少しお話ししましょう

Chap. 1

「**支給**」について

そもそもお金ってなんだろう

お金はいつからあるの？

物々交換

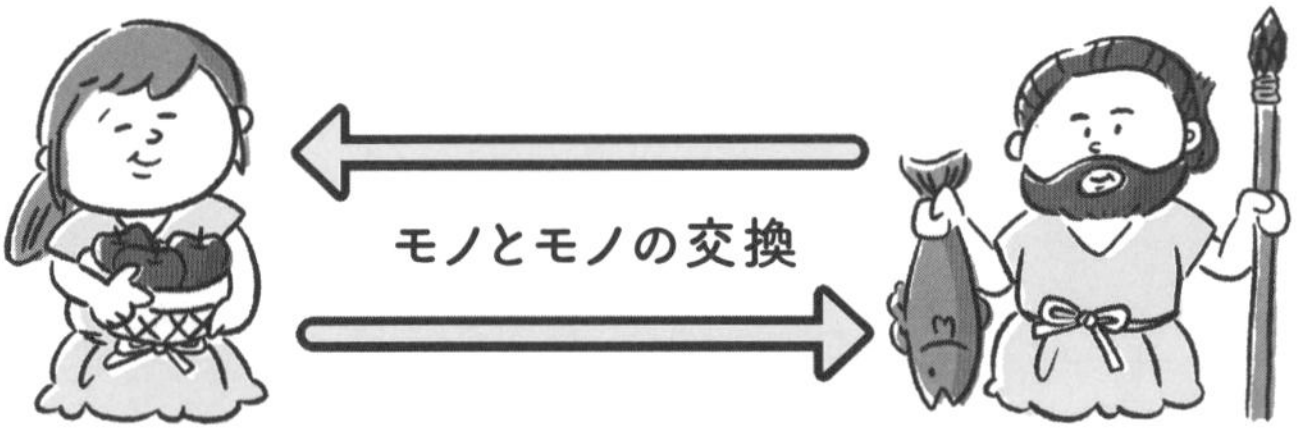

お互いの欲しいものが一致することで
取引が成立する

しかし……

あれと
交換したら
損だぞ…
米が
欲しいのに
ない！
今は
交換できるもの
がない

取引が成立しにくい

はじまりは物々交換

はるか大昔の人々は、欲しいモノがあれば**自分の持っているモノと他人の持っているモノを交換する「物々交換」**で手に入れていました。これが経済取引のはじまりです。しかし、いつもそのモノが安定して手元にあるわけではありません。魚はいつ取れるかわからないし、植物は季節が限られます。

そこで登場したのが、**誰にとっても価値のあるモノで取り引きをする「物品貨幣」**です。塩や布、米、貝などが貨幣として使われました。

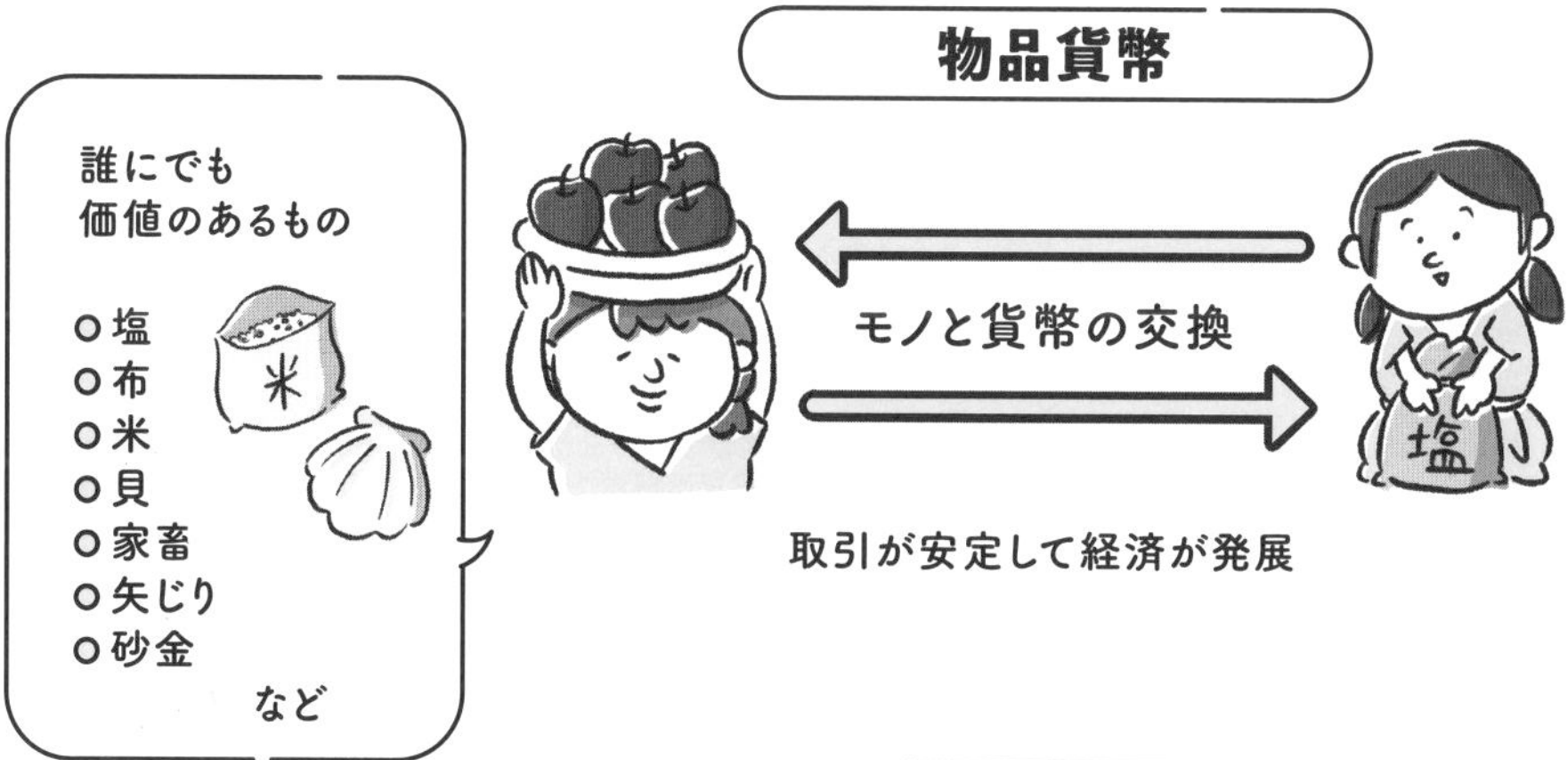

memo

**「銀座」は江戸の
お金の名残**

江戸時代は、金・銀・銭の3つの異なるお金が流通する、複雑なシステムでした。それぞれの貨幣鋳造機関があり、それを金座、銀座、銭座といいます。東京の銀座という地名はその名残です。金座の跡地には日本銀行本店が建っています。

現在の貨幣は信用貨幣

紙幣はただの紙

銀行に持っていても、金銀には交換できない

明治になると「円」という新しい貨幣が生まれ、金属貨幣から紙幣へと変わります。当初の紙幣は金銀に交換が可能でしたが、1931年に停止され交換が不可に。事実上ただの紙である紙幣を「国の信用」で流通させているのが、現在の信用貨幣です。このような紙幣を「不換紙幣（ふかんしへい）」といいます。

特に貝は中国をはじめ世界中で貨幣として使われ、「貝貨（ばいか）」と呼ばれます。今でもお金に関する漢字によく「貝」が入っているのはその名残です。

金属貨幣そして紙幣へ

やがて、持ち運びが不便で壊れやすい米や貝などの物品貨幣から、コンパクトで丈夫な金属貨幣が利用されるようになります。

日本最古の貨幣は、683年頃に作られた「富本銭（ふほんせん）」といわれ、その後も渡来銭やその地域限定の貨幣、物品貨幣も混在して使用されたといわれています。

江戸時代に入るとはじめて日本の貨幣制度が統一され、1600年頃には「山田羽書（やまだはがき）」という最初の紙幣が誕生します。

そもそもお金ってなんだろう
お金の役割ってなんだろう？

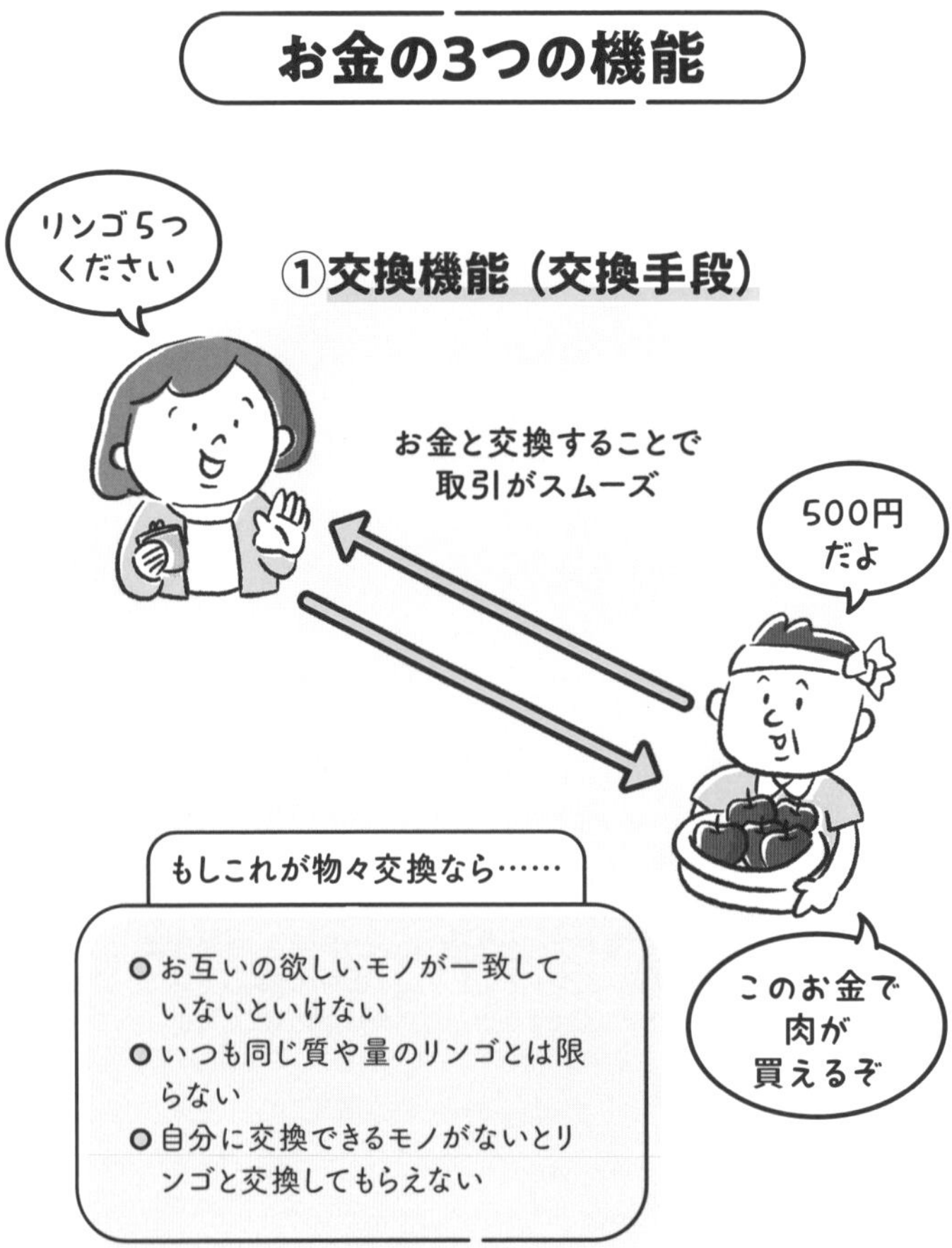

お金の3つの機能
①交換機能（交換手段）
リンゴ5つ
ください
お金と交換することで
取引がスムーズ
500円
だよ
このお金で
肉が
買えるぞ
もしこれが物々交換なら……
○お互いの欲しいモノが一致していないといけない
○いつも同じ質や量のリンゴとは限らない
○自分に交換できるモノがないとリンゴと交換してもらえない

お金の3つの機能

いつも何気なく使っているお金ですが、私たちはお金を使うことで次の3つの機能を使っているのです。

❶交換機能

お金のはじまりは物々交換とお話ししましたが（P.18）、まさにお金は「**モノとモノを交換するときの仲立ち**」の役割を持ちます。お互いに交換するモノの価値が一致しないと成り立たない物々交換に代わり、お金という価値と交換することで取引がスムーズに成立します。

②尺度機能（価値の尺度）

モノに値段を
つけることで
価値をはかることができる

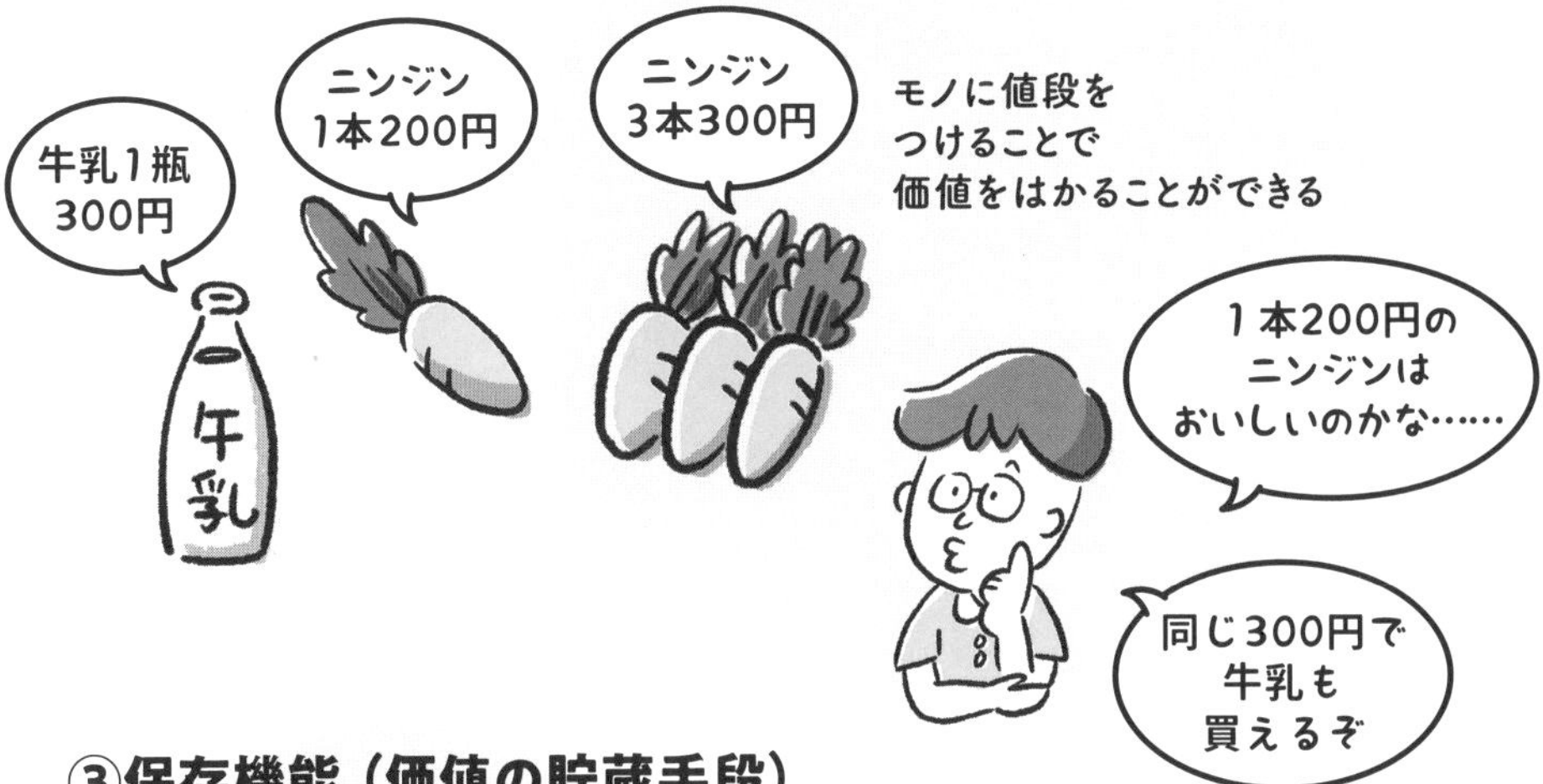
牛乳1瓶
300円
ニンジン
1本200円
ニンジン
3本300円
牛乳
1本200円の
ニンジンは
おいしいのかな……
同じ300円で
牛乳も
買えるぞ

③保存機能（価値の貯蔵手段）

価値を貯めておくことができる

残ったお金は
貯めておこう
ミカンは腐るけど
お金は腐らないぞ

❷尺度機能

お金というツールがあるおかげで、私たちはその**モノの価値を数値で表現し、共通して認識する**ことができます。そして、そのモノに「どれだけの価値があるのか」を判断したり比べたりするための、**「価値のモノサシ」**としてお金を使っています。共通のモノサシがあることで、価値を正確にはかることができます。

❸保存機能

物々交換で得たものは、いつか腐ったり壊れてしまったりするかもしれません。しかし、お金であれば**「価値を保管」**しておくことが可能です。得た価値を蓄えておくことで資産となり、もっと価値のあるもの（高価なもの）を買うことや、未来に起こることに対して準備しておくこともできます。

Chap. 1

「支給」について

そもそもお金ってなんだろう
お金は社会に流れる血液

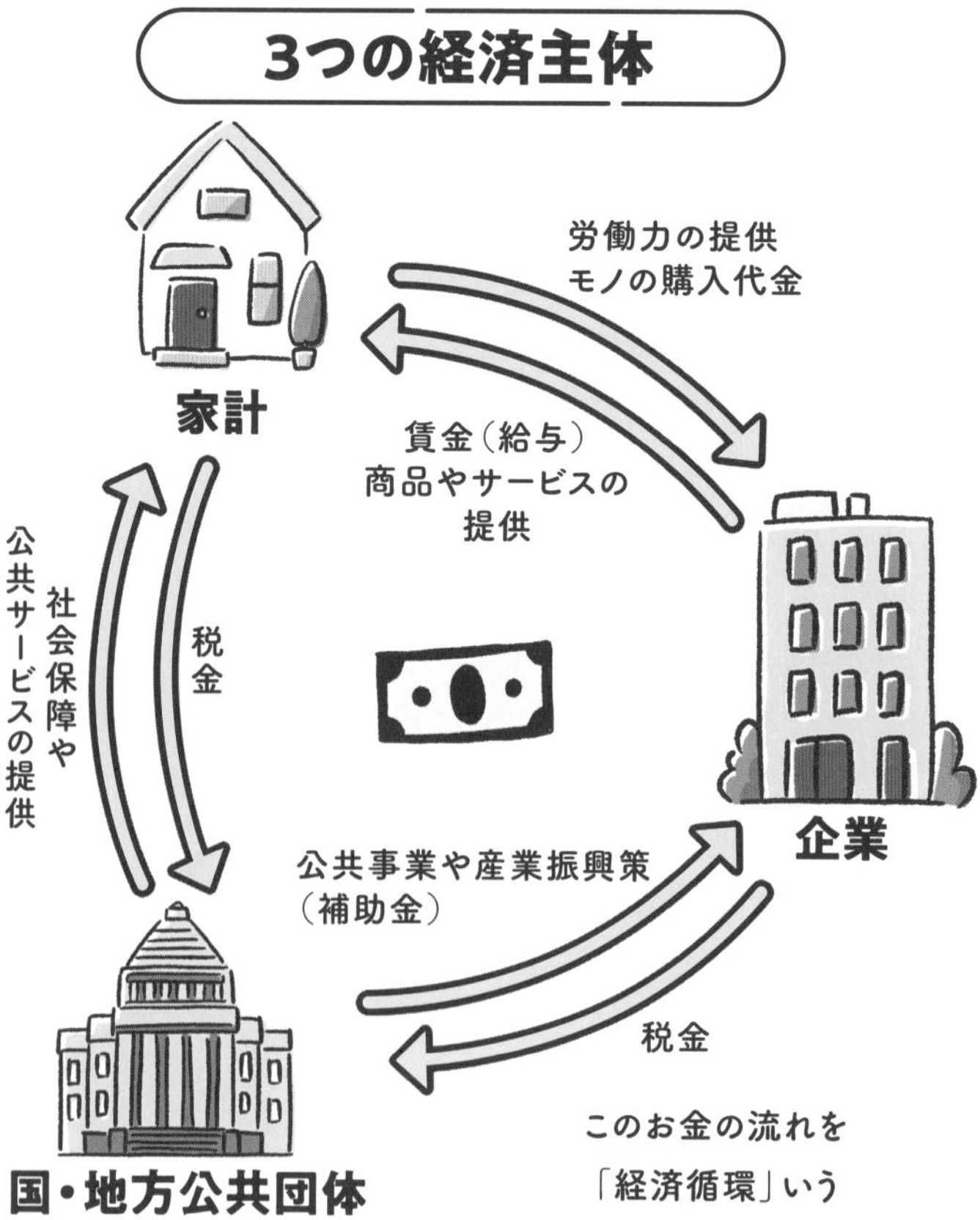

3つのグループを循環するお金

社会を人間の体にたとえるなら、お金は全身に流れる「血液」です。血液は生きていくために必要な酸素や栄養を体中に届けて常に循環しています。血液がとまってしまうことは、命の終わりを意味します。お金が動くというのはそれだけ大切なことなのです。

　では、**お金はどのように社会をまわっているのでしょうか。少し難しい言葉ですが、お金がぐるぐるとまわる3つのグループのことを「経済**

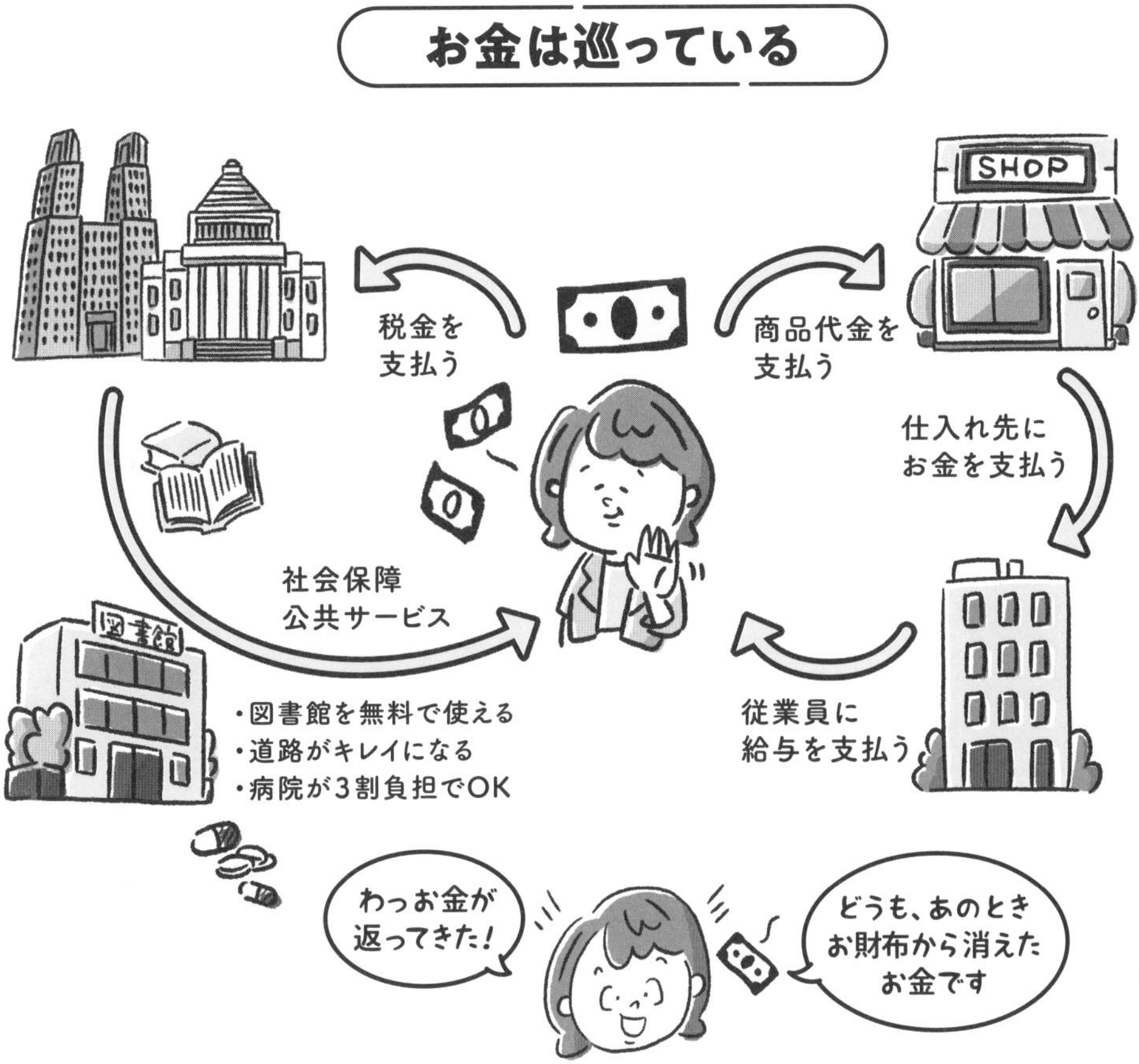
お金は巡っている
税金を
支払う
SHOP
商品代金を
支払う
仕入れ先に
お金を支払う
社会保障
公共サービス
図書館
・図書館を無料で使える
・道路がキレイになる
・病院が3割負担でOK
従業員に
給与を支払う
わっお金が
返ってきた！
どうも、あのとき
お財布から消えた
お金です

主体」といいます。消費活動を行う「家計」、モノやサービスを作り出す「企業」、家計と企業から集めた税金を使い公共事業やサービスを提供する「国・地方公共団体」、この**3つの間をお金は巡っています。この流れのことを「経済循環」**と呼びます。

支払って終わりではない

「家計」とは家庭の経済のことです。私たち一人ひとりが日々買い物をしたり、会社で働き給与をもらうことは、まさに経済循環の一部なのです。給与から差し引かれた税金や自分が支払ったモノの代金が、まわりまわって自分のもとにお金やサービスとしてかえってきているのです。3つの経済主体がお互いに関係しあいお金が動くことで、経済は成り立っているのです。

Chap.1

「支給」について

そもそもお金ってなんだろう

銀行とはいったいなに？

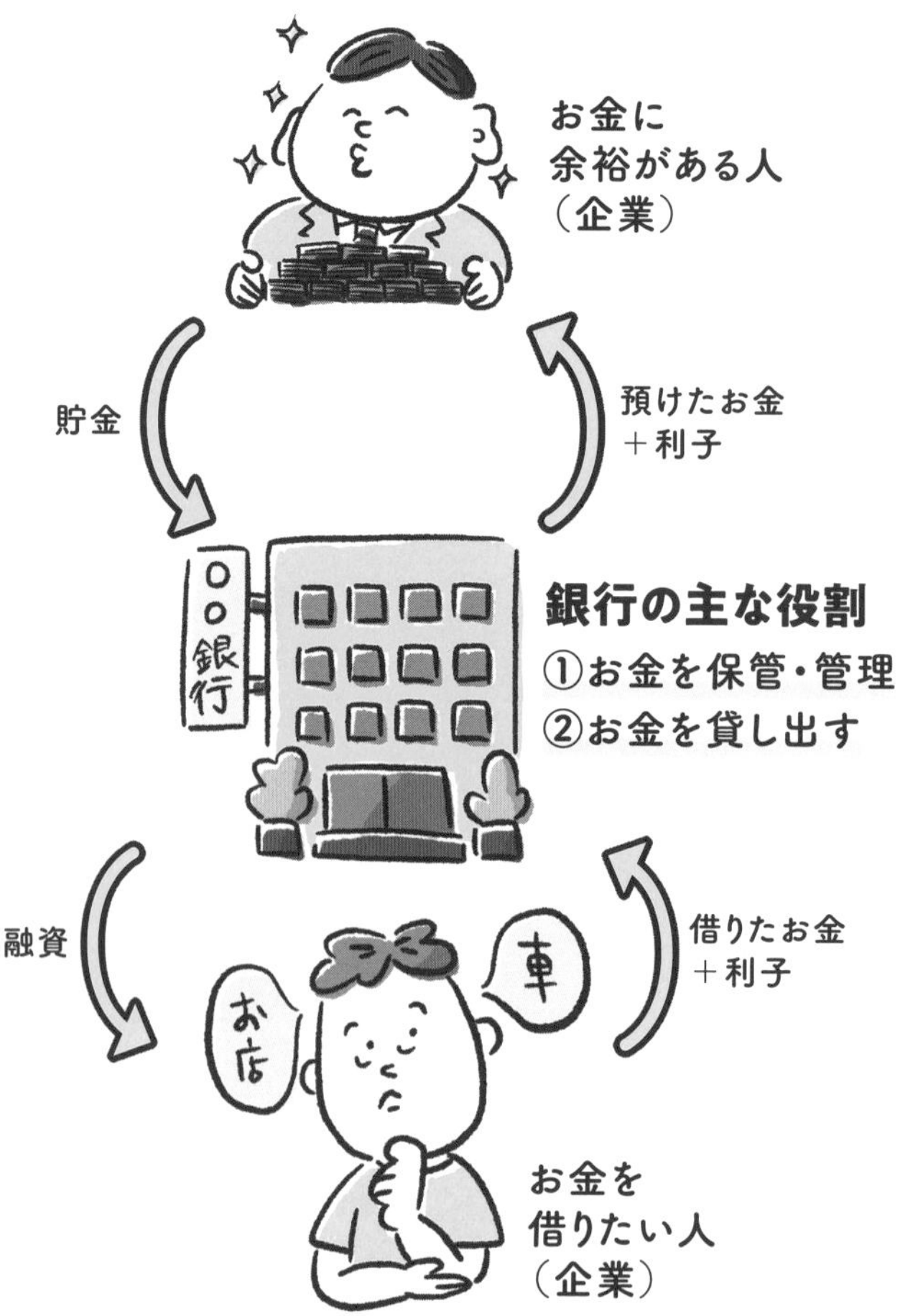

銀行は経済の心臓

お金が経済社会に流れる血液だとしたら（P.22）、銀行はその血液を送り出して体中に循環させる「心臓」のようなものです。

銀行には大きく2つの役割があります。**1つはお金を保管・管理すること、そしてもう1つはお金を貸し出すことです。**

例えば、毎月お給料を現金で手渡されたらどうでしょう。数十万円ものお金を持ち歩き、それを家に保管することはとてもハイリスクです。いつ盗難や天災にあうかわかりま

日本銀行は銀行の銀行

日本銀行の役割は次の3つです。

- 紙幣の発行
- 政府のお金を預かる
- 銀行の銀行

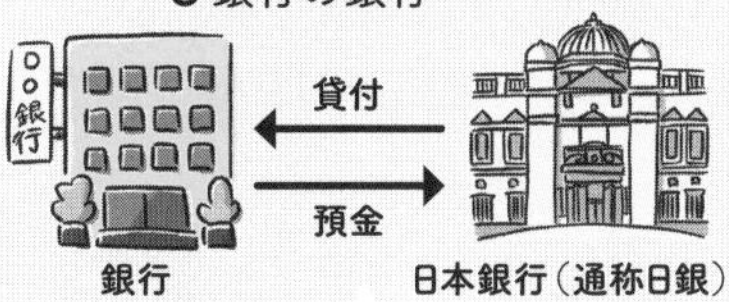

日銀は物価の安定をはかり、経済を安定させることが仕事です。**景気が悪ければ流通しているお金を増やし**、景気がよくなれば回収して流通量を減らします。
また、お金を貸し借りするときの「金利」（利子）も一緒にコントロールします。これを「金融政策」といいます。

memo 実は身近な「為替（かわせ）」

お給料が銀行口座に振り込まれる―― これは「為替取引」の一種です。実際の現金ではなく、小切手や振込などを使って支払うことを「為替」といいます。一見難しい言葉に聞こえますが、実は生活に身近なものです。

さまざまな銀行

○都市銀行（メガバンク）

大都市に本店を構えて、全国に支店を持つ。対法人では主に大企業と取引を行う。

○地方銀行

地方都市に本店を構え、特定の地域の経済を支える。対法人では主に地方の中小企業と取引を行う。

○ネット銀行

実店舗を構えず、インターネット上でサービスを提供する。近年急増している。

せん。そこで、確実に守ってくれる銀行に預けるのです。

お金の流れをサラサラに

もう1つの役割である貸し出しは、住宅や車など高額な買い物をするときや、新しく会社やお店をはじめたいときなど、資金が必要なときに役立ちます。

世の中にはお金を余るほど持っている人もいれば、そうでない人もいます。銀行は余裕のある人からお金を預かり、そしてそれを必要としている人に貸し出す……**両者の間に入って、世の中のお金が滞ることのないように、循環させる役割**があるのです。これをお金を融通する、すなわち「金融」といいます。経済を安定・発展させていく上で、銀行はなくてはならない存在なのです。

そもそもお金ってなんだろう
変化するお金の価値

100円が1000円でなくなる？

今日は１つ１００円でリンゴを買うことができても、１年後に同じように買える保証はありません。もしかすると１つ50円になっているかもしれないし、１つ３００円になっているかもしれません。リンゴというモノ自体は変わりませんが、**１００円というお金で買えるものは大きく変化**します。

このようにお金の価値とは常に変化するものです。**変化する理由は需要と供給のバランス**にあります。

インフレ
食パン一斤
1,000円です
供給（モノ）
3千円だしても
いい！
欲しい！
需要（買う人）

インフレになると

- モノの価値が上がる
- お金の価値が下がる
（支払うお金の量が増えるので価値が下がる）
- 預貯金の価値が下がる
- 金利が上がる

日銀の目標は物価上昇率2.0%

日銀は「モノの価格が毎年2%ずつUPする状態」が、経済が安定した状態であると考え、目標としています。それを目指してお金の量をコントロールしていますが、厳しいのが現状です。また、景気が悪いのに物価だけが上がる悪いインフレになると、更なる景気の悪化につながる恐れもあります。

もし本当に毎年2.0%上がると…
現在　**100万円**で買えるもの
10年後　**約120万円**出さないと買えなくなる

良いインフレの場合
▶景気の拡大を伴うので賃金もあわせてUP。物価が上がっても問題ない。

悪いインフレの場合
▶賃金が上がらないのに物価が値上がりして家計を圧迫。

memo

「景気」ってなんだろう?

景気とは、経済活動の動きを指します。たくさん売れて商売がうまくいっている状態を「好景気」、その逆を「不景気」といいます。好景気はインフレになる要因の1つですが、極端なインフレは経済を破壊してしまいます。その例が、日本経済のバブル崩壊です。

デフレ

500円でどうですか!
食パンたくさんあります!
供給(モノ)

欲しくないし……
100円なら買ってもいいかな
需要(買う人)

デフレになると
- モノの価値が下がる
- お金の価値が上がる
（支払うお金の量が減るので価値が上がる）
- 預貯金の価値が上がる
- 金利が下がる
- 給与が下がる

モノの量（需要）とそれを欲しいと思う人（供給）のバランスで、モノの値段が決まるのです。**いつも何気なくモノを買っている一人ひとりの行動が、物価を決めている**のです。

インフレとデフレ

モノを欲しい人がたくさんいるのに、モノが少ない状態をインフレーション、**通称インフレ**といいます。少ないモノを手に入れるために、たくさんお金を出すので物価が上がります。

その反対にモノを欲しがる人が少ないのに、モノがたくさんある状態をデフレーション、**通称デフレ**といいます。なんとか買ってもらうために値段を安くするため、物価は下がります。日本は長くこのデフレ状態が続いています。

そもそもお金ってなんだろう
変化するお金のカタチ

クレジットカードのしくみ

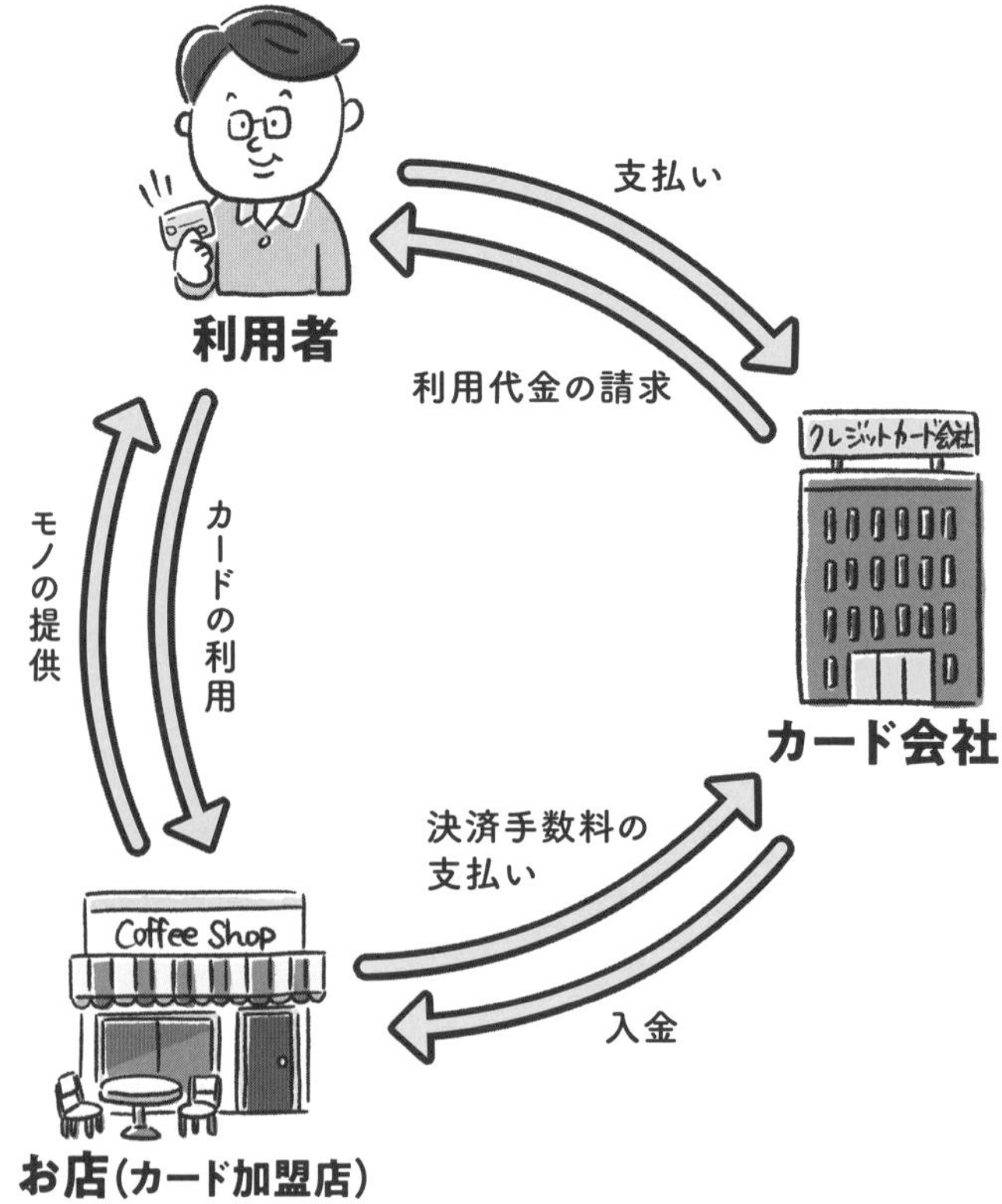

現金から見えないお金に

紙やコインという形にたどり着いたお金ですが、その形もまた変わろうとしています。

その1つが**クレジットカード**です。利用者に支払い能力があるかを審査した上で発行され、カード会社からの**「信用」によってモノを購入**(決済)することができます。利用者に代わりカード会社が一時的に代金を立て替え、後日カード会社からの請求された金額を利用者が支払うシステムです。

また最近では**電子マネー**が急速

いろいろな電子マネー

電子マネーとひと口に言ってもその支払い方法はさまざまです。

＼事前にチャージ／
プリペイド型
いわゆる「先払い」型。あらかじめ現金を入金しておくことで、使用可能です。

＼クレカつき／
ポストペイ型
いわゆる「後払い」型。クレジットカードと紐づけるタイプで、後日クレジットカードの利用代金として請求されます。

＼その場でチャリン／
デビット型
いわゆる「即払い」型。銀行口座（預金口座）と紐づけられたデビットカードを使用するタイプで、利用すると銀行口座から支払われます。

キャッシュレス決済 お店側のメリット・デメリット

メリット
- レジ業務の効率化
- 気軽に来店してもらえる
- 現金を置かないことで防犯対策
- 衛生管理の向上

デメリット
- 入金までの時間がかかる
- 導入、加盟費用
- 手数料の支払い

memo

見えないお金を管理する能力

今後ますますキャッシュレス化が進むことが予想されます。現金がなくてもお金が使えることは、便利であり危険でもあります。しかし、数字をハッキリと可視化できることで管理がしやすいという一面も。より金銭管理能力が求められる時代になるでしょう。

に普及しています。電子マネーとは**現金をデジタル化したもので、スマホやカードという「手段」を使って決済を行います。**このように現金を使わずに支払いを行うことを、キャッシュレス決済といいます。

現実に存在しないお金も誕生

日本円や米国ドルなど、特定の国家や組織が発行する「法定通貨」ではない、ネット上に存在し電子データのみでやり取りされる「**仮想通貨**」というものも登場しています。正しくは暗号資産といい、通貨自体の信用で成り立っています。ただし、お金の3つの機能（P.20）を十分に果たしているとはいえず、「通貨」とついていますが実際は株などと同じ**金融商品の一種**といえるでしょう。

Chap. 1

「支給」について

会社ってなんだろう？

そもそもお金ってなんだろう

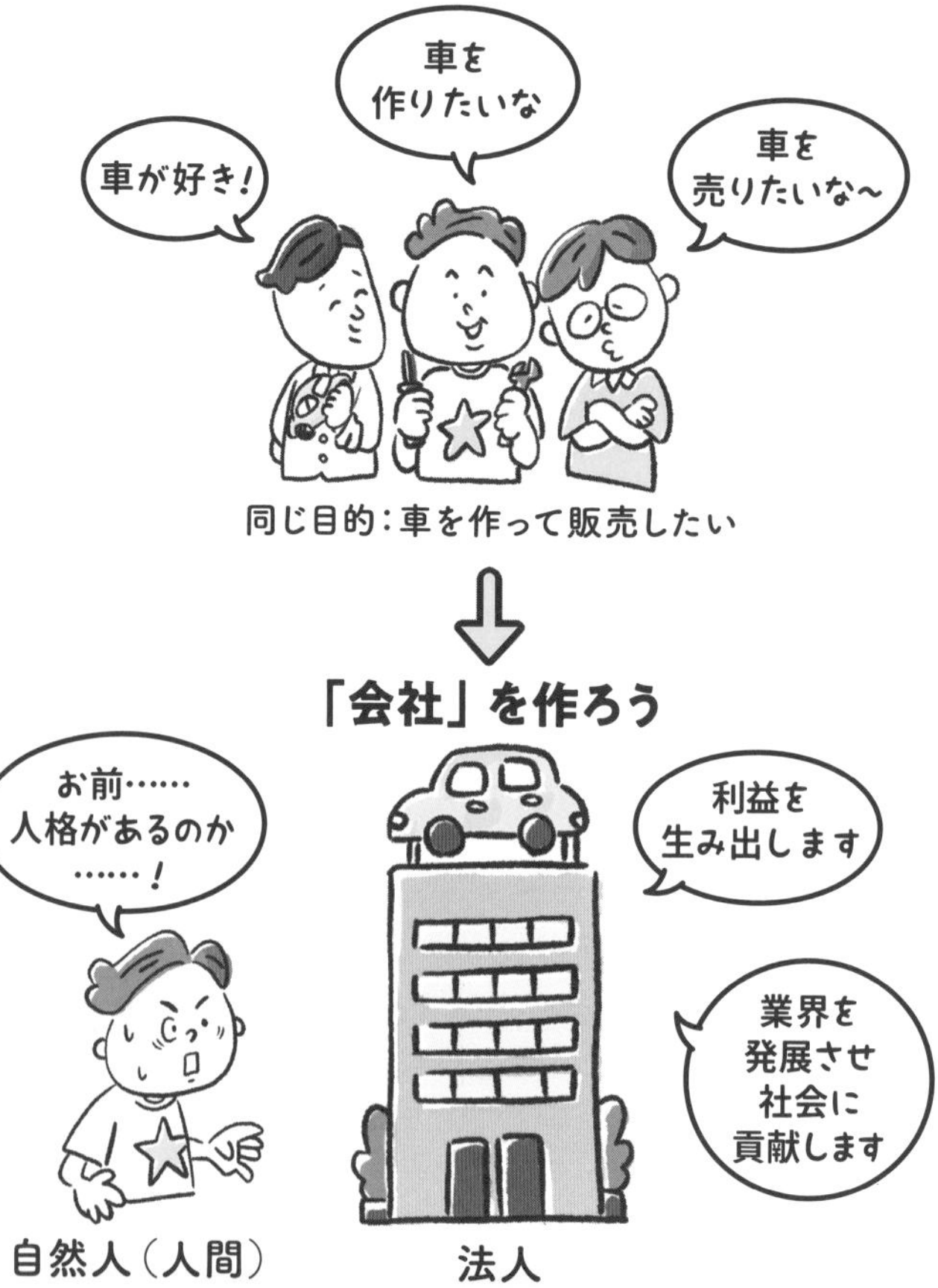

法律で「人格」が認められているのは、自然人と法人だけです。

人格を持った集団

会社とは、**利益を生み出すために活動する集団**です。大きなシステムのように思いがちですが、**目的を同じくした人の集まり**です。

利益を生む手段を「事業目的」といい、会社を作るときに必ず決めて「定款（ていかん）」＊という会社の運営ルールに記さなくてはいけません。日用雑貨の販売、飲食店の経営……といった具合です。

そして、会社を作るには必ず登記が必要です。登記すると、法律で社会的存在であることを認められた

＊会社の基本情報や規則など運営ルールを記した「会社のルールブック」。

13種類の法人

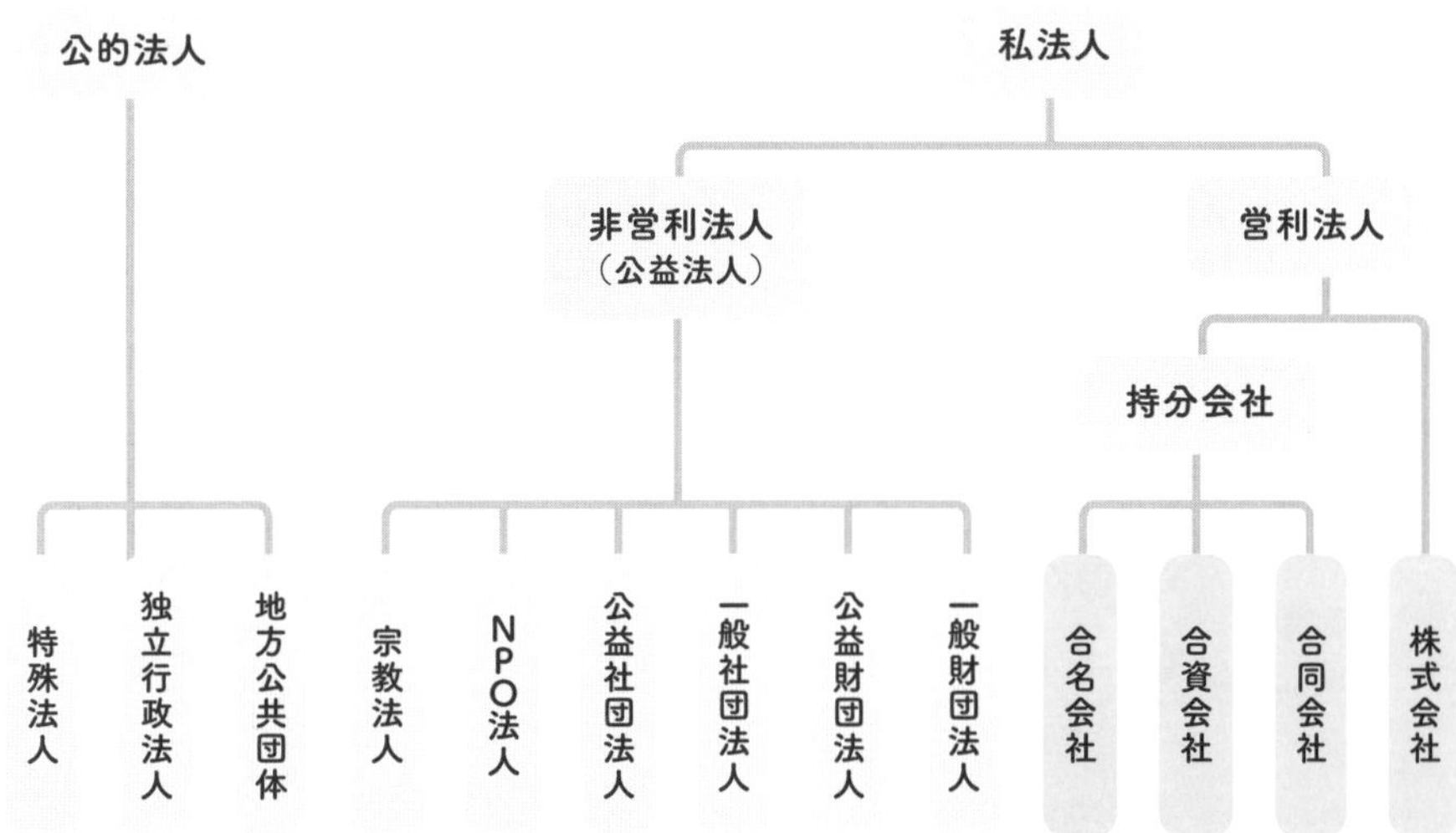

日本で認められている会社は4つ。
これらを
「営利法人」といいます

memo

世界最古の会社

世界最古の会社が日本にあるとご存知ですか。神社仏閣の建設会社「金剛組」といい、聖徳太子の命で四天王寺を建てるために百済から招いた宮大工、金剛重光により578年に創業しました。2005年まで一族が経営、以降は高松建設のグループ会社として存続しているというから驚きです。

「法人」となります。**法人とは法律により「人格」が認められた存在**で、1つの人格だからこそ会社がモノを買ったり売ったりすることができ、また税金を納める責任が発生するのです。

利益を生み出し貢献する

会社は常に利益を生み出さなくてはいけません。せっかく作ったモノを無料で配っていては、利益を出すどころか従業員にお給料を払うこともできません。**利益を生み出しその業界の発展に貢献すること、そして利益から税金を納めることで社会に貢献**しています。

また利益ではなく、社会貢献を目的とする「非営利法人」もあります。教育や芸術の推進・振興を図るNPOなどがその例です。

Chap. 1

「**支給**」について

そもそもお金ってなんだろう

株式会社ってなに？

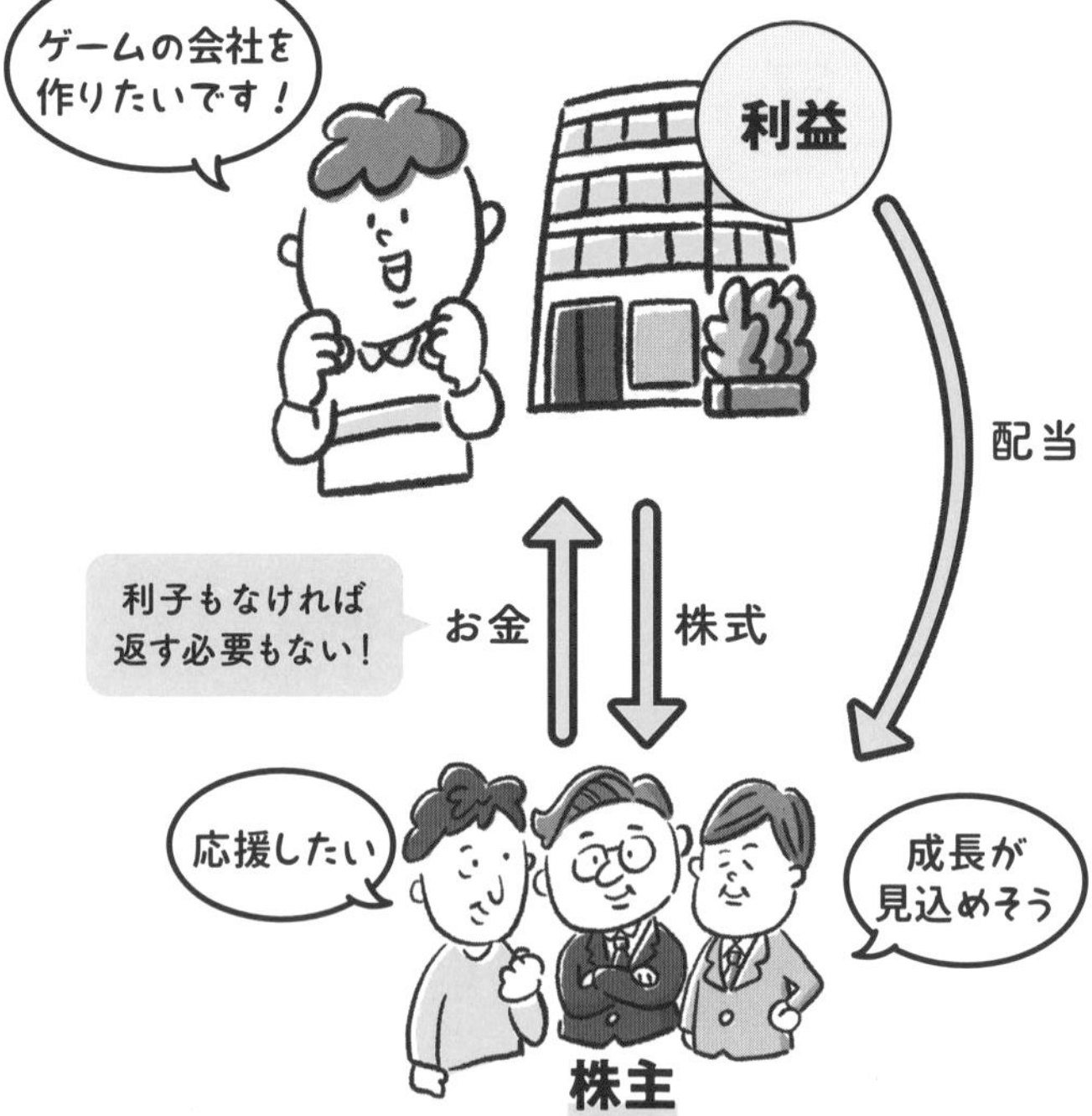

法律上、出資者は「有限責任社員」。

- **無限責任**……会社が失敗したときに負債総額を全額支払う責任を負う。
- **有限責任**……会社が失敗したときに出資額を限度として責任を負う。出資したお金が消えるだけでそれ以上の責任は負わない。

株式はお金を集めるアイテム

会社を運営するには当然ながらお金が必要です。自分でお金を貯めたり、銀行から借りたりすることもできますが、**お金を持っている人に投資**してもらうという方法もあります。その際、お金と引き換えに発行するのが「**株式**」です。

会社をはじめるときに、会社が保有しているお金を「資本金」といいます。会社は株式を発行してたくさんの人からお金を集めることで、資本金を大きくすることができま

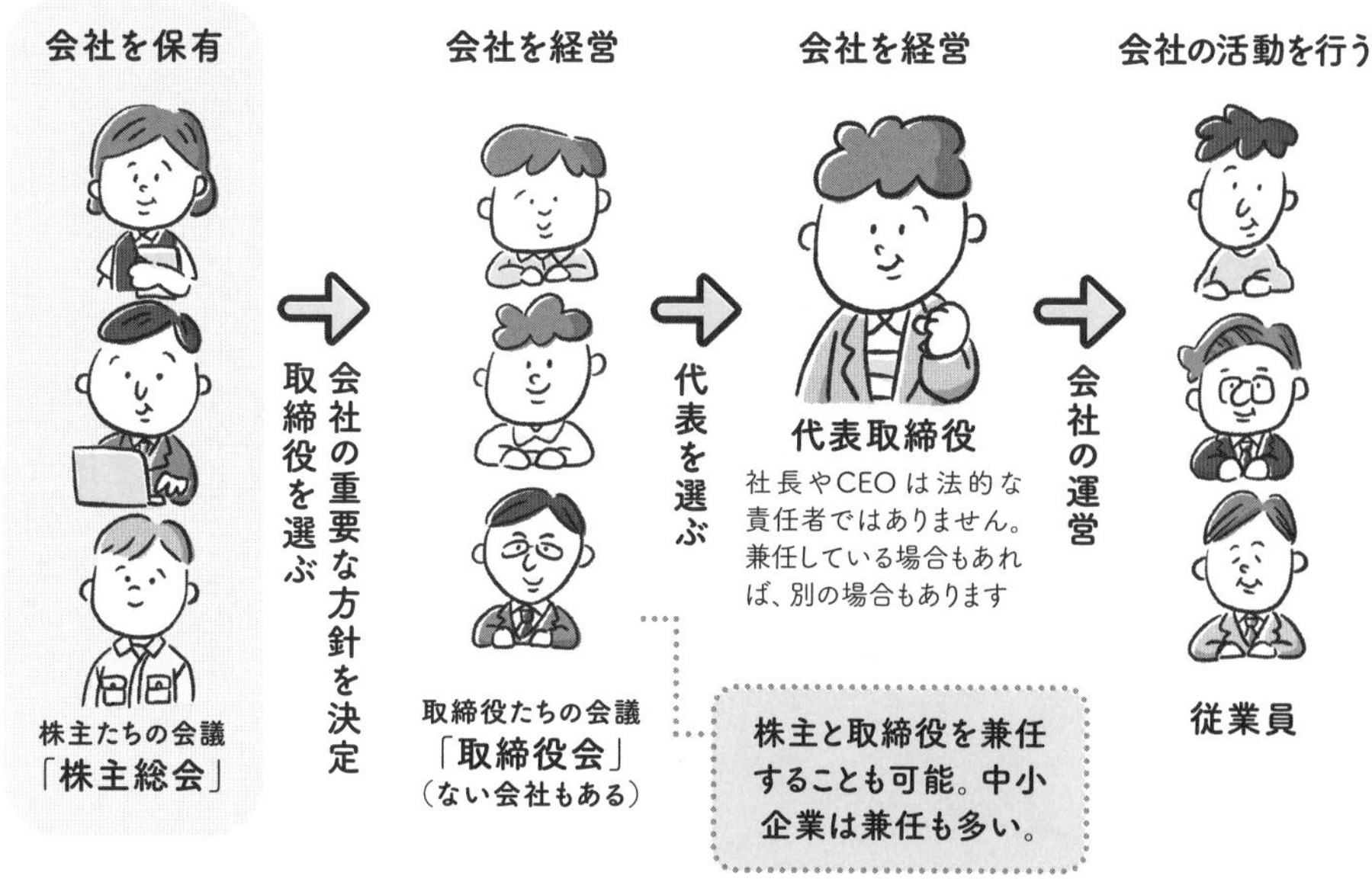
会社を保有
株主たちの会議
「株主総会」
会社の重要な方針を決定
取締役を選ぶ
会社を経営
取締役たちの会議
「取締役会」
（ない会社もある）
代表を選ぶ
会社を経営
代表取締役
社長やCEOは法的な責任者ではありません。兼任している場合もあれば、別の場合もあります
会社の運営
会社の活動を行う
従業員
株主と取締役を兼任することも可能。中小企業は兼任も多い。

memo

社長≠代表取締役

法的に定められた代表取締役に対して、社長はその組織内での役職名にすぎません。最近よく耳にするCEOも同様です。兼任している場合は「代表取締役社長」という肩書きになりますが、兼任していない会社もありさまざまです。

その他の会社

日本には株式会社の他に3つの会社法人の種類があります。

- **合同会社** ▶ 2006年に生まれた新しい会社形態。経営と出資が同一で有限責任社員が会社を動かす。
- **合資会社** ▶ 有限責任社員1名、無限責任社員1名の2名以上で作る会社。経営に失敗すると、無限責任社員が全て負うためハイリスク。
- **合名会社** ▶ 無限責任社員のみで作る会社。合資会社と同じ理由でリスクが高い。

す。株式の発行により集めたお金は返済する必要はありませんが、出資のお礼に会社の利益の一部を還元する必要があります。それが「配当」です。

株主は会社の所有者

会社に出資してくれた人を「**株主**」といいます。株主は会社に対して出資した分だけの権利を持つことになり、株主たちの会議「**株主総会**」で**経営を任せる取締役を選ぶ**ことができます。

そして、取締役たちの会議で会社のトップとなる「代表取締役」を選びます。これは法律上最高責任者であり、社長を兼任している場合もあります。

このように**資本（所有）と経営が分離**していることが、株式会社の特徴です。

Chap. 1

「**支給**」について

働くってなんだろう？

そもそもお金ってなんだろう

とある製薬会社

歴史に
残るような
薬を作りたい
出世して経営者に
なるんだ
人のためになる
仕事は幸せだ
家族を
養うために
ここにいる
目の前の
仕事を
やるだけ
給料の良さが
この仕事の
いいところ

同じ仕事に向かっていても、
働く理由は人それぞれ。

会社で働くとは

「働く」とは「仕事」をすることです。「仕事」はとても広く深い意味を持った言葉です。物を売ることも仕事ですし、芸術家が作品を作ることも、子どもを育てることも仕事です。ここでは、「会社で働く」ということに焦点を絞ってお話しすることにします。

　会社には必ず事業目的があります。その**目的と目標を実現するために自分の時間と能力を提供すること**、これが会社で働くということです。その労力の対価としてお金（給

仕事が与えてくれるもの

「お金」

お金をもらうことで、食べ物を買い、家賃を払い、洋服を買うことができます。生活が安定することで、安心を得ることができます。またお金がもらえるということは、シンプルにうれしいことです。金額をものさしに、自分の仕事の価値や評価を見ることもできるでしょう。

「自己有用感」

仕事を通じて社会に貢献することで、社会や他者との繋がりを感じることができます。誰かの役に立っていると思うことを「自己有用感」といい、人は他者に貢献することで自分の存在を肯定します。これは自己肯定感の高まりにも繋がります。社会貢献とは自分を幸せにするものでもあるのです。

「自己成長」

挑戦することでできることが増える、努力によって新しい能力が身につくといった成長のよろこびは、達成感と充実感を与えてくれます。また、単純にできなかったことができるようになるというのは、うれしいものです。経験と知識を積み重ねていくことで、見識が広がります。

「自己実現」

理想の暮らし、働き方、ライフスタイル……そういったものを大なり小なり誰もが持っているかと思います。なりたい自分になる、自分がしたいことをする、それを実現するチャンスを与えてくれるのもまた仕事です。業務の中で満たされるものもあれば、得たお金で満たされるものもあるでしょう。

与）が与えられます。

働く意味を見出す

会社で働く時間は1日8時間を超え、準備や移動時間を含めると1日の大半を仕事が占めることになります。新卒から定年まで働けば、人生の多くの時間を仕事に費やすことになるでしょう。

右のイラストのように、同じ会社に勤める人でも「働く」ことはとらえ方1つでその意味を大きく変えます。長い人生の中でなぜ働くのか、ふと立ち止まり思い悩むことがあるかもしれません。しかしその答えは十人十色です。**自分が納得できる「働く意味」を見出し、所属する会社という集団を発展させるため尽力する**、これが会社で働くということです。

Chap. 1

「支給」について

働き方は1つじゃない

そもそもお金ってなんだろう

働き方はいろいろ
会社の一員になって、会社に尽くすぞ！
生涯年収 約1.4億円
正社員
自分の能力を武器に働く！
生涯年収 未定
フリーランス
限られた責任を全うします
非正規雇用 生涯年収 約9千万円
契約社員
気軽に働けるよ〜
パート・アルバイト

出典：厚生労働省「令和元年賃金構造基本統計調査」をもとに計算

正社員の魅力は「安定」

お金を得るための働き方には、いろいろな種類があります。

●正社員

雇用期間に定めがないため、本人が望めば定年まで働くことができます。社会保険や雇用保険への加入が義務づけられているため、**所属している限り安定した生活が保障されている**といえます。

その一方で、働く時間や場所に自由はなく、**会社の方針に自らをあわせなければなりません**。会社の業績次第で、職を失う可能性もあります。

	正社員	契約社員	フリーランス	パート・アルバイト
雇用期間	無期	有期*2	無期	有期*2
勤務地	転勤あり	転勤なし		
給与	月給or年俸	月給or年俸or時給		時給
賞与	支給される会社ならあり	会社による ない場合が多い		ない会社が多い
昇給・昇進	あり	なし		会社による
有給・産休育休	あり	あり	なし	あり
社会保険	あり	あり	自身で加入	労働時間による
福利厚生	あり	会社による	なし	会社による
退職金	会社による	会社による	なし	会社による
解雇予告	あり	あり	あり	あり

*2 2013年よりはじまった「無期転換ルール」により、有期労働契約が5年を超えて更新されると、期間の定めのない労働契約を、労働者が申し込むことができます。

●契約社員

雇用期間に定めがあり、**1回の契約で最長3年まで**働くことができます。業務内容や待遇などの条件は会社によって異なりますが、原則として**途中で昇進・昇給することはありません**。一般的*に給与は正社員より低く、福利厚生の利用範囲も正社員と異なることがあります。

しかし、入社するにはハードルが高い大企業に契約社員として入り、その後正社員への転向を目指すという道もあります。

●フリーランス

会社に所属せず、個人で仕事を請け負い活動する仕事のやり方です。仕事の方針も時間の使い方も自由で、**能力と成果次第で高収入を得る**こともできるでしょう。ただし、収入が不安定のため社会的信用は低いといえます。

＊同一労働同一賃金の実現に向けて、非正規労働者の待遇改善が進んでいます。

Chap. 1

「支給」について

そもそもお金ってなんだろう

お給料ってどうやって出るの？

給与は労働の対価

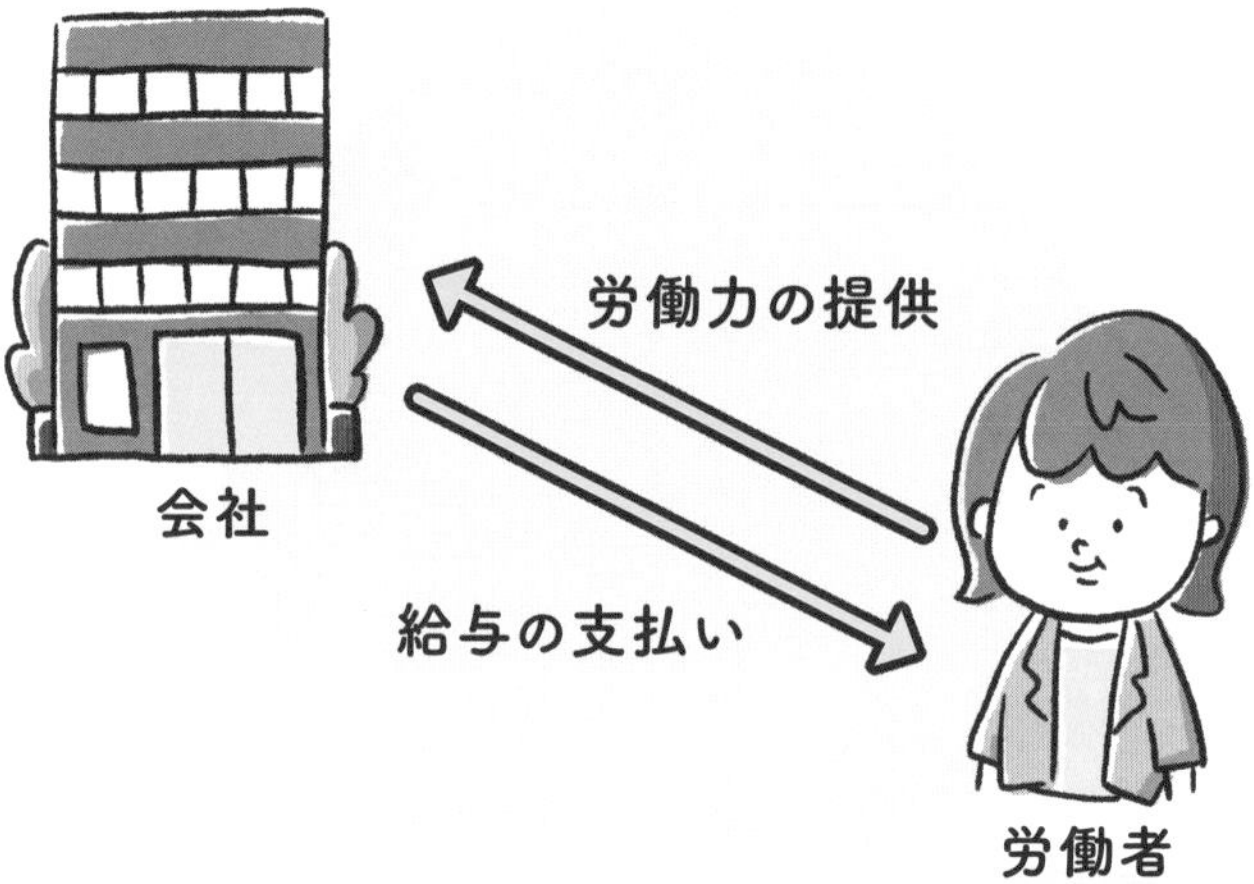

「給与」に含まれるもの

給料（基本給）、賞与（ボーナス）、手当、残業代など……

給料≠給与

よく「給料」といいますが、**正しくは「給与」**といいます。給料とは「基本給」（P.40）のことを指し、給与は基本給の他に残業代などの手当を含んだ総支給額を指します。

給与は**会社**（**事業主**）**が労働者に支払う労働の対価**です。労働基準法では、賃金、給与、手当、賞与といった名称を問わず、労働の対価として支払われるもの全てを「**賃金**」と呼びます。また、賃金は月1回以上、本人に全額を通貨で支払うことが定められています。

売上高 − 売上原価 = 売上総利益
（総売上）　（仕入高）　（粗利益）

売上総利益

一般管理費及び販売費（経費）

- 人件費（従業員に支払う給与）
- 家賃
- 光熱費
- 事務用品などの消耗品
- モノやサービスの販売にかかった広告費　など

営業利益

純粋な会社の利益
【営業利益の使い道】
- 税金の支払い
- 次の仕入れ
- 会社の設備投資
- 内部留保（企業の貯金。社内留保とも）
- 株主へ配当金の支払い

memo

給与の3倍稼ぐと一人前

パナソニックの創設者である松下幸之助は、「給与の3倍稼いで一人前」という言葉を残しています。なぜなら会社は人を一人雇うのに、給与の2～3倍のコスト（仕入や経費、社会保険料など）をかけているからです。

もし、今よりもっと給与が欲しいのなら、売上総利益を増やせば給与の原資となるため、給与は上がりやすくなるかもしれません。

モノの値段の内訳（一例）

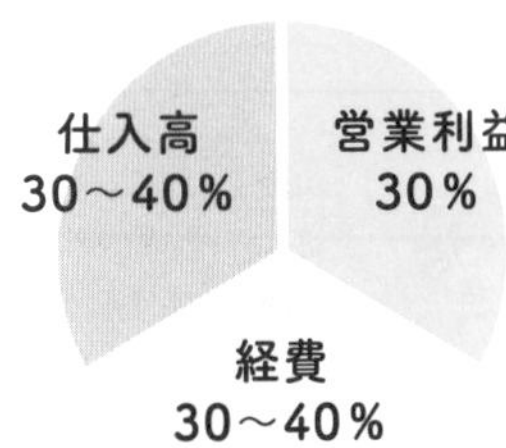

給与は会社にとって経費

会社がモノやサービスを売って得たお金を「売上高」といい、それを生み出すためにかかった費用を「売上原価」といいます。**売上高から売上原価を引いた利益を、「売上総利益」**（粗利益）と呼びます。

しかし、売上総利益がそのまま会社の利益になるわけではありません。ここから、**モノやサービスを売るためにかかった費用**（一般管理費及び販売費）、すなわち人件費や広告費、家賃といった経費を引いた金額が、会社の純粋な利益です（営業利益）。

給与は会社からみると、人件費という経費です。会社を存続させながら従業員に給与で還元していく……そのバランスを取りながら、会社は給与額を決めているのです。

Chap.1

「**支給**」について

「基本給」ってなんだろう
基本給ってなに?

基本給の読み方

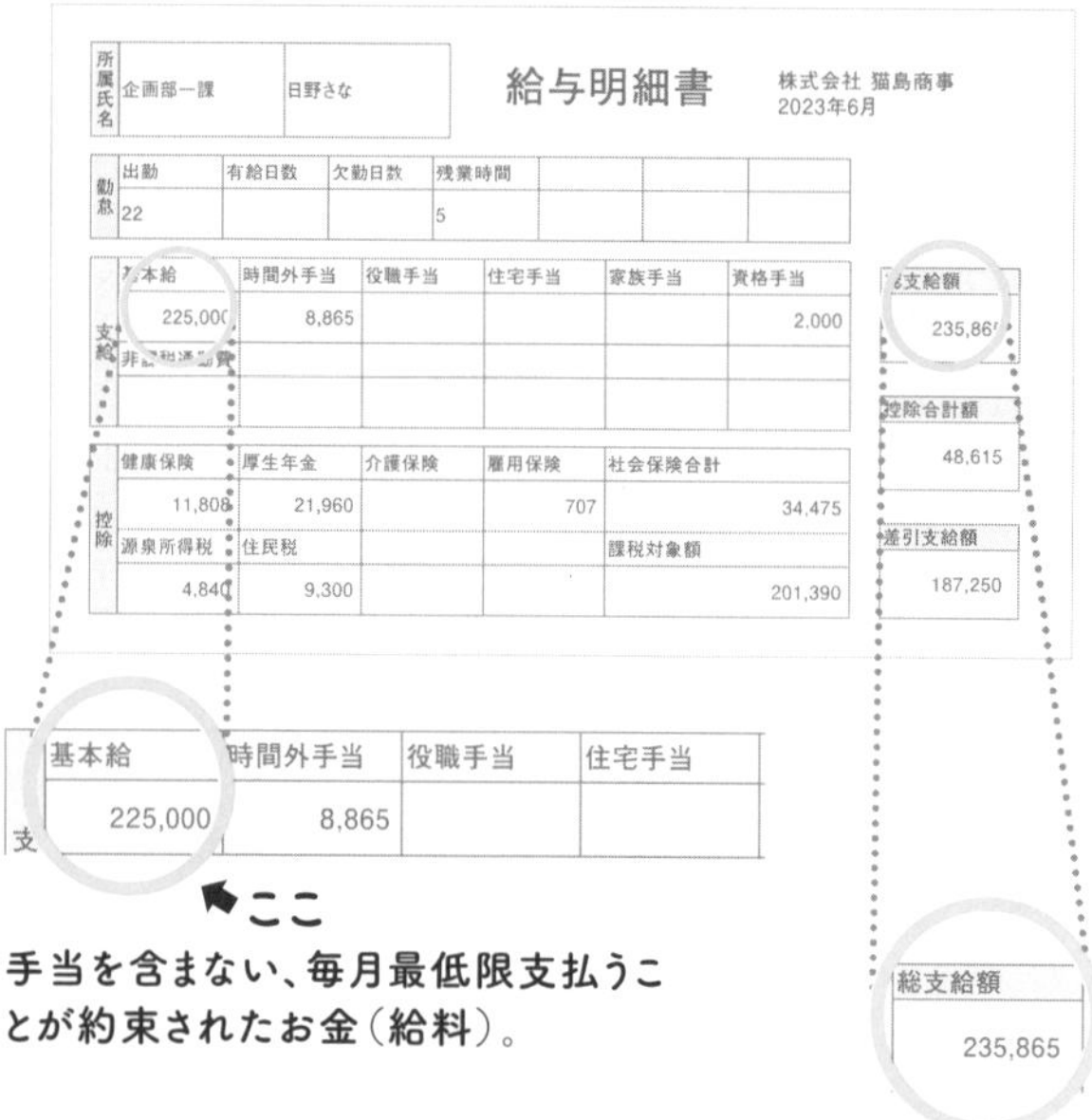

給与明細書
株式会社 猫島商事
2023年6月
所属氏名
企画部一課
日野さな
勤怠
出勤
22
有給日数
欠勤日数
残業時間
5
支給
基本給
225,000
時間外手当
8,865
役職手当
住宅手当
家族手当
資格手当
2,000
総支給額
235,865
控除
健康保険
11,808
厚生年金
21,960
介護保険
雇用保険
707
社会保険合計
34,475
源泉所得税
4,840
住民税
9,300
課税対象額
201,390
控除合計額
48,615
差引支給額
187,250

ここ

手当を含まない、毎月最低限支払うことが約束されたお金（給料）。

「額面」とも呼ばれる総支給額（給与）。ここから税金や社会保険が引かれた（控除された）金額が、実際に振り込まれる「差引支給額」です。一般的に「手取り」と呼ぶものです。

基本給は保証された賃金

基本給とは、手当を除いた「**基本賃金**（**給料**）」のことで、総支給額を指す給与とは別物です。また、毎月振り込まれる金額は基本給に諸手当を足し、さらに税金や社会保険（P・60）が引かれたものです。

基本給は**最低限保証された、必ずもらえるお金**です。その月の働き方で変動することはありません。また、会社が予告なしに勝手に基本給を下げることは違法です。基準内給与と呼ぶこともありますが、法律で定義された言葉ではありません。

基本給はどうやって上がる?

基本給が上がることを「昇給」といいます。昇給は働く人にとってモチベーションが上がりますが、昇給の方法は企業によりさまざまです。

自動昇給
毎年決められた時期になると自動的に行われる昇給。いわゆる「年功序列」を支えてきたもの。

定期昇給
毎年決められた時期に昇給する機会があること。自動昇給に似ているが、必ずしも昇給するとは限らない。

考課昇給
仕事の成果や能力を評価する(人事考課)ことで行われる昇給。査定昇給ともいう。

ベースアップ
その会社に勤める人の基本給が一律で上がるしくみ。報道で耳にする、春の労働交渉で「賃上げ交渉」「春闘のベア」とはこのこと。

memo

基本給が低いのはブラック?

諸手当が厚く基本給が低い……これは注意が必要です。率直にいって、基本給が低いことは働き手側にはデメリットしかありません。

- 残業代は基本給で計算されるため残業代も安く計算されてしまう
- 基本給をベースに算出することの多いボーナスも低くなる
- 手当はいつカットされるかわからない

基本給があまりに低く手当が高額な会社は、ブラック企業であることを疑ってもいいかもしれません。

業種別 定期昇給の実施状況
定期昇給を行った割合

業種	管理職	一般職
建設業	83.1%	87.3%
製造業	77.3%	85.4%
情報通信業	69.9%	77.4%
運輸業・郵便業	56.1%	70.9%
卸売業、小売業	72.1%	76.0%
金融業、保険業	69.6%	85.4%
不動産業、物品賃貸業	74.4%	89.1%
宿泊業、飲食サービス業	43.2%	54.9%
教育、学習支援業	58.6%	62.2%
医療、福祉	54.6%	59.6%

出典:厚生労働省「令和2年賃金引上げ等の実態に関する調査の概況」

基本給は上がる可能性がある

会社によって基本給の決め方は異なります。「給与規程」や「就業規則」には、給与や賃金に関するルールが記載されているので、確認するといいでしょう。多くの企業が、**年齢や勤続年数に応じた「賃金表」**を作っており、等級にあわせた基本給を設定しています。毎年決められた時期に自動的に昇給する自動昇給や、成果や能力を評価される考課昇給により、その金額は上がる可能性があります。

その他に「**ベースアップ**」(**通称ベア**)といい、その会社で働く人の賃金が一律で上がることがあります。ベアは基本給(ベース)の水準をアップさせるという意味で、例えば20万円の基本給が1%上がれば、20万2千円になります。

Chap. 1

「支給」について

「基本給」ってなんだろう

基本給を決める3つのしくみ

仕事給

仕事の内容や能力、業績や成果が根拠

属人給

個人の学歴、年齢、勤続年数といった属性が根拠

総合給

仕事給、属性給そのどちらも総合的に評価する

この3つをどのように選んで基本給を構成するかは、その会社次第。

基本給の根拠も過渡期

基本給を決めるには、**根拠が必要**です。なんとなくあなたは18万円、あなたは24万円などと決められては困りますよね。「基本給」と一口にいっていますが、基本給を構成する要素にはいくつかの種類がありそれぞれ性質が異なります。基本給の決定に関わるしくみは、次の3つです。

●仕事給

仕事の内容や能力、業績や成果によって基本給が決まります。学歴や年齢、勤続年数は判断要素になりま

日本の働くしくみが変わる？ 職能給から職務給へ

どちらも「仕事給」に関わる根拠ですが、捉え方が大きく異なります。

職能給

- 仕事を進める能力を評価
- 年功序列、終身雇用
- 「人に仕事をつける」
- 日本型

メリット

- 積み上げてきた経験やスキルが評価される
- 年齢を重ねれば昇給が約束されているので生活の安定が保証される
- ライフプランを考えやすい
- 働き手に安心感がある
- 従業員の離職防止につながる

デメリット

- 第一線で働く若手は給与に不満を抱きやすい
- その企業にとって最適な人材育成が求められるので、実力のある若手が活躍しにくい・評価されない
- 若手社員の離職が増える

⇦

職務給

- 仕事の難易度や責任を評価
- 成果主義、同一労働同一賃金
- 「仕事に人をつける」
- 欧米型

メリット

- 成果に見あった評価を受けることができる
- 従業員のモチベーションが高く維持されやすい
- 専門性のある人材が育ちやすい
- 勤続年数が長くなるほど高騰する人件費を抑えることができる

デメリット

- 成果が出せない従業員はいつまでも給与が上がらない
- 誰がやっても同じ成果の仕事だと、経験豊富なベテランと経験の浅い新人が同じ評価になることも
- 働き手に不安感がある

せん。職能給、職務給など。

●属人給

学歴、年齢、勤続年数などによって決まる基本給です。仕事の内容や成果は問われずに、個人の属性で判断されます。年齢給、勤続給など。

●総合給

仕事給と属人給を併せ持った、全ての要素で総合的に基本給を決める方法です。

この3つのしくみをもとに、どのような根拠で基本給を決定するかはその会社次第です。

年功序列・終身雇用が一般的だったかつての日本では、勤続年数や仕事を進める能力（職能給）を根拠とするケースが多く見られました。しかし、グローバル化が進み終身雇用が崩れた現在は、仕事の難易度・責任を根拠とする職務給へ移行する傾向があります。

手当ってなに？

「手当」ってなんだろう

大きく2つのグループにわかれる手当

仕事に対する手当

- 役職手当（P.46）
- 営業手当（P.47）
- 資格手当（P.48）
- 業績手当（P.48）
- 残業手当（P.49）
- 深夜残業手当（P.50）
- 休日出勤手当（P.51）

生活に対する手当

- 通勤手当（P.52）
- 家族手当（P.53）
- 住宅手当（P.54）

給料にプラスαされる手当

「手当」とは、**条件に該当する場合に、基本給（給料）と一緒に支給される賃金**です。残業手当や通勤手当、家族手当、資格手当などがあります。社員食堂、宿泊施設やスポーツジムの利用など、社員なら誰でも平等に利用できる「福利厚生」とは異なり、条件にあてはまると活用できるというのが手当の特徴です。

労働基準法で定められているのは残業手当、深夜残業手当、休日出勤手当の3つのみです。それ以外の手当は、企業が独自に決めているも

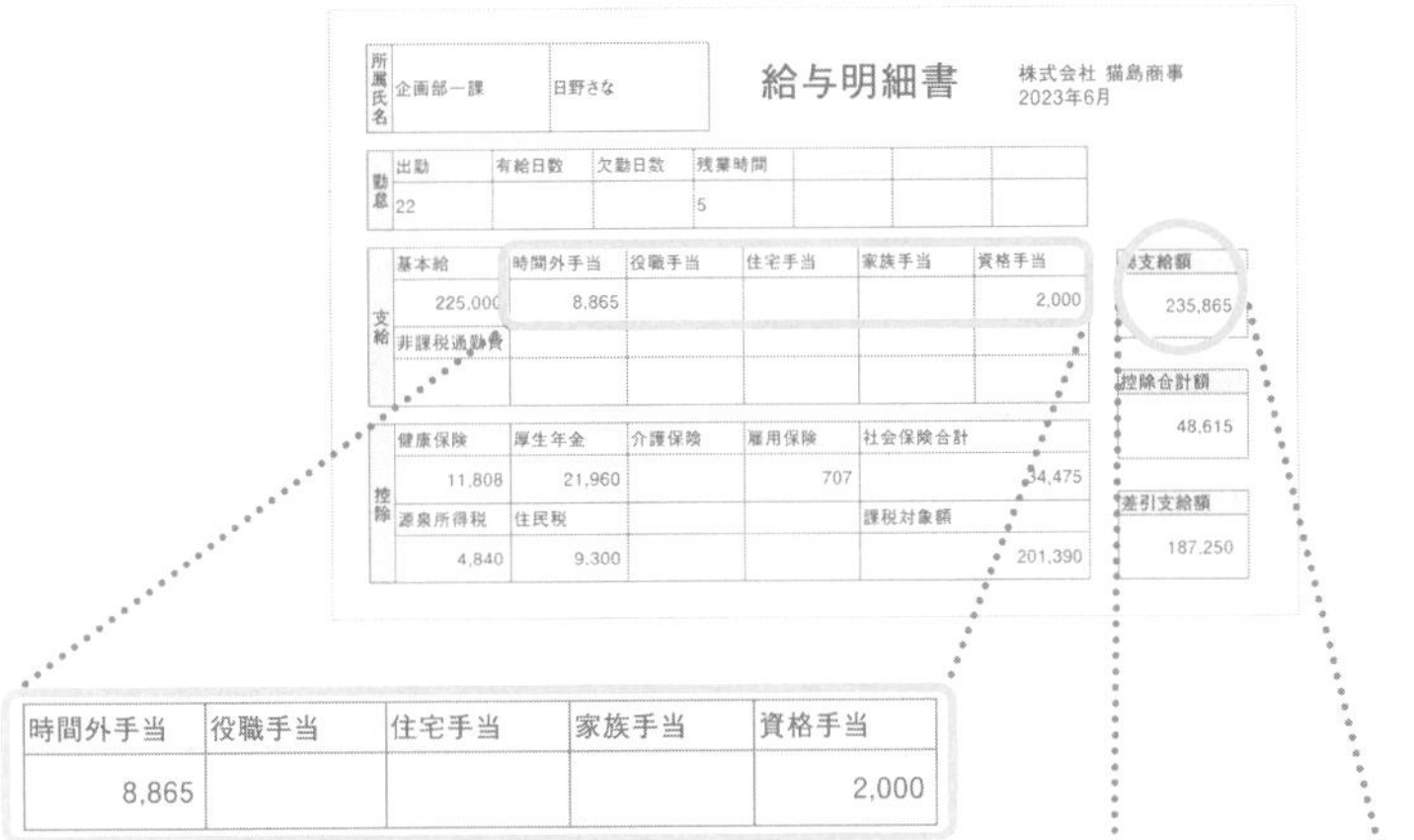

所属氏名	企画部一課	日野さな

給与明細書　株式会社 猫島商事　2023年6月

勤怠	出勤	有給日数	欠勤日数	残業時間			
	22			5			

支給	基本給	時間外手当	役職手当	住宅手当	家族手当	資格手当
	225,000	8,865				2,000
	非課税通勤費					

控除	健康保険	厚生年金	介護保険	雇用保険	社会保険合計
	11,808	21,960		707	34,475
	源泉所得税	住民税			課税対象額
	4,840	9,300			201,390

総支給額
235,865
控除合計額
48,615
差引支給額
187,250

時間外手当	役職手当	住宅手当	家族手当	資格手当
8,865				2,000

「支給」の欄に基本給と並んでいるのが「手当」。
条件にあてはまると支給対象に。

資格をもっているだけで、年間2万4千円もらえるってお得～！

「基本給」と「手当」の合計が総支給額
基本給 225,000円+手当合計 10,865円
＝総支給額 235,865円

ので、その企業の個性を出したり、従業員のモチベーションにつながったりしています。

手当も税金がかかる

基本的に手当も課税対象です。「基本給（給料）」と「手当」をあわせた「**総支給額**」（P・58）**に対して、税金や社会保険がいくらになるかを計算**します。社会保険料の計算をする際は手当も含んだ金額で計算されます。しかし、所得税や住民税といった税金を計算する際は、月額15万円以下の通勤手当、出張や転勤のための旅費など、一部の手当は課税対象にならない点には注意が必要です（非課税）。

また、手当はボーナスの計算の対象にはなりません。あくまで基本給にプラスαされるものです。

役職手当

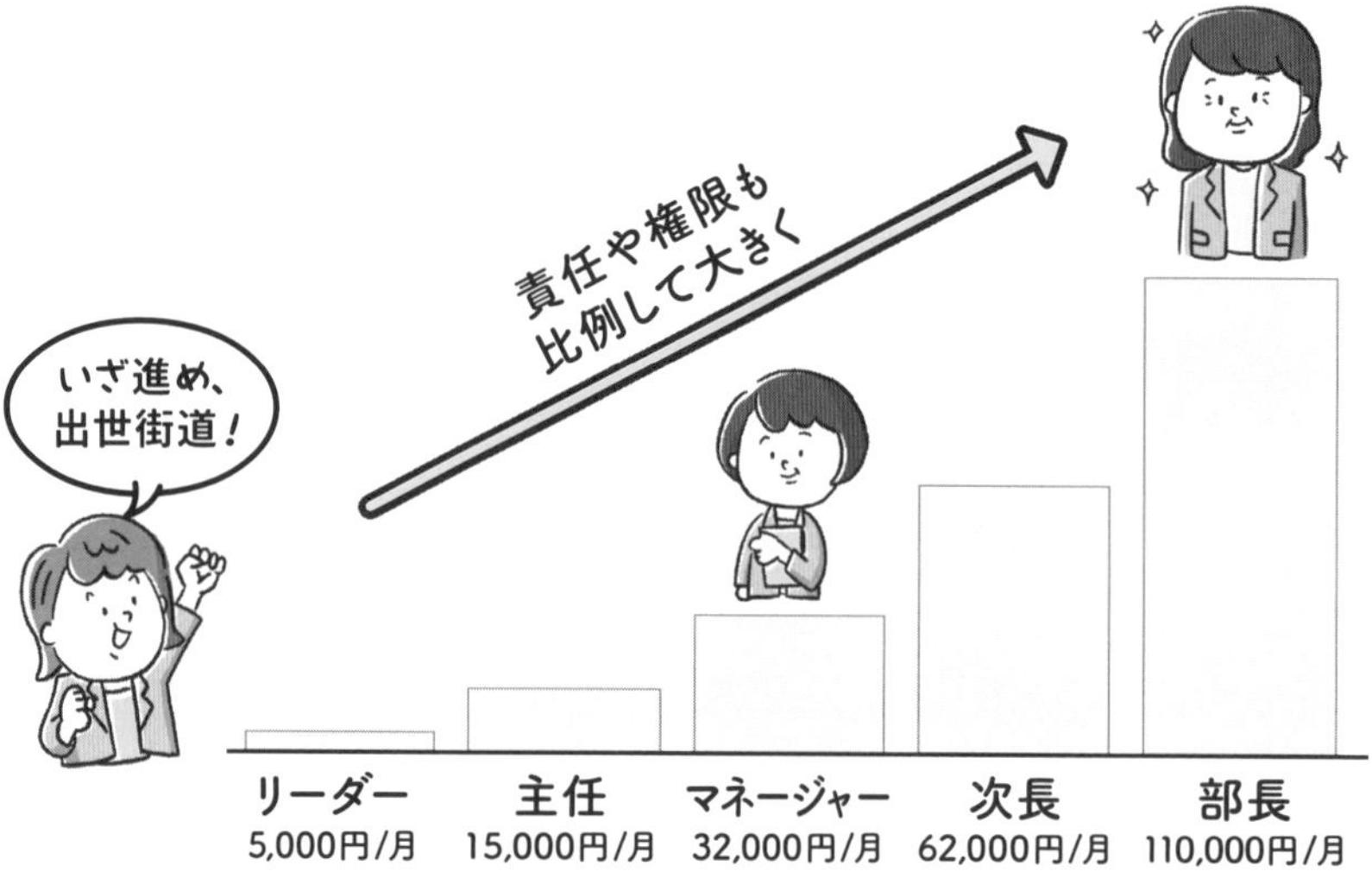

管理職ゾーン

管理職は労働基準法でいうところの「管理監督者」にあたり、経営者と同じ立場になるため、残業手当や休日出勤手当は支払われなくなります。

who?

管理監督者

管理職＝管理監督者ではありません。管理監督者は、以下のような職務内容や責任と権限、勤務態様等の実態で判断されます。

- 労働時間、休憩、休日等に関する規制の枠を超えて活動せざるを得ない重要な職務内容を有していること
- 労働時間、休憩、休日等に関する規制の枠を超えて活動せざるを得ない重要な責任と権限を有していること
- 現実の勤務態様も、労働時間等の規制になじまないようなものであること
- 賃金等について、その地位にふさわしい待遇がなされていること

厚生労働省『労働基準法における管理監督者の範囲の適正化のために』

責任の大きさで変わる手当

リーダー、主任、係長、課長、部長、マネージャーなど、その企業に設けられた**役職に応じて支給される手当が役職手当**です。役職名や責任の重さは企業によりますが、責任が大きくなるほど支給される手当の額も大きくなります。

会社という集団で目標に向かって動いていくには、働く人たちを管理し指揮を取るリーダーが必要です。**人の上に立ち、マネジメントする立場の人を「管理職」**といい、業務を進めていく上での「決定権」を持ちます。

どの役職から管理職にあたるかはその企業によりますが、管理職になると役職手当が支給され、その代わりに残業手当や休日出勤手当は支払われなくなります。

こんなに違う営業手当

株式会社A

営業手当の内訳

- みなし残業代40時間分
- スマートフォンの使用料
- 営業で使う自家用車のガゾリン代

株式会社B

営業手当の内訳

- みなし残業代25時間分
- 社用スマートフォン支給
- 車は社用車

株式会社C

営業手当の内訳

- 残業代は全額別途支給
- 年に1回スーツ手当が6万円支給
- 社用スマートフォンが支給
- 車ではなく電車で営業まわり

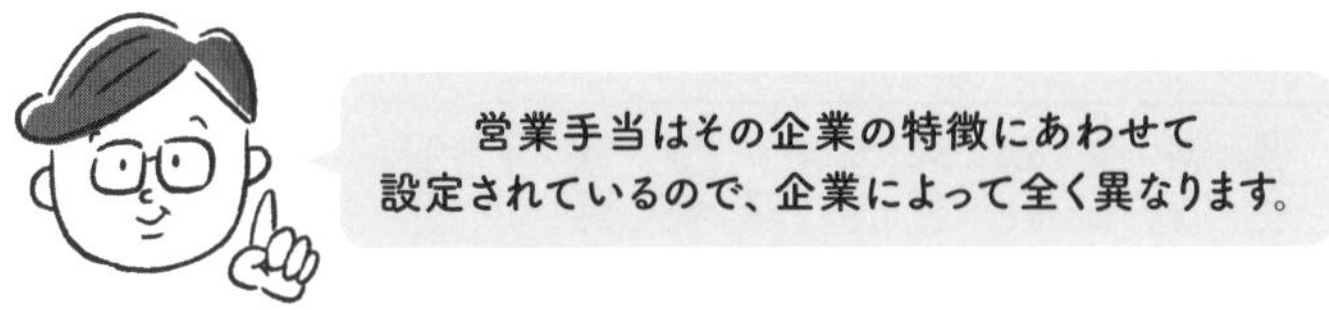

営業手当はその企業の特徴にあわせて
設定されているので、企業によって全く異なります。

営業活動に対する手当

営業手当とは、**営業職の社員に支給される手当**です。営業活動のために身につけるスーツや靴、カバンなどの被服代の他、スマートフォンの使用料、ガソリン代や接待費まで幅広く含まれているケースもあります。企業によっては、社用車を使用できたり、法人契約した専用のモバイル端末を渡されたりすることもあります。

中には**一定時間分の残業代を、あらかじめ固定残業代として「営業手当」で支払うケース**もみられます。たとえば「みなし残業」が40時間と定められているなら、実際の残業の有無に関係なくその金額は毎月支給されます。もし40時間を超えた場合は、残業代を別途もらう権利が発生します。

資格手当

スキルアップでプラスα

業務に活かせる資格を取得した社員に支給される手当です。どのような資格が対象となるかは業種により異なりますが、勉強して資格を取ることで、**社員の質の向上**にもつながる、企業にとっても有益な手当といえます。

中には、資格を持っていないと業務に携わることのできない大切な資格もあります。そのような資格は、企業が取得までをサポートしてくれるケースが多いです。

資格に合格すると報奨金を支給する企業も！

民間資格の相場（一例）

TOEIC	3,000 ～ 20,000円
秘書検定	500 ～ 10,000円
日商簿記	3,000 ～ 20,000円

国家資格の相場（一例）

宅地建物取引士	10,000 ～ 30,000円
ファイナンシャルプランナー	10,000 ～ 20,000円
建築士	8,000 ～ 30,000円
システムアナリスト	10,000 ～ 30,000円

業績手当

インセンティブが発生

販売報奨金ともいう、ノルマを達成した社員に個別に支給される手当です。**契約件数や売上金額、目標達成率などに応じて支給**されます。

頑張りがすぐにお金に変わるので、本人にはうれしい手当でしょう。反対に達成できなければ、ゼロという場合も十分にありえます。業績手当が発生する企業は、不動産や医薬品・医療機器の販売など非常に営業色の強い業界ともいえるでしょう。

メリット

- 実力次第で高額な月収が見込める
- 働きが即収入に反映されるので、モチベーションが上がりやすい

デメリット

- 収入が不安定でライフプランが読めない
- 精神的ストレスやプレッシャーが大きい

＼知っておきたい!／

法定内残業と法定外残業

労働基準法で定められている労働時間は1日8時間。
8時間を超える残業には賃金が発生しますが、
8時間以内の残業には発生しません。

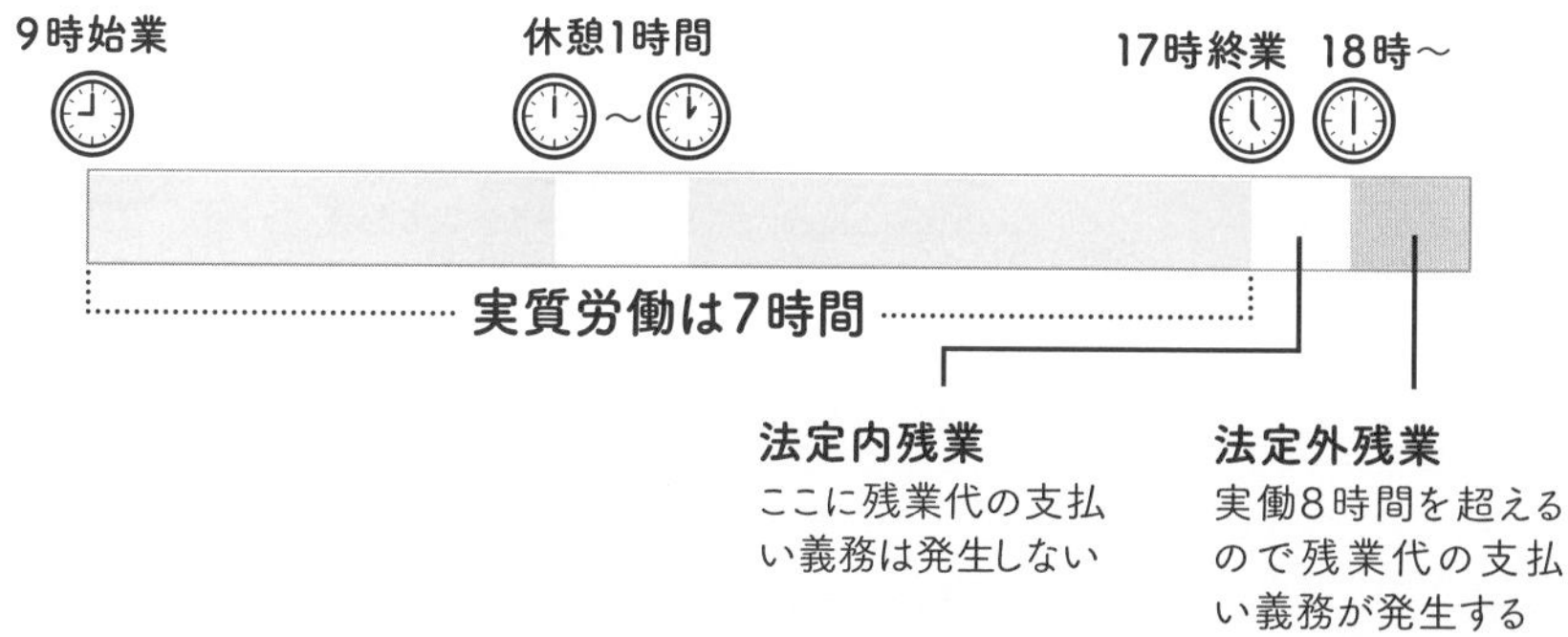
9時始業
休憩1時間
17時終業
18時〜
実質労働は7時間
法定内残業
ここに残業代の支払い義務は発生しない
法定外残業
実働8時間を超えるので残業代の支払い義務が発生する

残業代の計算

1時間の賃金×対象となる残業時間×1.25＝残業代

通常賃金の25％割増賃金
60時間を超える分は50％の割増

「みなし残業」などの固定残業代が別途支給されている場合は、それを超過した分に対して残業代が発生します。

時間外労働は別賃金

法律の**定める労働時間を超えて働いた時間に対して支払われる賃金**を、残業手当といいます。時間外手当、残業代など呼び方は企業によりさまざまです。

労働基準法により、時間外労働は**通常賃金の25％以上の割増賃金**を従業員に支払うことが定められています。25％以上なので企業によっては30％ということもあります。また、大企業は月60時間を超える残業には50％以上の割増賃金が定められていますが、2023年4月から中小企業も同額に引上げられています。

残業代を計算するには1時間あたりの賃金を算出しなくてはいけません。この賃金に諸手当を含むかは手当の種類により異なります。

深夜残業手当

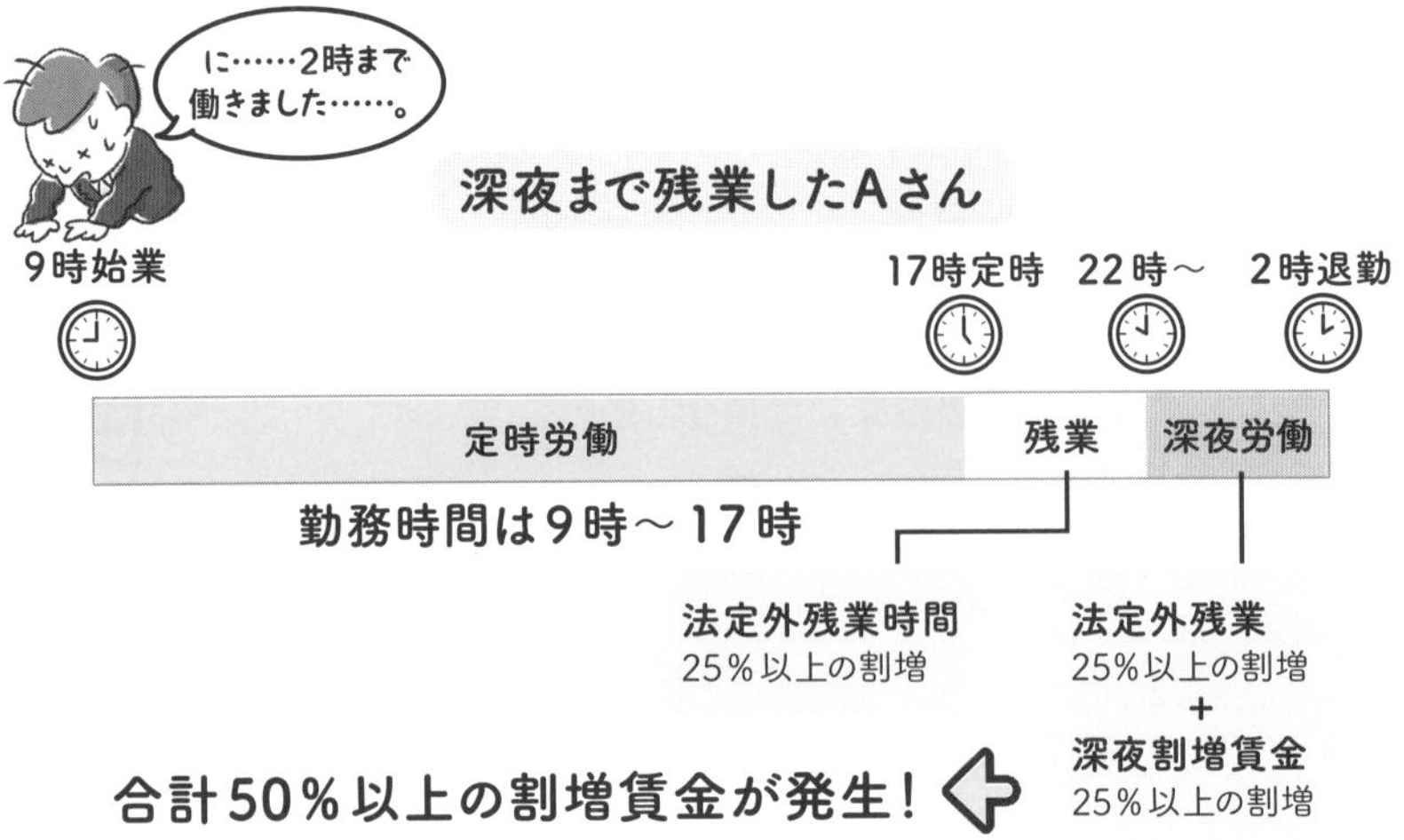

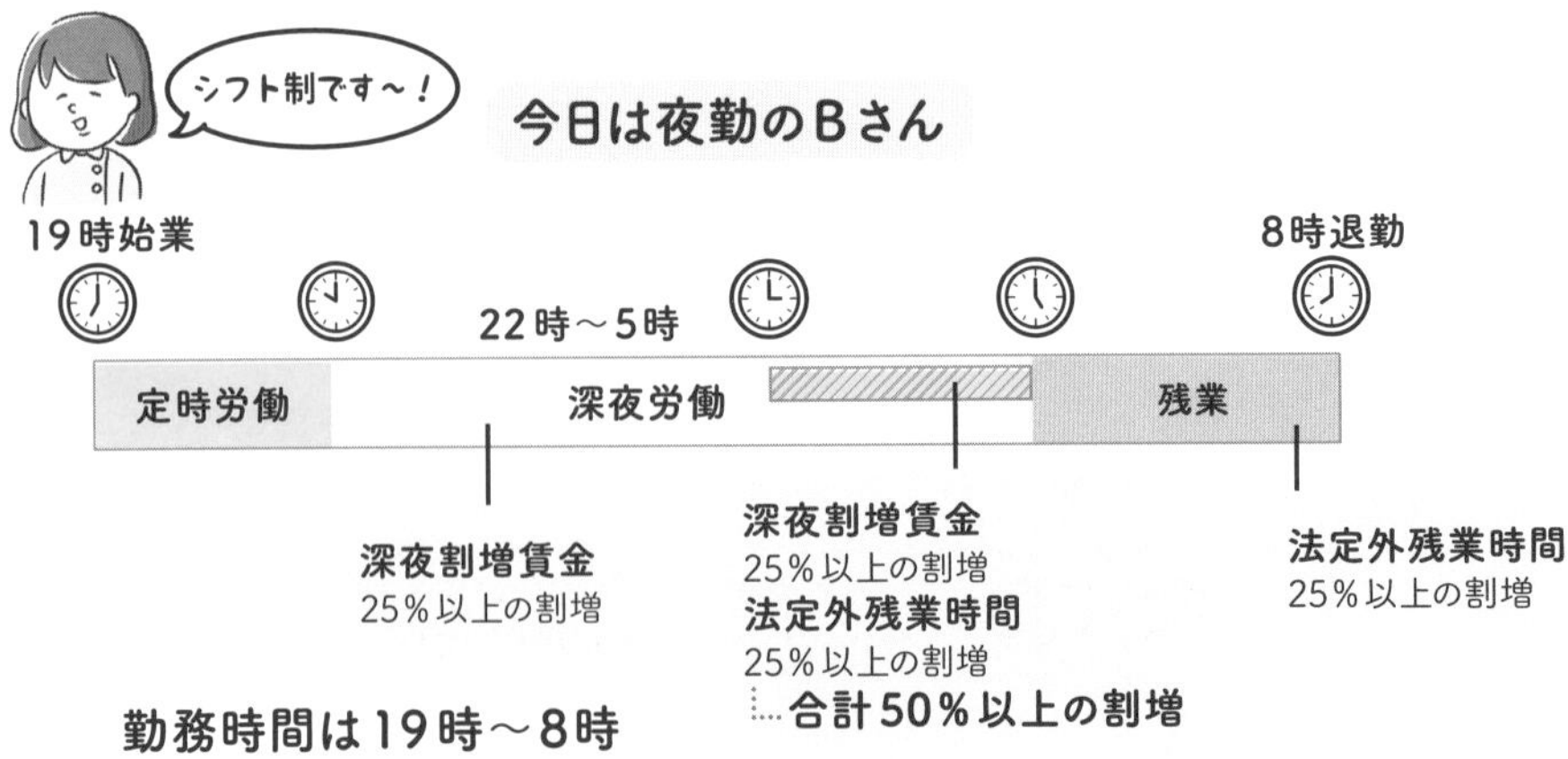

22時以降の深夜労働

残業が深夜まで及んだときに発生するのが、深夜残業手当です。もう少し具体的いうと、**22時〜5時までの深夜労働**に対して深夜割増賃金が発生します。

例えば、勤務時間が9時〜17時の人が深夜まで残業した場合には、**残業手当に深夜割増賃金がプラスされた、深夜残業手当**が支給されます。夜勤の場合は、22時〜5時の労働分に対して深夜割増賃金が発生します。深夜の労働に対しては、2本建ての割増賃金があるということを知っておきましょう。もしも夜勤がある職場で、昼勤と夜勤が同じ金額ならそれは違法の可能性があります。

また、残業手当のない管理職でも深夜割増賃金は発生します。

休日出勤手当

法定休日と法定外休日

○法定休日

労働基準法で定められた休日。「一週間に1回もしくは4週を通じて4回」以上の休みを設けるように規定されています。これをベースに、どのように法定休日を設定しているかは企業によるので、就業規則を確認しましょう。

○法定外休日

国民の祝日、年末年始や夏休みなど、企業が独自に設定している休日です。法定休日を上回る日数の休日を、法定外休日として設定することが定められています。

例えば週休2日制で土日が休みなら、
日曜日を法定休日としているケースがよく見られます。

間違いやすい「振替休日」と「代休」

「振替休日」

今週の土曜日
働く代わりに、
水曜日は休みます！

あらかじめ休日と定められている日を労働日にし、他の労働日を休日にすること。未来の予定を変更しているのがポイント。

「代休」

先週の土曜日
働いたから、
月曜日は休みます

休日労働が行われた過去に対して、代償として別の労働日を休みとすること。働いた日は過去なのがポイント。

休日出勤手当は「代休」にのみ発生！

休日の定義に注意

企業が休みと定めている日に、業務にあたることを休日出勤といいますが、ここでいう休日は単純に全ての休日を示すわけではありません。**「法定休日」に労働があると発生するのが休日出勤手当**です。労働基準法では、週に1回もしくは4週を通じて4回の休日を最低でも取ることを定めています。これを法定休日といい、就業規則等で確認することができます。

法定休日に仕事をすると**35%以上の割増賃金**が発生します。もしも1週間の出勤が40時間以内であれば、割増は発生せずに通常の賃金と同額になります。

また代わりに休みを取るケースもあるでしょう。しかし、振替休日の場合は手当は発生しません。

通勤手当

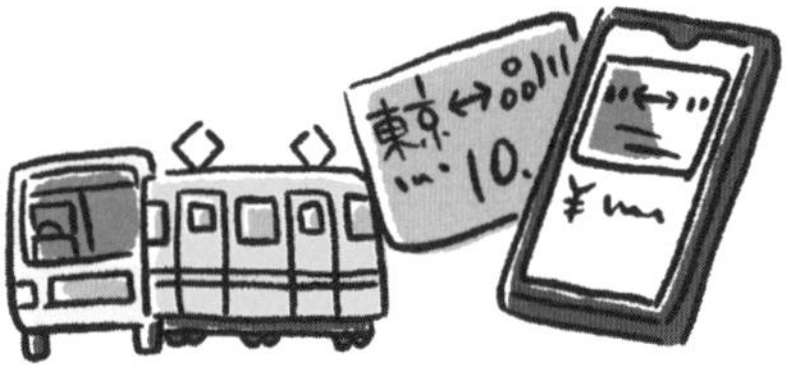

通勤交通費

企業からすると	所得税は	社会保険・雇用保険	残業代等の割増賃金
「人件費」	**「非課税」**	**「計算対象」**	**「計算対象外」**
移動の交通費とは別物	月額15万円以下の場合	給与の一部として考える	給与の基礎ではないと考える

マイカー通勤の場合は？

マイカーで通勤する場合は、ガソリン1ℓのあたりの金額と、走行距離をもとに計算された金額が支給されているケースが多く見られます。
走行距離により1カ月あたり非課税となる限度額が決まっており、これを超える金額は月の給料に上乗せして支給され、所得税等の課税対象となります。

例えば
- 片道10km以上15km未満　1カ月の限度額は7,100円
- 片道15km以上25km未満　1カ月の限度額は12,900円

交通費を会社が負担

通勤にかかる費用の全額、もしくは一部を企業が負担するのが通勤手当です。多くの企業が取り入れている身近な手当ですが、**実は企業に支払い義務はありません**。企業からすると通勤手当は給料と同じ「人件費」であり、仕事中の移動や出張等でかかる交通費は「旅費交際費または出張費」という全く別の経費になります。

通勤手当は他の手当と違い、やや複雑な扱い方をします。**月額15万円以下なら所得税は非課税**となりますが、**社会保険と雇用保険の計算には通勤手当も含まれます**。交通費が高いほど、**保険料も上がる可能性**があるというわけです。ただし、残業等の割増賃金の計算に通勤手当は加算しません。

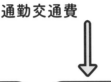

かつての家族手当（一例）

企業で働く男性を支える家族に、
間接的賃金としての家族手当

- 配偶者……1～2万円
- 子ども……1人につき3,000円～5,000円

⇩

現在の家族手当（一例）

子どもへの教育支援を目的とした、
制度の見直しをする企業が増えつつある

A社

- 配偶者………6,000円
- 子ども…………1人につき1万円

※一定の収入があれば支給対象外。

B社

- 配偶者………なし
- 子ども…………1人につき1万円。
第3子以降は1万5千円

変わりつつある手当

家族手当とは、**配偶者や子どものいる従業員に支給される手当**です。支払い義務はなく、企業が任意で行なっている福利厚生の1つで、扶養手当や配偶者手当などその名称もさまざまです。

調査*によると何らかの家族手当を**導入している企業は約76％**にのぼり、企業の規模を問わず採り入れている企業が多い傾向にあります。扶養や同居の有無はその企業により基準が異なり、また**支給要件に130万円などの収入制限**をかけている場合もあります。

現在は多様化するライフスタイルにあわせて**家族手当は廃止する傾向**にあり、その代わりに子どもの教育を支援する「子ども手当」を導入するケースなどもみられます。

＊人事院「民間給与の実態　令和2年職種別民間給与実態調査の結果」より

住宅手当

住居に関する補助

従業員の住居に対して、企業が任意で支給する手当で福利厚生の1つです。月々の固定費の大部分を占める、**家賃や住宅ローンの支払いをサポート**して、従業員の生活の負担を軽減するという人気の高い手当ですが、現在減少傾向にあります。

家族構成や雇用形態などを考慮して、企業が独自の支給額を設定しています。関連して、**社宅や社員寮、引越し費用の援助**を行うこともあります。

企業規模	住宅手当を支給している企業	支給額
平均	47.2%	17.8万円
1,000人以上	61.7%	21.3万円
300～999人	60.9%	17.0万円
100～299人	54.1%	16.4万円
30～99人	43%	14.2万円

厚生労働省「令和2年就労条件総合調査」より

その他の手当

企業の魅力アピール

よく耳にする福利厚生ですが、**手当は「法定外福利厚生」**といい、企業が独自に取り入れているものです。導入することで社員のモチベーション向上や生産性のアップにつながり、**従業員満足度を向上させることで離職を防ぐ**効果があります。また企業も節税効果を得るというメリットがあります。

個性ある手当は、それを導入できるだけの、力のある企業だというアピールポイントにもなります。

本当にある！ユニークな手当

- 禁煙手当
- 健康維持促進手当
- オシャレ手当
- ゲーミング手当
- 連続有給手当
- 花粉症手当
- 野菜支援手当
- 発電手当
- ハネムーン手当

Chap. 2

「控除」について

『控除』を読んでみよう

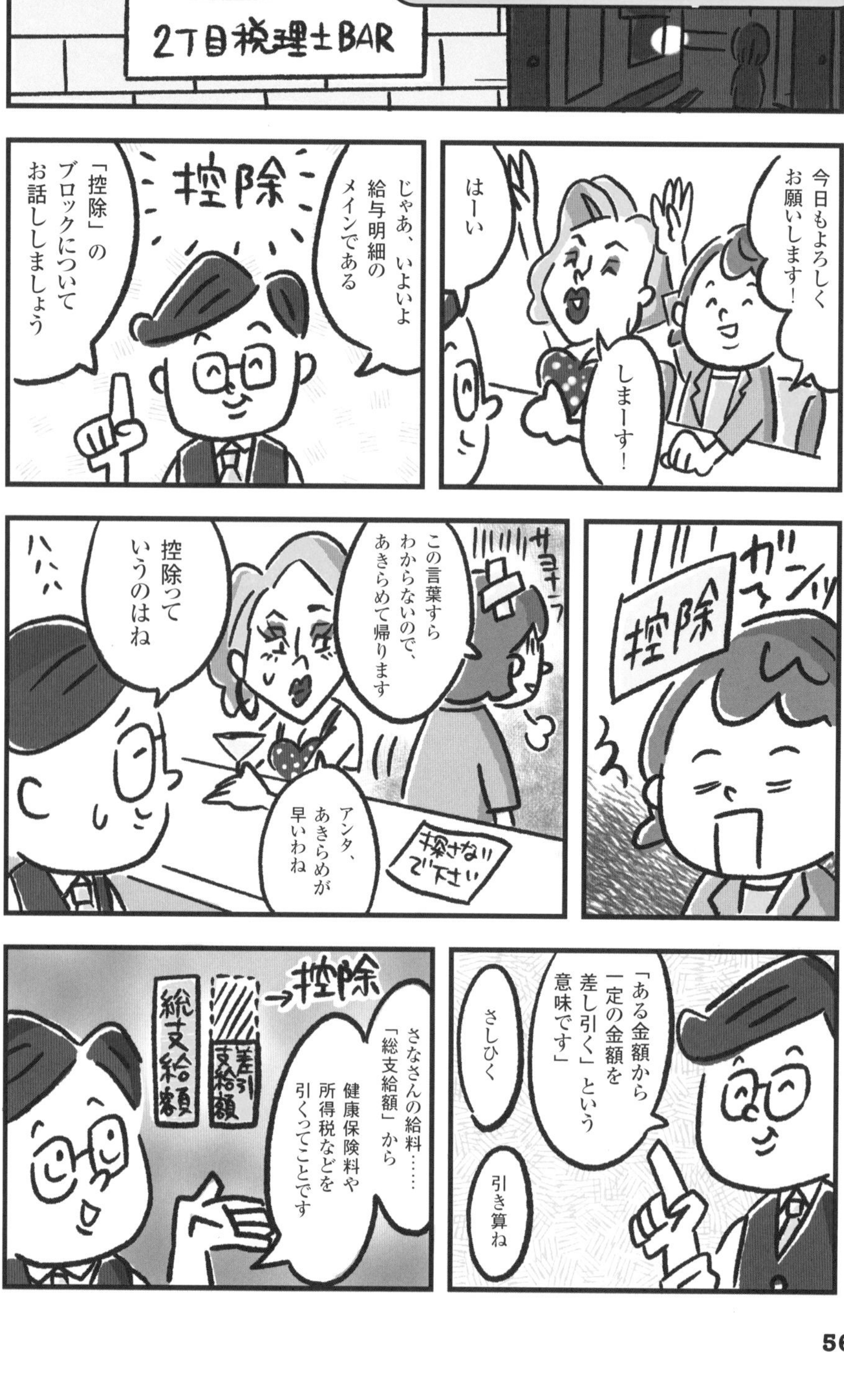

2丁目税理士BAR
今日もよろしくお願いします！
はーい
しまーす！
じゃあ、いよいよ給与明細のメインである
控除
「控除」のブロックについてお話ししましょう
ガーンッ
控除
サヨナラ
この言葉すらわからないので、あきらめて帰ります
アンタ、あきらめが早いわね
探さないで下さい
控除っていうのはね
ハハハ
「ある金額から一定の金額を差し引く」という意味です
さしひく
引き算ね
さなさんの給料……「総支給額」から健康保険料や所得税などを引くってことです
総支給額
差引支給額
→控除

もう
これ!!
ガー
この税金たちが高すぎるんですよ!
バンッ
さなさんなんておっしゃいました
キラーン
え、税金が高すぎるって
クイズ!
どれが税金ですか?
健康保険
厚生年金
住民税
え、この控除のところのこれ全部
ブーーー
外れです
??
税金は、源泉所得税と住民税の2つだけです
源泉所得税
住民税
4,840
9,300
コンニチワ!
え? じゃ、じゃあ残りは?
キラーン
しゃ
社会保険料よ
僕のセリフ…
社会保険料ってなんですか? 税金じゃないの?
ドヤァア
何者?
まずは「社会保険」についてお話ししましょう

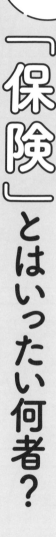

そもそも社会保険ってなんだろう
「保険」とはいったい何者？

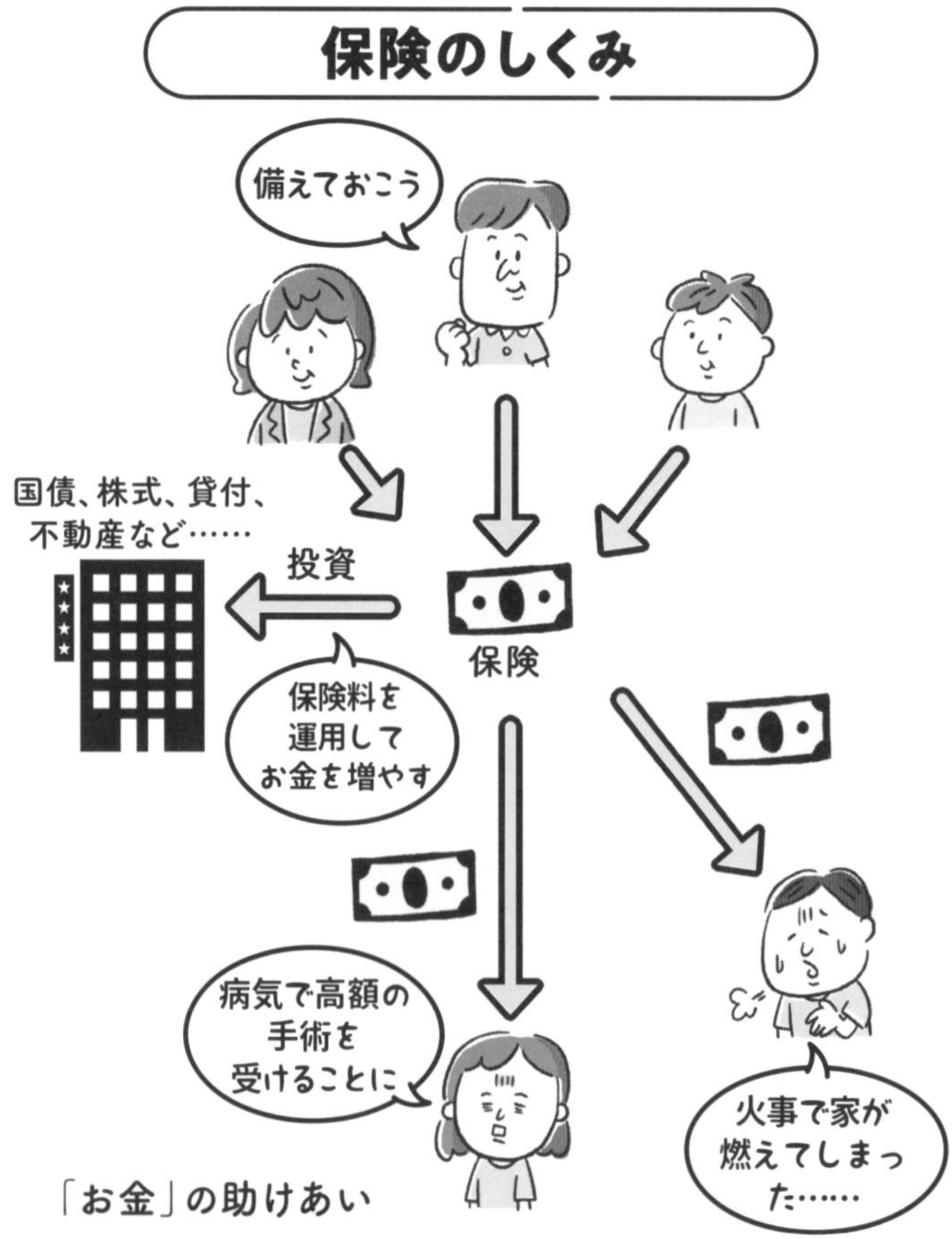
保険のしくみ
備えておこう
国債、株式、貸付、不動産など……
投資
保険
保険料を運用してお金を増やす
病気で高額の手術を受けることに
火事で家が燃えてしまった……
「お金」の助けあい

助け合いでリスクに備える

保険とは、地震、火災、事故、病気など日常で起こるさまざまなリスクに備えて、**みんなでお金を出しあい、万が一のときに助けあうシステムです**。個人で貯金して蓄えたり解決したりするには限界がありますが、同じ不安を持つ人たちがお金を出しあうことで、経済的負担を軽くすることができます。

これを「相互扶助(そうごふじょ)」といい、**助けあいの精神のもとで「保険」というしくみは成り立っています**。私たちが月々支払う保険料は、どこかの誰

2つの保険

公的保険

国が運営する保険。加入条件にあてはまれば、原則的に加入する義務がある。

- 健康保険（P.68）
- 厚生年金（P.92）
- 介護保険（P.118）
- 雇用保険（P126）
- 労災保険（P.136）

民間保険

民間が運営する保険。自分で商品を選んで、加入することができる。

第1分野「生命保険」

死亡したときに支払われる保険。
生命保険会社が扱う。

- 定期保険
- 終身保険
- 養老（ようろう）保険

第2分野「損害保険」

損害を受けたときに支払われる保険。
損害保険会社が扱う。

- 火災保険
- 自動車保険
- 地震保険

第3分野「医療保険」

病気やケガをしたときに支払われる保険。
生命保険会社、損害保険会社の双方が扱う。

- 医療保険
- がん保険
- 介護保険

memo

保険はいつからある？

保険のしくみは紀元前頃からあったといい、海を渡って貿易をする際の「積み荷」に対しての保険がそのはじまりです。

日本では、福沢諭吉の書物によりはじめてヨーロッパの生命保険のしくみが紹介され、その弟子である阿部泰蔵（あべたいぞう）が日本初となる保険会社を作りました。それが明治生命であり、現在の明治安田生命です。

かの今日の生活を助けていたり、未来のあなたの助けになっているかもしれません。

大きく2つにわかれる保険

国が運営する「公的保険」と、民間が運営する「民間保険」の2つがあります。公的保険については、この後に続くページでお話ししましょう。

民間保険は、保険会社が作ったたくさんの「保険」という商品から、自分が良いと思ったものを自由に選び、加入することができます。一方で公的保険は加入条件があらかじめ決まっており、原則的に加入する義務があります。**公的保険でカバーしきれない費用を軽減するために、民間保険に加入**するようなイメージです。

Chap. 2

「控除」について

そもそも社会保険ってなんだろう
社会保険ってなに?

社会保障とは……

国民が、病気やケガ、死亡、老齢、失業に直面したときでも生活に困ることのないように、社会全体で支えるためのしくみ

私たちの命と暮らしをも守る 4つの社会保障

社会保険

さまざまなリスクに備えるための、5つの社会保険制度。

例▶ **医療保険(健康保険)**
年金
介護保険
雇用保険
労災保険

社会福祉

子どもや高齢者、障害者への施設やサービスの提供といった公的支援。

例▶ **保育所の運営**
児童手当
学校の無償化
ひとり親家庭への支援

公的扶助

社会的な困窮者に、一定水準の生活を公的責任で保障する。

例▶ **生活保護**
低所得者や障害者世帯などへの資金等の貸付

保健医療・公衆衛生

人々が健康に生活できるよう、健康増進、予防、衛生のための制度。

例▶ **健康診断**
予防接種などの感染症予防対策
動物の保護
保健所や保険センターの運営

国が運営する保険

「社会保障」という言葉を辞書で引くと「国民が遭遇する事故・災害などによる損害の補填および生活の保障を目的とする強制保険」とあります。社会保険とはこの社会保障の1つで、**病気、ケガ、加齢、介護、失業、労働災害といった個人のリスク**に備え、実際にそのような状況に直面したときには救済するという、**国民の生活を守るために国が運営する保険制度**です。

国が運営する公的保険のため、財源は**国民から納められた保険料だ**

日本の社会保険制度

広義の社会保険

狭義の社会保険

- **医療保険** ▶P.68
  病気やケガをしたときに、医療費の一部を国や自治体などが負担してくれる制度。
- **年金保険** ▶P.92
  障害をおったときや定められた年齢になると、生活保障としてお金をもらえる制度。
- **介護保険** ▶P.118
  介護が必要となったときに、介護サービスを受けることのできる制度。

労働保険

- **雇用保険** ▶P.126
  労働者が失業したときや労働が困難なときに、お金をもらえ支援を受けられる制度。
- **労災保険** ▶P.136
  勤務中や通勤中に病気やケガをすると、医療費や休業を補償してもらえる制度。

けでなく、**国のお金**（国庫負担金）も使用されています。

5つの社会保険

社会保険は医療、年金、介護、雇用、労災の5種類にわかれます。特に、**医療、年金、介護の3つを「狭義の社会保険」**と呼び、**雇用と労災は働く人の保険のため「労働保険」**と呼ばれています。一般的にいう「社会保険」は狭義の社会保険を指していることが多いでしょう。

「**一人はみんなのために、みんなは一人のために**」という相互扶助の理念のもとで社会保険制度は成り立っています。そのため、狭義の社会保険は定められた年齢になると、労働保険は企業が従業員（正社員やアルバイト問わず）を雇うと**必ず加入する義務**があります。

Chap.2

「控除」について

そもそも社会保険ってなんだろう

日本は国民皆保険

日本の医療は「国民皆保険制度」

国民皆保険制度のはじまりは1961年。
国民の3分の1が公的医療保険に未加入で、医療を受けられずに亡くなる人が多かった時代に、全ての人が平等に医療を受けられるようスタートしました。

国民皆保険制度のポイント

全ての国民を公的医療保険制度で保障
個人で医療保険に加入しなくても、高度な医療を受けることができる。

医療機関を自由に選べる
どの都道府県のどの病院でも、自由に選ぶことができる（フリーアクセス）。

医療費の安さ
正規料金の1〜3割の負担で、高度な医療を受けることができる。

資金に公費が投入
納付される保険料だけでなく、国のお金を使うことことで制度を安定して維持できる。

⇩

世界最高レベルの平均寿命と
医療水準が実現

全ての人に平等な医療を

私たちの生活をさまざまなリスクから守り保障してくれる社会保険制度（P.60）は、医療、年金、介護、雇用、労災の5つから成り立っています。その1つである**医療保険は「国民皆保険制度」**といい、**全ての人が公的医療保険に加入することが義務づけられています**。これは日本に住む外国人にも適応され、3カ月を超える在留資格を持つと加入義務があります。

公的医療保険には、健康保険や国民健康保険といった複数の種類が

世界の医療保障制度

企業規模	日本	ドイツ	フランス	スウェーデン	イギリス	アメリカ
自己負担金	社会保険方式 100％	社会保険方式 国民の 約87％が加入 ※強制適用の対象でない者は、民間医療保険の加入が義務づけられているため、事実上の国民皆保険。	社会保険方式 国民の99％が加入	税方式による公営の保険・医療サービス 100％	税方式による国営の国民保険サービス 100％	メディケア・メディケイド 65歳以上の高齢者や障害者、一定の条件を満たす低所得者のみが対象。
制度類型	原則30％ （自己負担額の上限あり） 義務教育就学前：20％ 70～74歳：20％ 75歳以上：10％ （現役並み所得者は30％）	外来：なし 入院：1日につき10ユーロ（年28日を限度） 薬剤：10％定率負担（上限10ユーロ、下限5ユーロ）	外来：30％ 入院：20％ 薬剤：35％ ※かかりつけ医を通さずに専門医を受診すると70％負担に。	自治体が独自設定。 プライマリケアの場合1回につき0～300クローナ	原則 自己負担なし	加入している保険により負担金がことなる。 外来（任意加入）：年間166ドル＋医療費の20％

アメリカの医療費は世界でも群を抜いて高額です。しかし企業が医療保障を提供しない企業も増え、民間保険にも加入しない無保険者が多数発生し大きな問題となっていました。そこで、オバマ前大統領が2014年に実施したのが、全ての国民はメディケア、メディケイド、民間医療保険のいずれかに加入することを義務とした医療保険制度改革、通称「オバマケア」です。

ありますが（P・70）どの保険に加入していても、医療機関を自由に選べ、平等な医療を受けることができます。これは世界的にみても珍しいことなのです。

年金は加入する義務がある

年金も「国民皆年金制度」といい、日本に住む**20歳以上60歳未満の人はたとえ年金をもらう権利がなくても、国民年金に加入しなければならない義務があります。**

年金というと老後の生活保障を想像しがちですが、事故や病気で障害をおったときや一家の働き手が亡くなったときの暮らしを保障してくれる保険でもあります。2020年度の国民年金の納付率は71・5％であり、若い世代ほど納付率は低い傾向にあります。

社会保険料はどうやって決まるの?

そもそも社会保険ってなんだろう

社会保険料の読み方

所属氏名 企画部一課 日野さな
給与明細書
株式会社 猫島商事
2023年6月

勤怠	出勤	有給日数	欠勤日数	残業時間
	22			5

支給	基本給	時間外手当	役職手当	住宅手当	家族手当	資格手当
	225,000	8,865				2,000
	非課税通勤費					

控除	健康保険	厚生年金	介護保険	雇用保険	社会保険合計
	11,808	21,960		707	34,475
	源泉所得税	住民税			課税対象額
	4,840	9,300			201,390

総支給額	控除合計額	差引支給額
235,865	48,615	187,250

健康保険	厚生年金	介護保険	雇用保険
11,808	21,960		707

社会保険合計
34,475

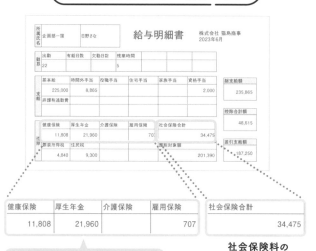

社会保険料の合計額

「社会保険」にあたるのは、健康保険、厚生年金、介護保険、雇用保険の4つ

社会保険料の自己負担額は、総支給額の約15%です

の場合、
40歳未満なので介護保険は未加入。
▶詳しくはP.118

標準報酬月額をもとに算出

ここでお話しする社会保険料とは、**健康保険と介護保険、厚生年金の3つ**の保険料についてです。会社を作ると事業所単位で、健康保険（介護保険）と厚生年金にセットで加入しなくてはいけません。国や地方公共団体、そして全ての法人事業所は強制的に加入する義務があります＊。

社会保険料は、**毎月支払われる報酬から「標準報酬月額」を算出して、保険料率をかけます。**「標準報酬月額表」を見るとわかりやすく、月額

＊従業員が5人未満の個人事業所については任意です。

社会保険料の計算

標準報酬月額 × 保険料率 ＝ 社会保険料

この金額を折半（せっぱん）！
半分は**会社**負担
半分は**従業員**負担

標準報酬月額は計算を簡単にするために、給与を等級に区分したもの。
4月～6月に受けた報酬（通勤手当を含む）の平均額で区分する。

健康保険料率は、加入している健康保険ごとに違う
→webサイトなどで公開

厚生年金保険料率は、全国一律（18.3％）

「4月～6月に
残業をたくさんすると
保険料が上がる！」って
このことかぁ

健康保険料（介護保険料）の標準報酬月額表（東京都）

標準報酬		報酬月額	健康保険料（介護保険料）	
等級	月額	円以上～円未満	40歳未満（介護保険第2号被保険者に該当しない場合）10.00％	40歳から64歳まで（介護保険第2被保険者）11.82％（健康保険＋介護保険1.8％）
1	58,000	～63,000	5,800.0	6,855.6
2	68,000	63,000～73,000	6,800.0	8,037.6
14	170,000	165,000～175,000	17,000.0	20,094.0
15	180,000	175,000～185,000	18,000.0	21,276.0
16	190,000	185,000～195,000	19,000.0	22,458.0
17	200,000	195,000～210,000	20,000.0	23,640.0
18	220,000	210,000～230,000	22,000.0	26,004.0
19	240,000	230,000～250,000	24,000.0	28,368.0

全国健康保険協会　2023年3月分（4月納付分）からの
健康保険・厚生年金保険の保険料額表より

厚生年金についても、同じような保険料額表があります

報酬の区分（等級）ごとに保険料はいくらと示してあります。**健康保険は加入している健康保険協会ごとに、厚生年金は全国一律の「標準報酬月額」**が存在します。

報酬には通勤交通費も含まれる

社会保険料を算出するときに使われる「報酬」とは、**労働の対価として会社から受け取る全てのものを示します**。そのため報酬の範囲は広く、基本給の他に通勤手当や家族手当、役職手当などの各種手当、また現金以外に現物で支給される食事や住宅などについても報酬に含まれます。源泉所得税の計算時には含まれない**通勤手当も、社会保険料の計算には含まれる**ところがポイントです。

そもそも社会保険ってなんだろう
アルバイトやパートはどうなってるの？

働き方が変わる？ アルバイト・パートの社会保険加入要件

①週の所定労働時間および労働日数が、正規従業員の所定労働時間および所定労働日数の3/4以上の人

②①の要件を満たしていないが次の5つの要件を全て満たす人

- 週所定労働時間が20時間以上である（20時間を超えれば3/4未満でも適応）
- 月額賃金が8.8万円以上（年収106万円以上であること）
- 勤務期間が1年以上である、または見込みがあること
- 学生でないこと
- <u>従業員501人以上</u>規模

↓

今後以下のように従業員数規模は変更の予定
2022年10月より　従業員101人以上
2024年10月より　従業員51人以上

年金制度強化のために、社会保険の加入要件が広くなりました

働き方次第で加入が必要

アルバイトやパートの場合も、勤務時間および勤務日数が正社員の4分の3以上の場合は必ず、また週の労働時間が20時間以上であったり、月収が8万8千円以上（年収約106万円）などの要件を満たすと、**社会保険に加入しなくてはいけません。**

さらに、2020年5月に成立した年金制度の改正法により、**今後社会保険の適応が拡大される予定**です。それ以前は、上の②のケースの場合、従業員501人以上の

よく聞く「税金の壁」

130万円の壁

［社会保険の壁］
・扶養家族から外れる
・自ら社会保険に必須で加入

社会保険の加入義務が発生する代わりに

・年金がより手厚くなる
　→障害や死亡の保障も手厚い
・将来の年金額がより増える
・医療保険が手厚くなる
　→傷病手当を受け取れるように（P.80）

106万円の壁

［社会保険の壁］
・社会保険に加入の可能性
（詳しい条件は右記参照）

配偶者や家族の社会保険から外れる代わりに

・年金が手厚くなる
　→障害や死亡の保障も手厚い
・将来の年金額が増える
・医療保険が手厚くなる
　→傷病手当を受け取れるように（P.80）

103万円の壁

［税金の壁］
・源泉所得税が発生
・住民税が発生
・配偶者控除から外れる

103万円の壁の場合、
心配するほど高額な
税金ではありません

企業で働く場合のみ適応でしたが、2022年10月より従業員101人以上、2024年10月からは従業員51人以上と順次拡大していきます。

被扶養者は家族の保険に加入

学生や多くの専業主ふは「被扶養者」という立場です。これは被保険者である、一家の働き手の収入で生計を維持している人であり、学生や専業主ふは家族が加入する健康保険に加入しています。

しかし、**被扶養者の条件は年収が130万円未満**であることです。たとえ学生でも130万円を超える年収があれば、扶養から外れて自ら国民健康保険に加入しなくてはなりません。

年金については学生と主ふで異なるので、100ページでお話しします。

「健康保険」ってなんだろう
健康保険ってなに？

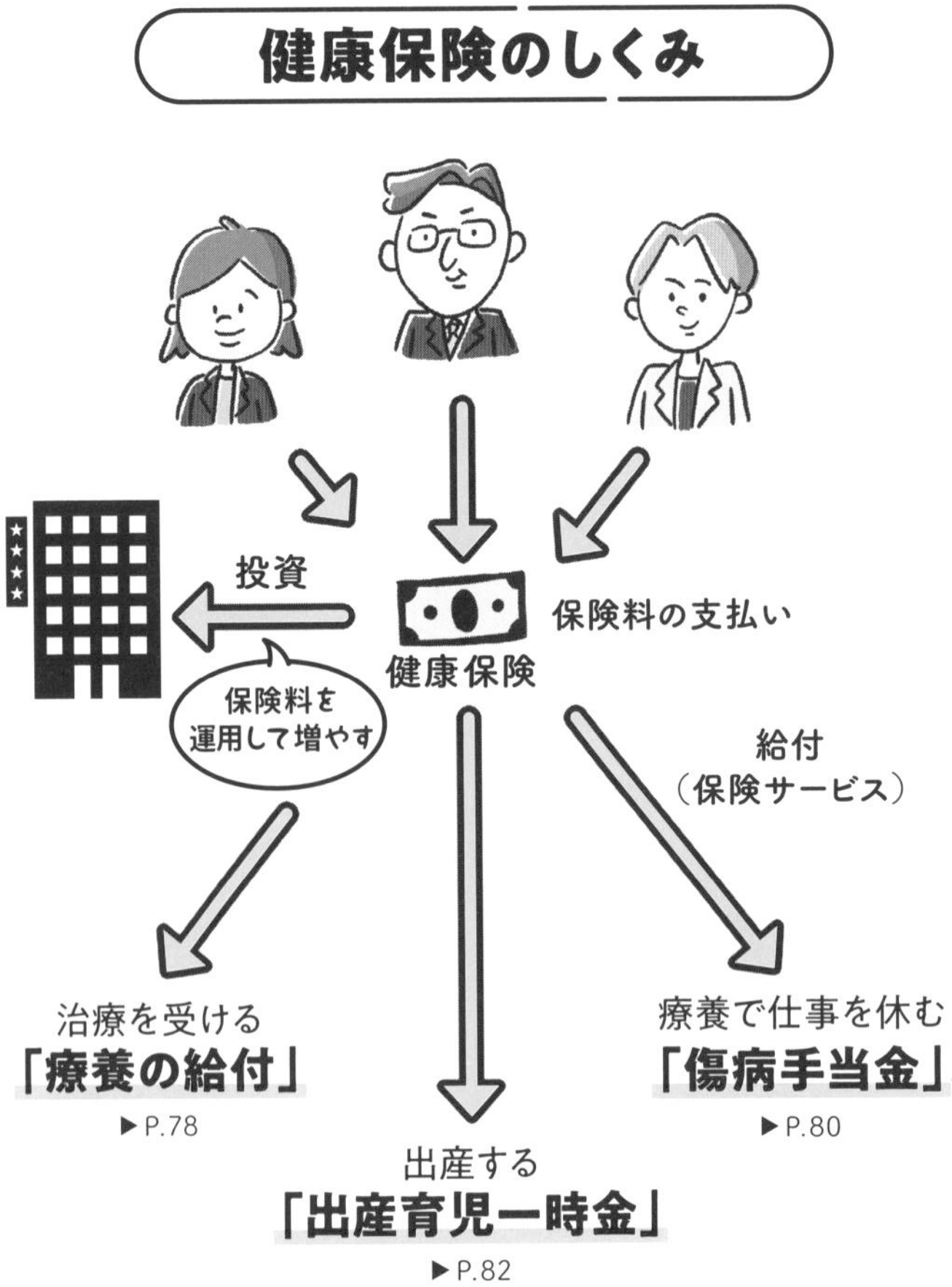

全ての人が加入する保険

健康保険とは、病気やケガをしたとき、それによって仕事を休んだとき、また出産時や死亡時などにも、**私たちの生活を安定させることを目的とした、社会保険制度の1つ**です（P.60）。日本は国民皆保険（こくみんかいほけん）制度を採用しており、**全ての国民が加入しています**。国民全員でリスクに備えて保険料を支払いお金を集め、いざというときはそこから「**給付**」を受けることができるという、**助けあいのシステム**です。

「給付」とは「金品や便宜を与え

日本の医療費事情

厚生労働省「平成30年度 国民医療費の概況」より

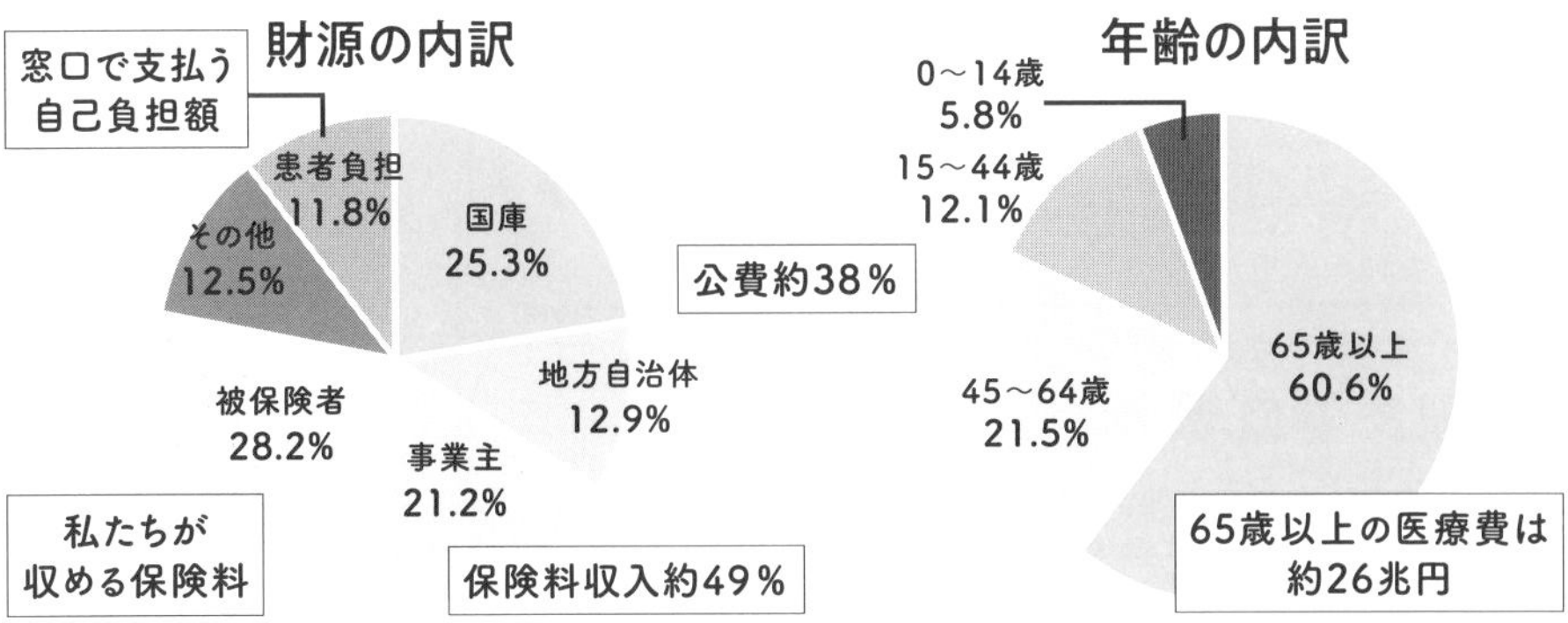

医療費節約のために私たちができること

かかりつけ医を持つ

同じ症状で複数の病院をはしご受診したり、突然大病院にいくことは避けましょう。

ジェネリック医薬品を活用

新薬（先発医薬品）の半分ほどの価格で購入できるのでお得。

薬は正しく使う

飲み残しなどで余る薬を「残薬」といい、年間500億円分の薬が無駄になっているとも。

健康をキープ

病気やケガをしないことが何より。健康診断を受ける、生活に気をつけるなどできることから。

⇩

医療費の節約は、**自分のお財布の節約にもつながる！**

ること」を意味します。身近な給付としては「**療養の給付**」があり、この給付のおかげで医療機関を**3割負担**で受診できるのです。

制度を維持するために

2018年度の**国民医療費は約43兆円**でした。その内訳は、患者の自己負担分が約11・8%、保険料が約49・4%、公費が約38・1%です。公的医療保険のため、国や都道府県のお金も投入されています。

少子高齢化が進み、人口の3割弱が65歳以上という超高齢化社会の現代、**医療保険制度を維持することは容易ではありません**。状況に合わせた制度の改善はもちろんですが、私たち一人ひとりがこの制度を理解し、関心を寄せることも非常に大切です。

「健康保険」ってなんだろう
公的医療保険には種類がある

公的医療保険

被用者保険

保険料は事業主と折半（せっぱん）

保険者（運用）：各健康保険組合、全国健康保険協会
被保険者（加入者）：会社員、公務員、船員など、またはその家族（被扶養者）

国民健康保険

保険者（運用）：都道府県と市町村
被保険者（加入者）：自営業者、農業・漁業従事者、フリーランス、主ふ、無職の人

後期高齢者医療制度

保険者（運用）：各都道府県の後期高齢者医療広域連合（事務機能は市町村）
被保険者（加入者）：75歳以上の全国民（一定の障害があれば65歳以上から加入可）

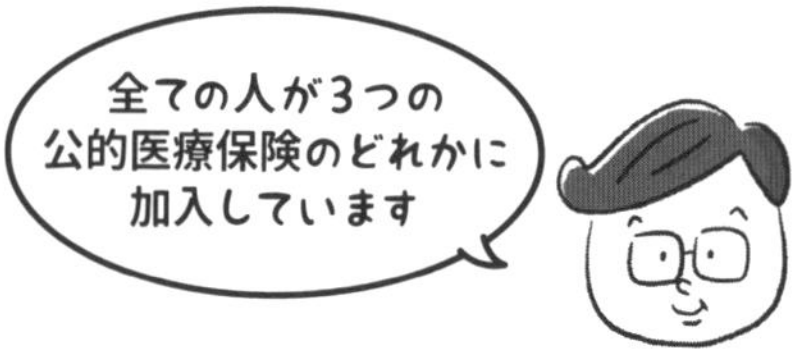
全ての人が3つの
公的医療保険のどれかに
加入しています

3つの公的医療保険

日本は**全ての国民**[*1]**が公的医療保険に加入**しています。これを**国民皆保険**といい、次のどれかに加入します。

「被用者保険」……通称・健保（けんぽ）。被用者とは雇われている人のことで、会社員などが職場を通じて加入する保険です。保険料は会社（事業主）と折半なのが大きな特徴です。保険を運用する「保険者」は各健保組合などです。

「国民健康保険」……通称・国保（こくほ）。自営業者など被用者保険に属さない人が加入する保険です。保険者は

＊1　3カ月を超える在留資格を持つ外国人も加入が義務づけられています。

日本の公的医療保険

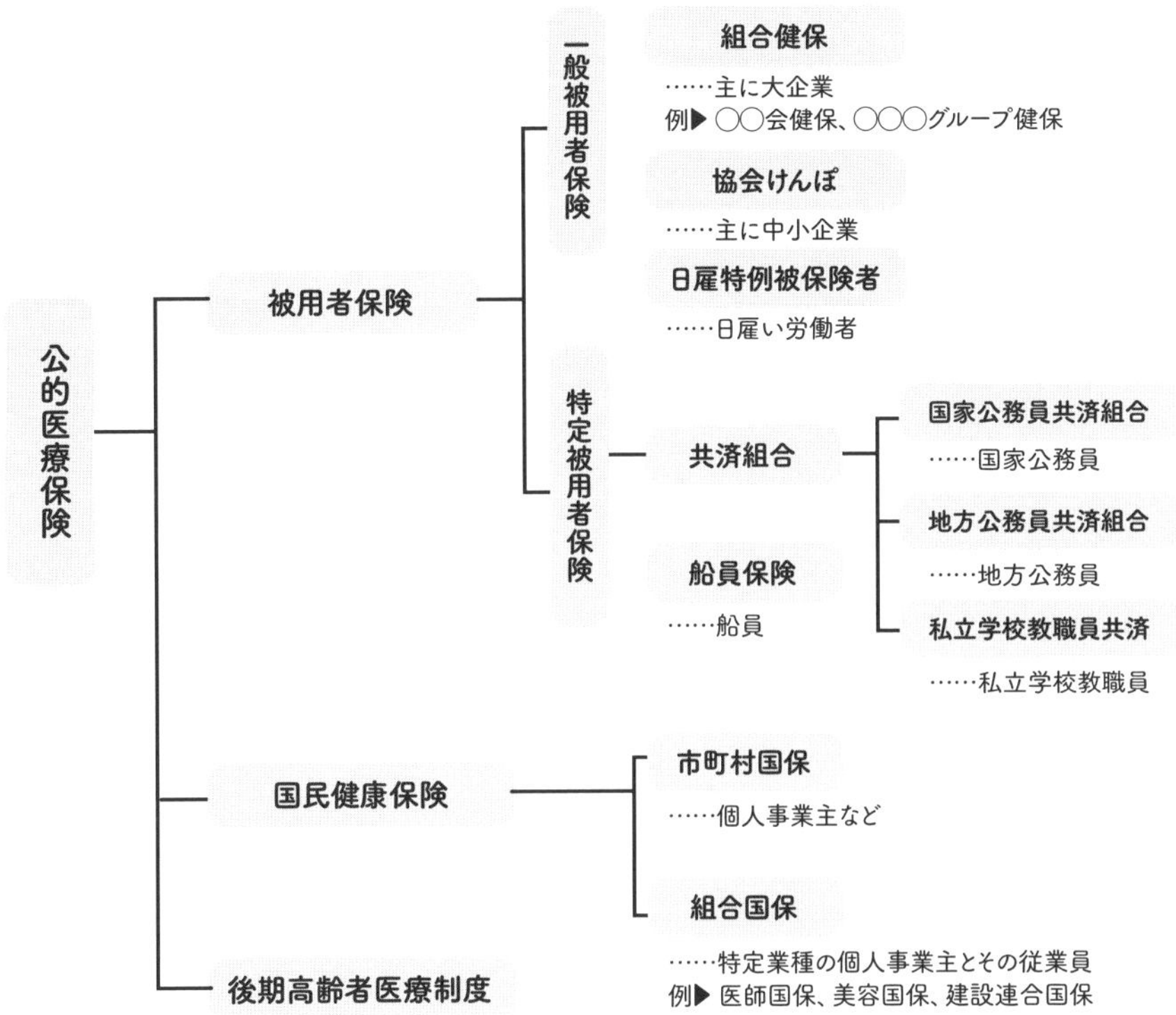

都道府県や市町村です。

「後期高齢者医療制度」……通称・高齢者医療。75歳以上[*2]の人が加入する健康保険です。保険者は各都道府県の後期高齢者医療広域連合で、市町村と連携して機能しています。

覚えておきたい国保

会社員でも今後退職したり、学び直しで大学や専門学校に通ったりすることがあれば、国民健康保険に加入する可能性があります。

保険料は**年齢や前年度の所得をもとに世帯単位で計算**され、保険料率は各都道府県で異なります。

また国民健康保険の場合、保険料は全額自己負担なので、同じ収入でも**被用者保険に比べると保険料の負担が大きく**なります。

＊2 一定の障害があれば65歳以上でも加入可能です。

「健康保険」ってなんだろう

組合健保と協会けんぽって？

会社員が加入する2つの健康保険

健康保険組合（組合健保、健保組合）

制度名：組合管掌健康保険

保険者：**企業が単独**、もしくは複数の企業が共同で設立した、健康保険組合

単独なら常時700人以上、共同なら常時3,000人以上の従業員がいることが条件

▶大企業やそのグループ会社、大きな業界が中心

保険者数1,387（2021年4月現在）

協会けんぽ

制度名：全国健康保険協会管掌健康保険

保険者：**全国健康保険協会**

各都道府県に支部がある

▶主に全国の中小企業が加入している健康保険。

保険者数1

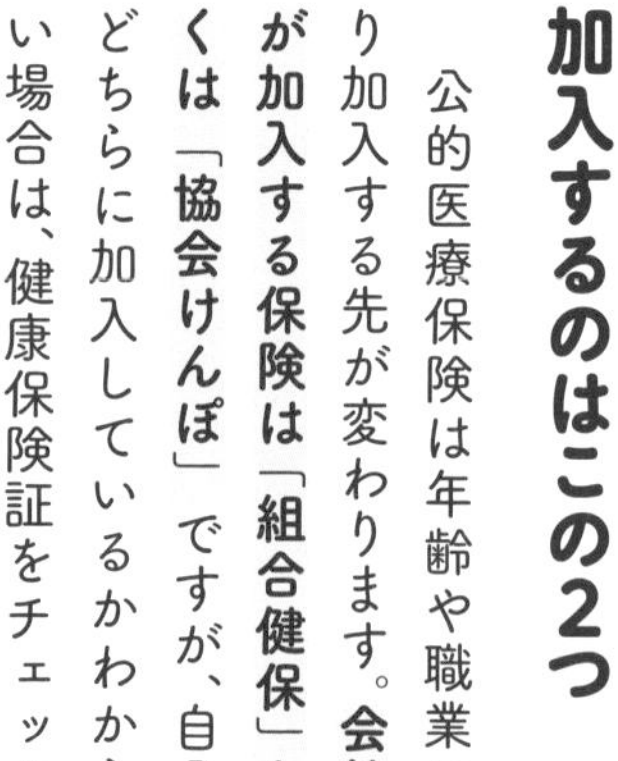

会社員が加入するのはこの2つ

公的医療保険は年齢や職業により加入する先が変わります。**会社員が加入する保険は「組合健保」もしくは「協会けんぽ」**ですが、自分がどちらに加入しているかわからない場合は、健康保険証をチェックしてみましょう。

この2つの大きな違いは、保険を運営する保険者です。**組合健保の保険者は健康保険組合**で、正しくは制度を「組合管掌（かんしょう）健康保険」といいます。1つの企業が単独で設立する

公的医療保険の構成

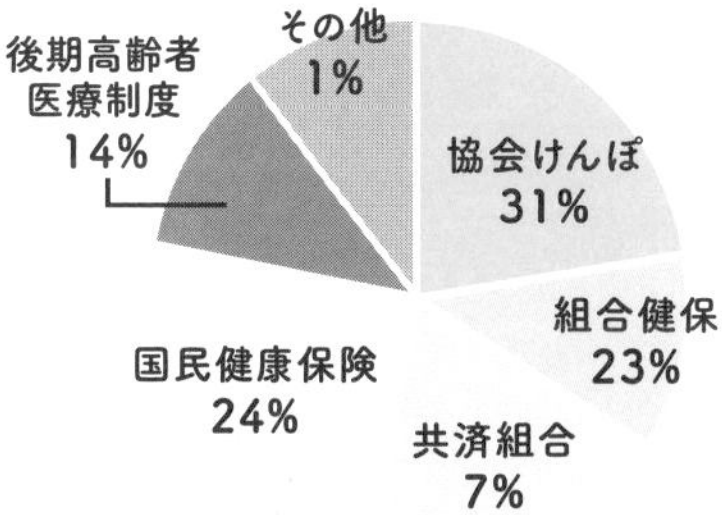

厚生労働省「医療保険に関する基礎資料
平成30年度 統計表一覧」を編集して作成

健康保険証の読み方

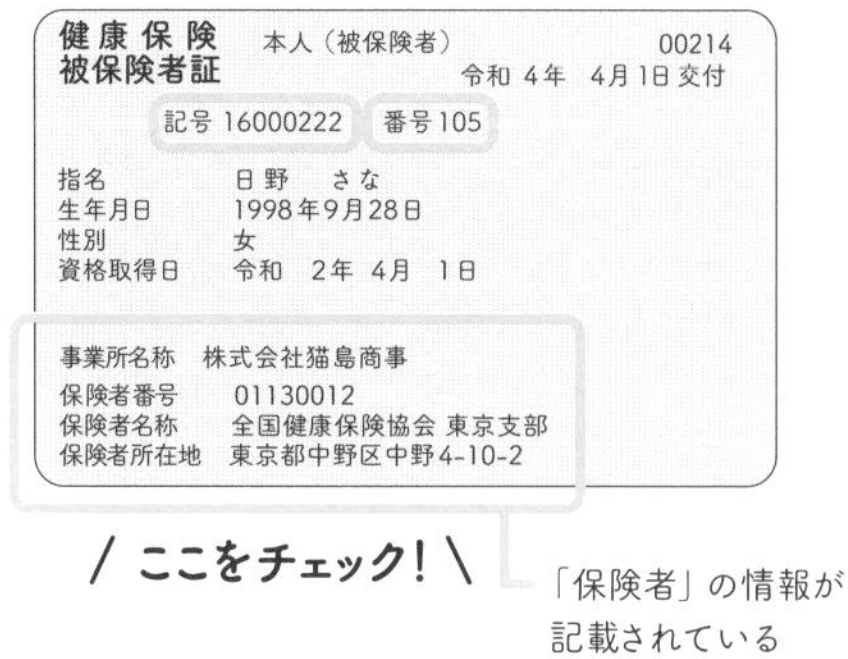

健康保険
被保険者証
本人（被保険者）
00214
令和 4年 4月1日交付
記号 16000222
番号 105
指名 日野 さな
生年月日 1998年9月28日
性別 女
資格取得日 令和 2年 4月 1日
事業所名称 株式会社猫島商事
保険者番号 01130012
保険者名称 全国健康保険協会 東京支部
保険者所在地 東京都中野区中野4-10-2
ここをチェック！
「保険者」の情報が
記載されている

組合健保と協会けんぽの相違点

○保険料

毎月納める健康保険料は、給与をもとに標準報酬月額に定められた保険料率をかけて計算します。

【組合健保】
3～13%の範囲で組合が独自に決めることができる。

【協会けんぽ】
都道府県別に保険料率が決まっている。2021年度の平均保険料率は10.0%。
※各地域の加入者の医療費に基づき算出されるので、その都道府県の医療費が高額だと保険料率も上がる。

○「付加給付」の有無

どちらの医療保険でも、医療費の7割は健康保険でカバーされます。これを「法定給付」といいます。さらに大きな病気やケガで高額な医療費を負担しなければいけなくなったときは、「高額療養費制度」が適用され3割以下の負担になります。

法定給付、高額療養費制度に加えて、組合健保には「付加給付」という制度があり、1カ月の自己負担額限度額が定められています。一般的に25,000円と設定している組合が多く、たとえ100万円、200万円といった医療費になっても、付加給付として払い戻されます。

単独型健康保険組合や、同業の企業が合同で設立する総合型健康保険組合があります。

一方、**協会けんぽの保険者は全国健康保険協会**です。協会が運営する制度を「全国健康保険協会管掌健康保険」といい協会けんぽの愛称で親しまれています。

数を減らす組合健保

組合健保のメリットは、**毎月納める保険料率と受けられる保険サービス**（給付）の内容です。一般的に健康保険組合のほうが保険料率が低いにもかかわらず手厚い保障を受けられる傾向があります。

しかし厳しい財政状況が続き、その数は減少しています。健保組合を解散し、**協会けんぽに切り替える保険者も少なくありません**。

扶養家族の健康保険はどうなるの?

「健康保険」ってなんだろう

健康保険料の読み方

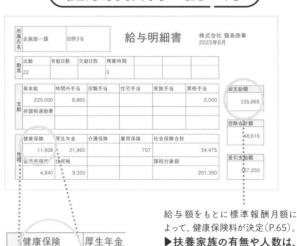

所属氏名	企画部一課	日野さな	給与明細書	株式会社 猫島商事 2023年6月

勤怠	出勤	有給日数	欠勤日数	残業時間			
	22			5			

支給	基本給	時間外手当	役職手当	住宅手当	家族手当	資格手当	総支給額
	225,000	8,865				2,000	235,865
	非課税通勤費						

控除	健康保険	厚生年金	介護保険	雇用保険	社会保険合計	控除合計額
	11,808	21,960		707	34,475	48,615
	源泉所得税	住民税			課税対象額	差引支給額
	4,840	9,300			201,390	187,250

控	健康保険	厚生年金
	11,808	21,

給与額をもとに標準報酬月額によって、健康保険料が決定(P.65)。
▶扶養家族の有無や人数は、保険料には影響しない!

実際に保険者に納めている保険料はこの倍。
会社と従業員で折半(せっぱん)している。

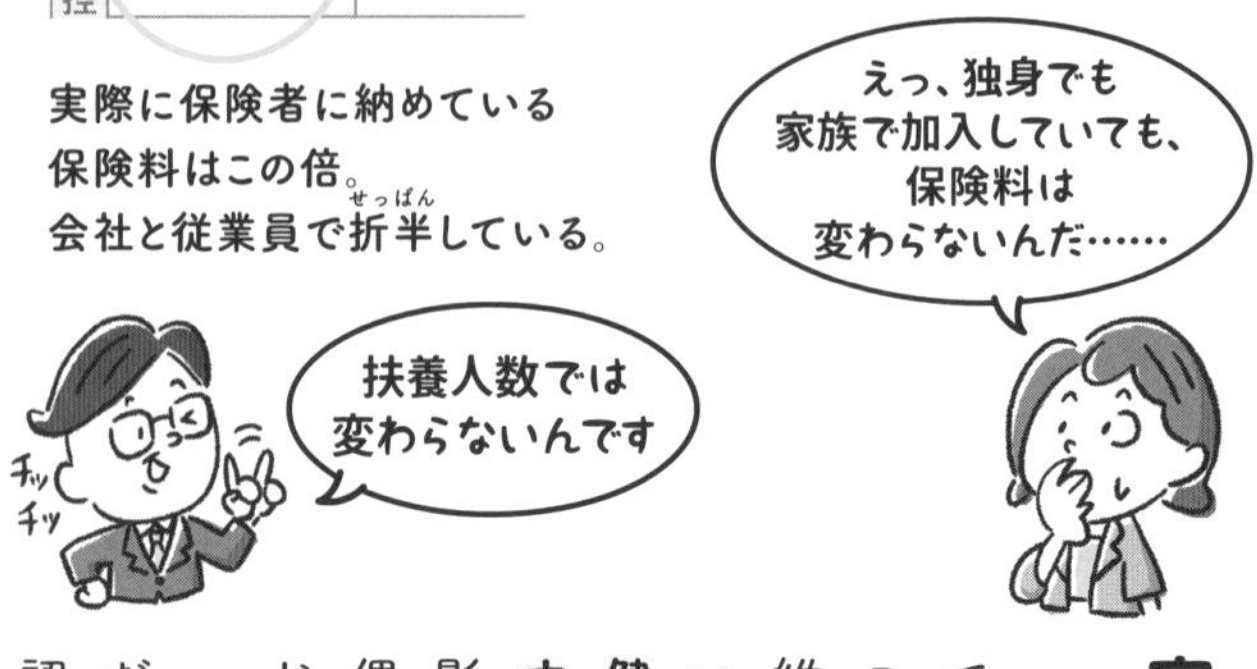

えっ、独身でも
家族で加入していても、
保険料は
変わらないんだ……
扶養人数では
変わらないんです
チッ
チッ

家族で同じ保険に加入

健康保険に加入し、保険料を納めている人を「**被保険者**」といいます。この被保険者の収入により生計を維持されている人を「**被扶養者**」といい、認定されると**被保険者と同じ健康保険に加入することができます**。また、被扶養者の数は保険料に影響しません。独身でも扶養する配偶者や子どもがいても、保険料は同じです。

ただし、一緒に暮らしている家族だからといって、誰でも被扶養者に認定されるわけではありません。詳

被扶養者の範囲

……以外のものは同一世
属することが条件

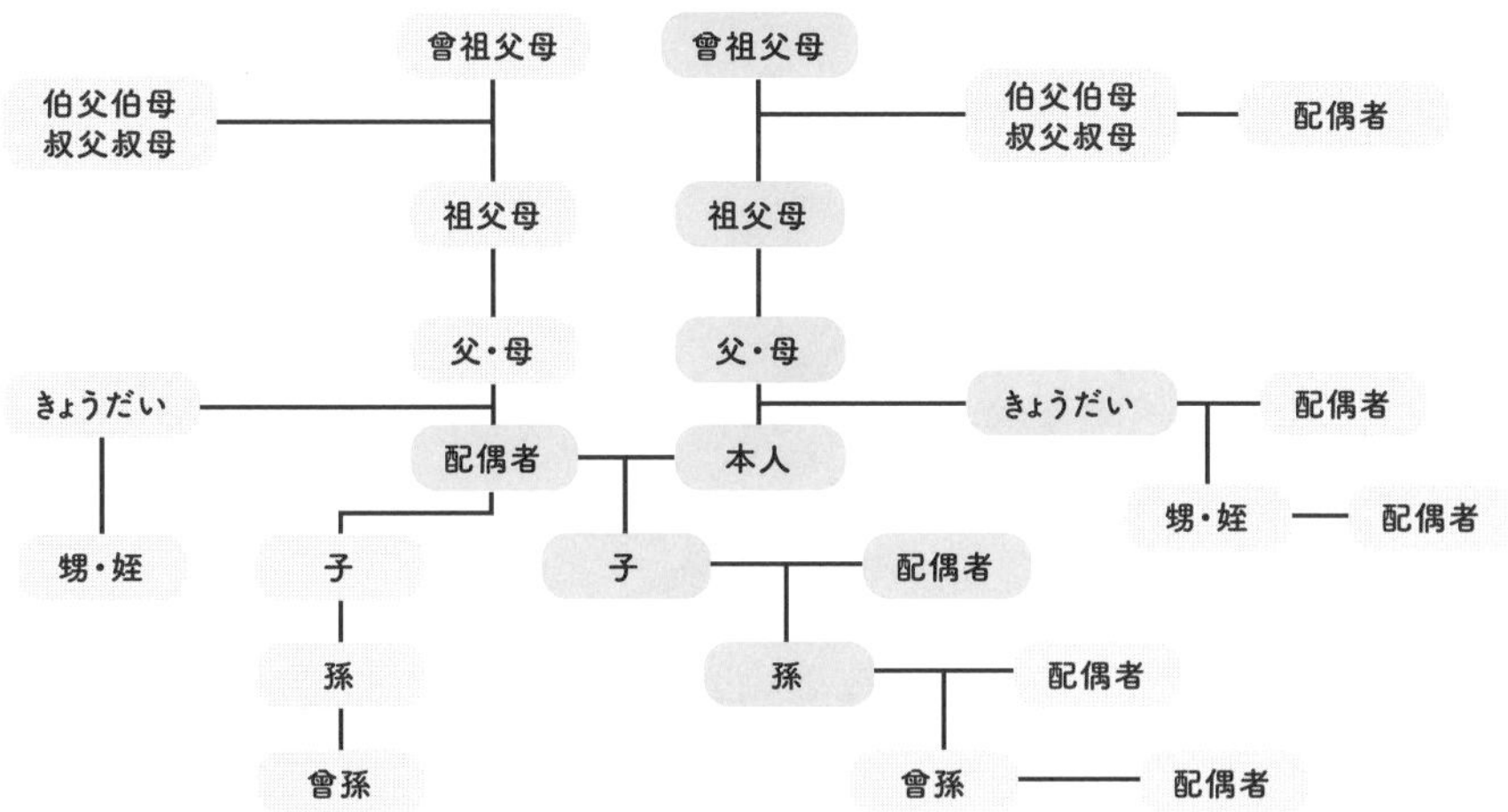

こんなときはどうしたらいい?

妻の年収が130万円を超えた!

パートタイムで働いている場合、年収130万円を超えると扶養から外れて勤め先の健康保険に入ることになります。

▶ 詳しくはP.67

独身で無職になったら父の扶養に戻れる?

現在の保険を任意継続するか国民健康保険に加入するのが一般的です。保険者の判断によるので、なんとも言い難いケースです。

▶ 詳しくはP.84

60歳で定年退職した父母は自分の扶養に?

同居で年収が180万円未満かつ、被保険者の年収の1/2未満であれば認められることもあります。別居だと基準がさらに厳しくなります。

▶ 詳しくはP.88

細な基準にそって**保険者が総合的かつ厳しい審査の上、判断します。**認定条件の例として、配偶者もしくは三親等以内の親族で、その年収が130万円未満であること、国内に居住していることなどがあげられます。

国保に被扶養者はない

被扶養者という存在が認められているのは、被用者保険だけです。**国民健康保険や後期高齢者医療制度には「扶養」という概念がありません。**もし自営業者で国民健康保険に加入している場合、たとえその配偶者は扶養されていても、自身で国民健康保険料を納めて、健康保険に加入しなくてはいけません。後期高齢者医療制度も同じく、個人単位で加入する必要があります。

Chap.2

「控除」について

「健康保険」ってなんだろう

健康保険の給付ってなに？

健康保険のしくみ

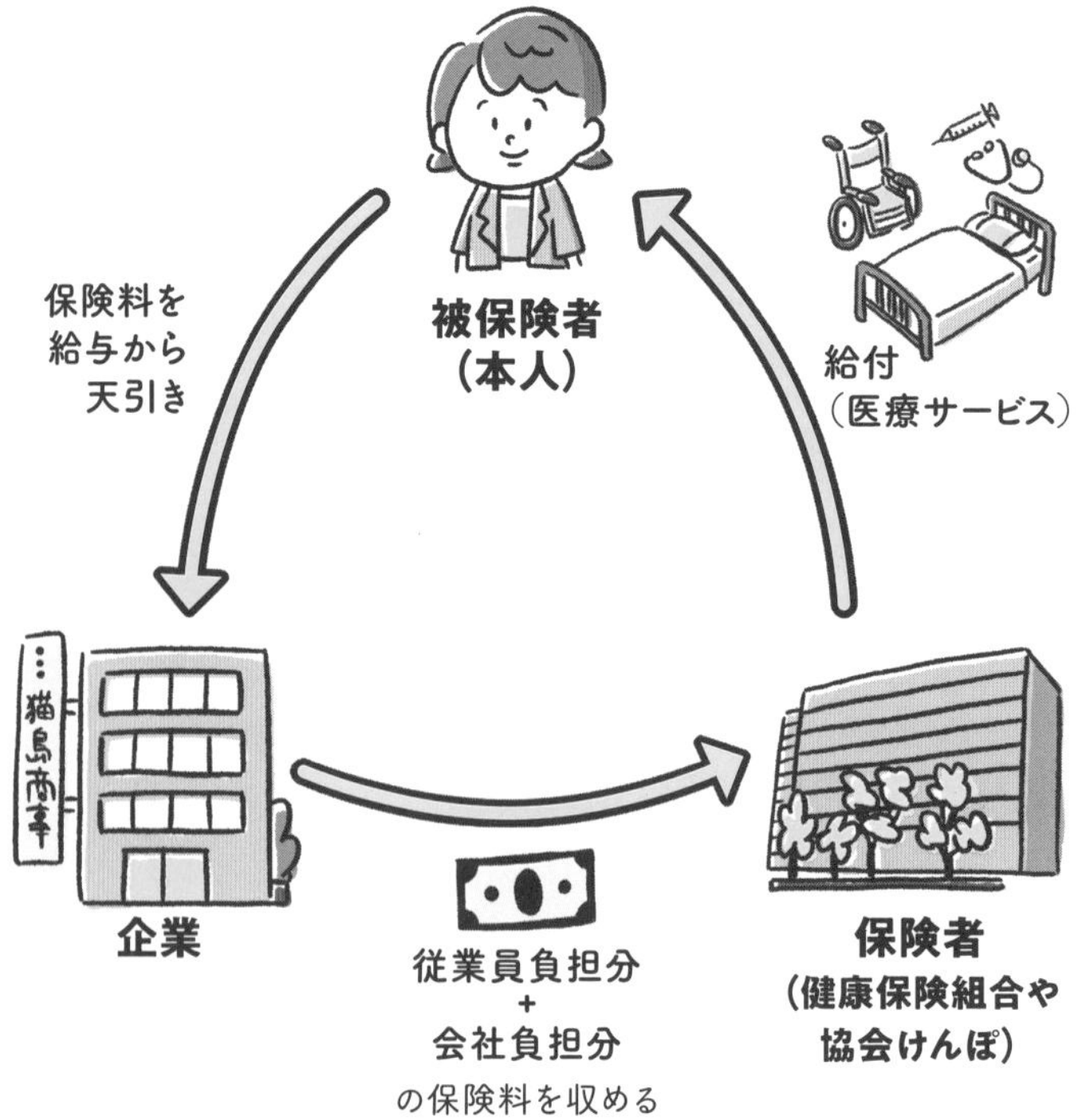

給付で受けられる医療サービス

給付とは「物を与えること、公の機関などが金品や便宜を与えること」を意味します。健康保険に加入している人は、病気やケガをしたとき、病気やケガで仕事を休まなくてはいけなくなったとき、出産や死亡したときなど、さまざまな場面で定められた給付を受けることができます。簡単にいえば、**保険料を納める代わりに受けられる医療サービスが健康保険の給付**です。

私たちにとって一番身近なもの

健康保険給付の種類と内容

	できごと	給付の種類 被保険者	 被扶養者
病気やケガをしたとき	治療を受けるとき	**療養の給付** ▶ P.78 入院時食事療養費 入院時生活療養費 保険外併用療養費	家族療養費＊
		訪問看護療養費	家族訪問看護療養費
	立て替え払いしたとき	**療養費** **高額療養費** **高額介護合算療養費**	家族療養費 高額療養費 高額介護合算療養費
	緊急時などに移送されたとき	**移送費**	家族移送費
	療養のために仕事を休んだとき	**傷病手当金** ▶ P.80	
出産	出産したとき（妊娠85日以上）	**出産育児一時金** ▶ P.82	家族出産育児一時金
	出産のために休んだとき	**出産手当金** ▶ P.82	
死亡	業務外で死亡したとき	**埋葬料（費）**	家族埋葬料

＊「家族療養費」には被保険者でいうところの療養の給付、入院時食事療養費、入院時生活療養費、保険外併用療養費が全て含まれています。

memo

申請が必要な給付に注意

給付の中には、申請しなければ受けられないものもあります。気になることがあれば、人事総務の担当者に相談するといいでしょう。

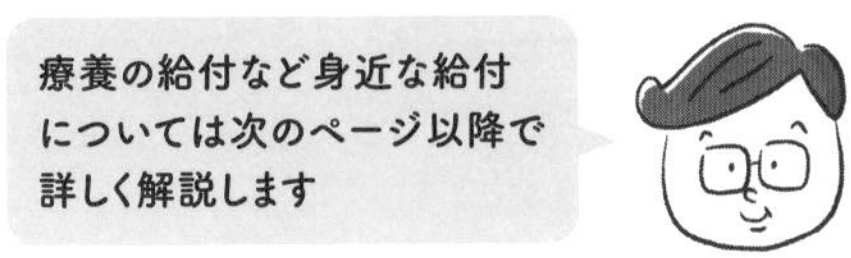

療養の給付など身近な給付については次のページ以降で詳しく解説します

で「**療養の給付**」があります。医療費の7割を保険者が支払うというもので、このおかげで**正規料金の3割負担で診療を受けることができるのです。**

ゆりかごから墓場まで

健康保険の給付は、出産から日常の受診、大きな病気をしたときのフォロー、そして死亡時の埋葬料まで広くカバーしてくれます。毎月引かれる社会保険料と税金の中で、健康保険料を高額に感じる人も多いでしょう。しかし**会社員の場合、保険料は会社と折半**（せっぱん）しているので、**毎月の負担額は実際の保険料の半分以下です。**それでこれだけ手厚いサービスを受けることができると思えば、捉え方が少しだけ変わるかもしれません。

「健康保険」ってなんだろう

窓口で支払うお金は？（療養の給付）

医療費支払いの流れ

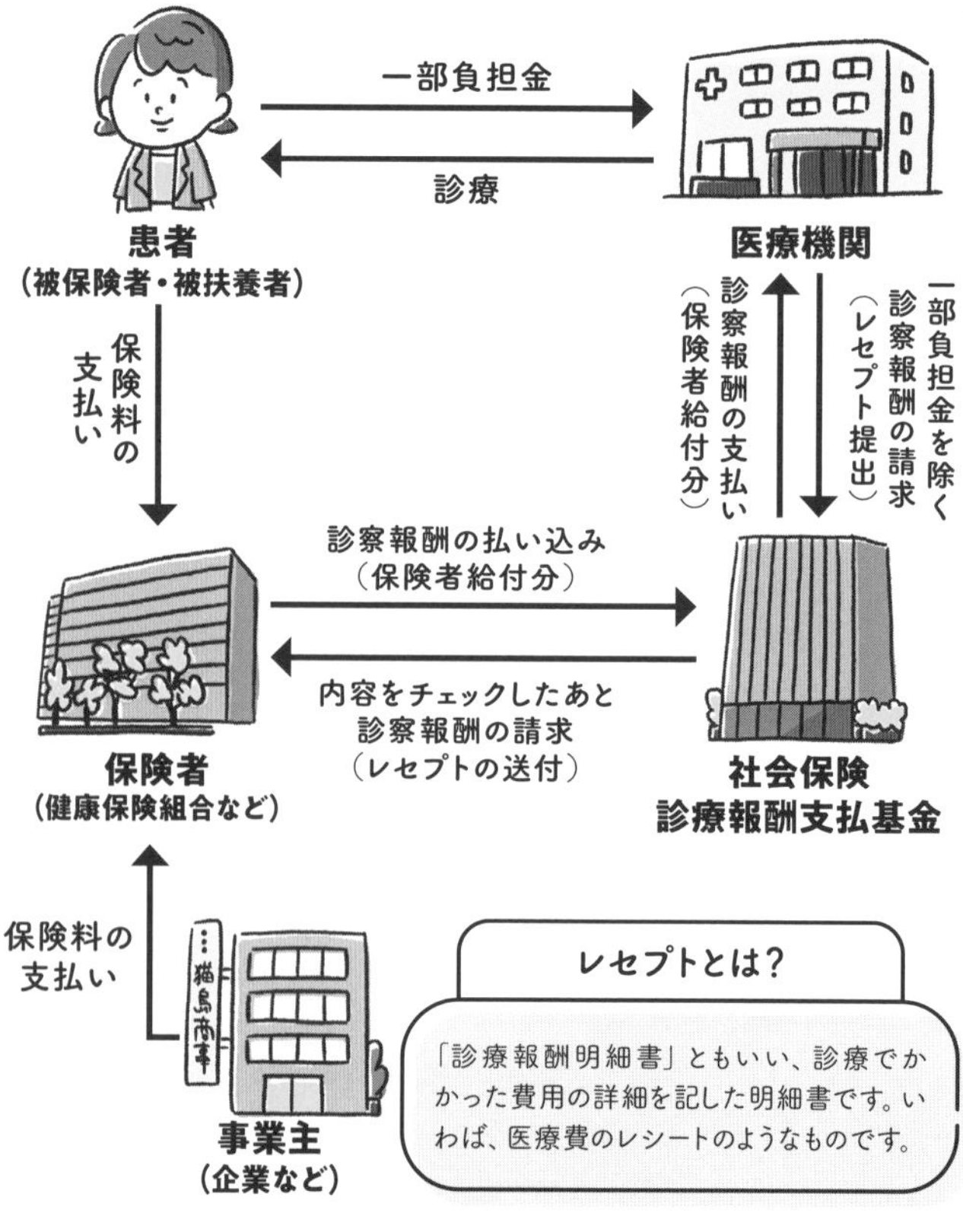

身近な療養の給付

病気やケガをして病院に行くと、健康保険証の提示を求められます。医師の診察を受け、お金を支払い病院を後にする……。何気ない日常の1コマですが、これは健康保険を取り扱う病院を受診し、保険診療内の医療を受け、医療費の一部を窓口で支払うという、まさに療養の給付を受けているケースです。

窓口では実際にかかった医療費に対して、**未就学児は2割、就学後〜70歳までは3割、70歳以上は2割**（一部の人は3割）を一部負担金とし

○療養の給付の範囲とは？

- 診察
- 薬剤または治療材料の支給
- 処置・手術その他の治療
- 在宅で療養する上での管理など
- 病院・診療所への入院など

▶起こった病気やケガに対して保険が適用

○療養の給付の対象にならないケースは？

- 健康診断や人間ドック
- 予防接種
- 美容目的で行う歯列矯正や整形手術
- 正常な妊娠や出産
- 経済的理由による人工妊娠中絶
- 日常生活に支障のない、ほくろ、そばかす、いぼ、わきがなどの治療
- 医師の指示なしで行ったあんま、針、マッサージ

▶予防医学や病気・ケガが起こっていないと保険は適用外

○病気やケガであっても制限されるケース

- 故意に事故を起こしたとき
- 故意の犯罪行為
- けんかや泥酔などが原因のとき
- 詐欺や不正行為で保険給付を受けようとしたとき
- 正当な理由がないのに医師の指示に従わなかったとき
- 通勤または業務上で発生したケガや病気は労災保険の給付対象に
  （詳しくは▶P.136）

○療養費との違いは？

療養費とは、やむ得ない事情で保険診療を受けることができず、自費で受診したときなどに、後日、申請に基づき一部負担金を除いた金額を療養費として現金給付される。

【一例】

- 入社直後で健康保険証が交付されていないとき
- 医師の指示により、義足、義手、義眼、コルセットを装着したとき
- 海外旅行中や海外赴任中にやむ得ず医療機関で診療を受けたとき（日本国内で保険診療として認められている医療行為に限り対象）

て支払います。* その後、医療機関は残りの医療費を支払基金を通じて、保険者（健康保険組合など）に請求するのです。

3割負担は診療だけじゃない

医療機関の受診や薬局で処方薬を購入する他に、**入院時の費用も療養の給付を受けることができます。**ただし、食事代や個室を希望したときの差額ベッド代、病衣代やおむつ代などの日常生活上の費用は含まれません（P・91）。

また、**全ての医療が療養給付の適用になるわけではありません。**健康診断や人間ドックの受診、予防接種、先進医療や美容を目的とした歯列矯正や美容整形手術などは健康保険の適用外のため、全額自己負担となります。

＊75歳以上については2021年9月現在1割負担ですが、2022年度後半には年収200万円以上を対象に2割負担に引き上げる予定です。

「健康保険」ってなんだろう

傷病手当金ってなに？

傷病手当金ってこんな制度

連続3日以上を含む4日以上仕事を休んだ

有給休暇なら申請は×

以前と同じ仕事ができなくなった

1年6カ月が限度
※支給開始から数えて

給付金は保険者（保険組合など）から支払われる

支給額の目安は月給の2/3

休み中に給与の支払いがないこと

覚えておきたい大切な給付

長く働いていれば、病気やケガにより仕事を休まなくてはいけなくなることもあるでしょう。そんなときに**私たちの生活を保障してくれるのが**「**傷病手当金**」です。

新型コロナウイルス感染症を罹患した多くの会社員が対象になった他、近年増えている**うつ病をはじめとした心の病気**で働くことが難しくなった場合も対象になるので、ぜひこの制度の存在を覚えておいてください。

働く人の生活を支えることが目

働けなかった期間の数え方

業務外の病気やケガを理由に、
連続する3日間を含む4日以上仕事に就けなかったことが条件です。

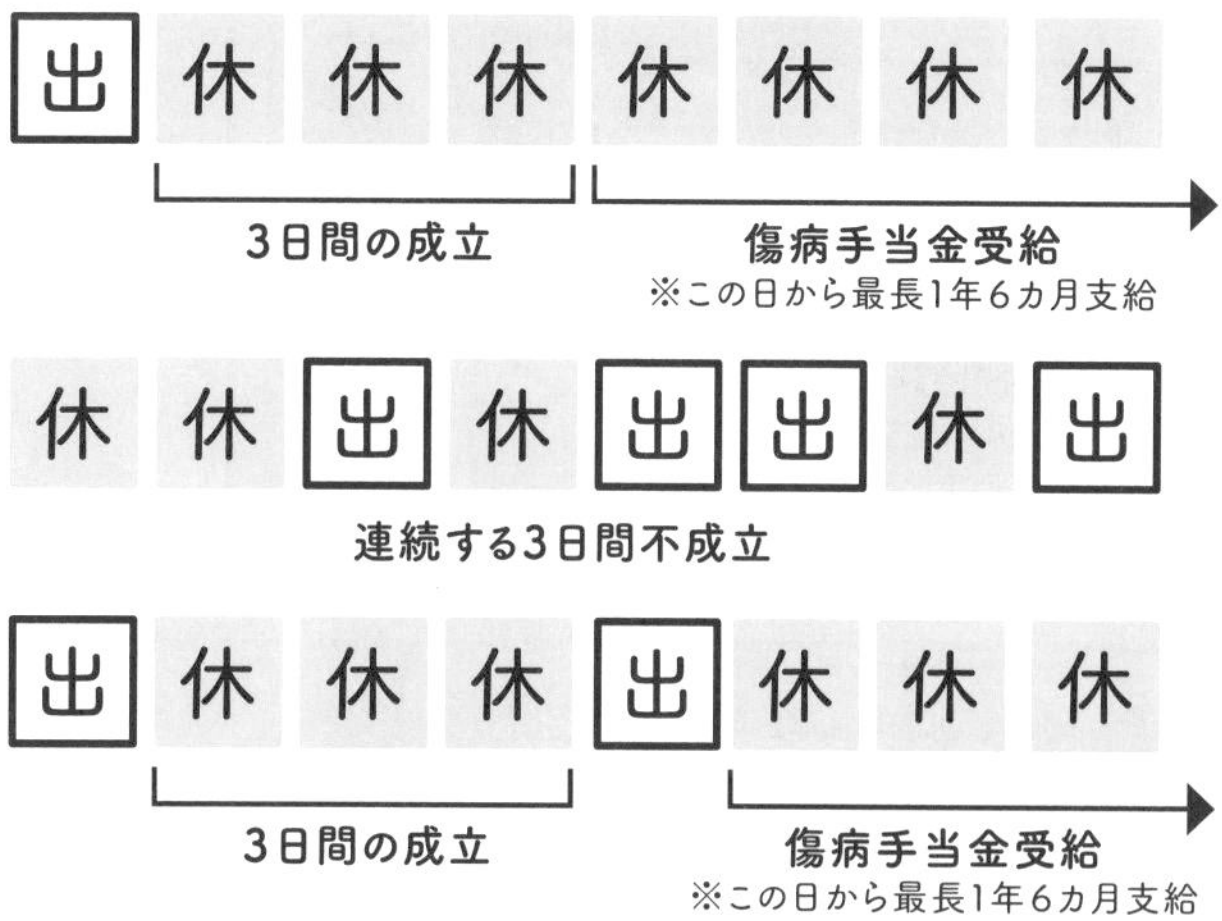

支給される期間の数え方

傷病手当金は、支給開始日から最長1年6カ月支給可能です。
しかし、途中で復職してもその期間もカウントされます。

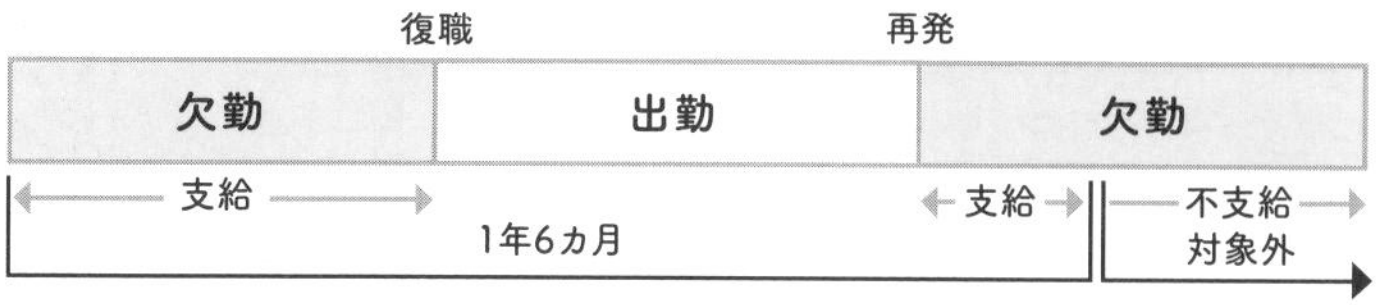

的なので、対象は被保険者のみです。被扶養者は対象外となります。

また、通勤や業務上で起きた病気やケガの場合は、労働災害保険の給付対象となるので、この場合も対象外です（P・136）。

給付条件をチェック

業務外に起きた病気やケガの療養のための休業であること、**連続して3日以上を含む4日以上仕事を休んでいる**こと、今まで従事していた業務ができない状態であること、給与が支払われていないことなどが、傷病手当金を受ける条件にあげられます。

一般的に、会社経由で保険者（健康保険組合など）に申請するため、会社の人事総務に相談するといいでしょう。

出産に健康保険は使えないの?

「健康保険」ってなんだろう

出産育児一時金の流れ

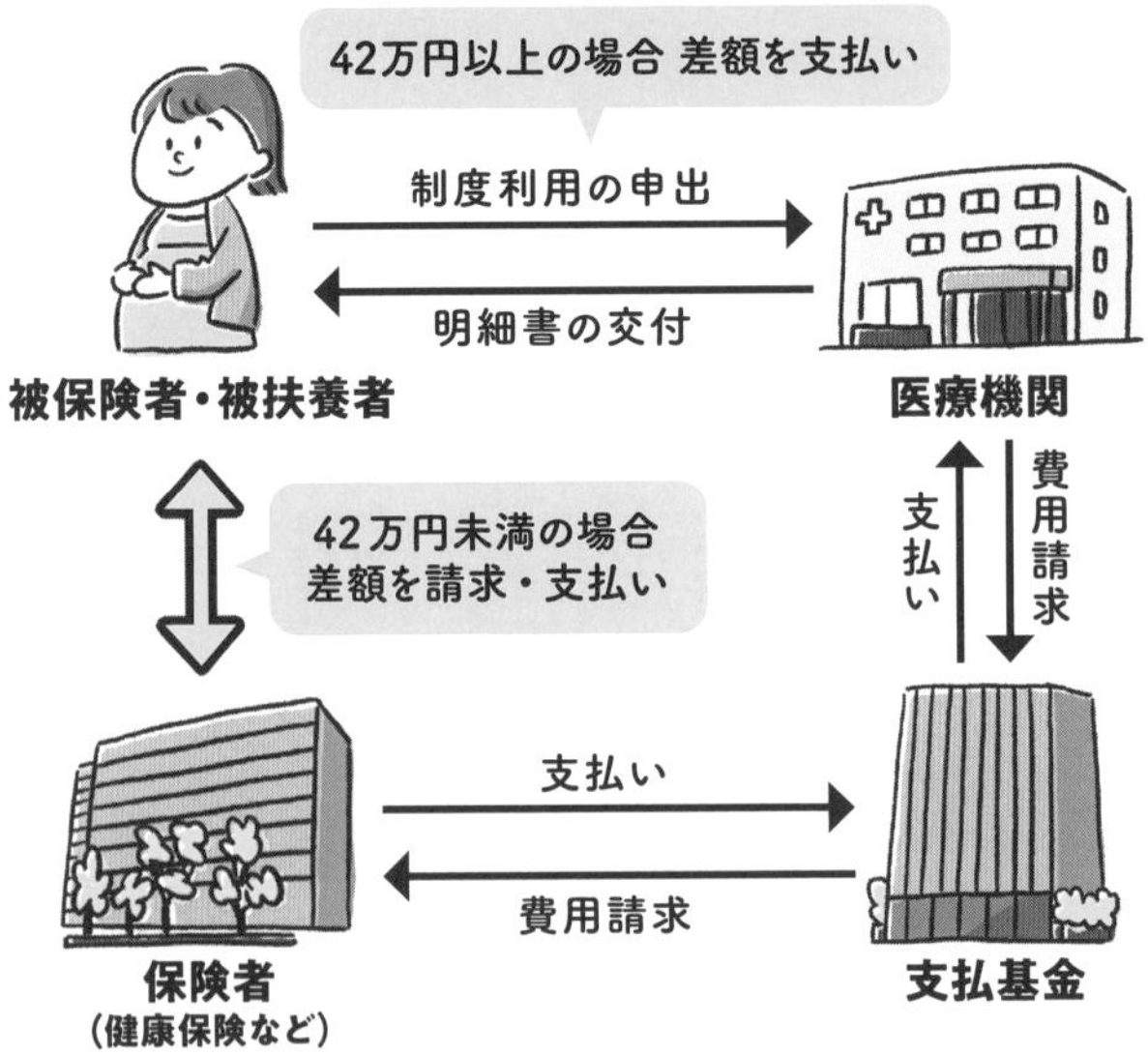

「受取代理制度」の場合

直接支払制度を利用すると、実際の医療機関への振り込みは出産からタイムラグがあるので、小規模な病院には負担が大きなものでした。そのため、2011年から「受取代理制度」がスタートしました。お金のやり取りは直接支払制度同様に、保険者と病院のみで行われますが、出産予定日の2カ月前になったら被保険者・被扶養者が保険者に事前申請する必要があります。

出産費用は給付でフォロー

健康な妊娠・出産は病気として扱われないため、**健康保険の対象ではありません**。だからといって全額自己負担ではないので、安心してください。

出産すると、**子ども1人につき42万円の「出産育児一時金」**が保険者より支給されます。以前は一時的に自分たちで負担し、出産後に申請して後払いされるものでした。しかし子育て世代にとって大きな金銭的負担となるため、2009年より**「直接支払制度」**に変わりました。保

妊娠・出産のお金Q&A

Q.出産育児一時金の支給条件は?	A.妊娠4カ月（85日）以上で出産したことです。早産、死産、流産、人工妊娠中絶（経済的な理由も含む）も支給対象です。
Q.帝王切開も全額自己負担なの?	A.帝王切開は健康保険適用です。その他、吸引分娩、切迫流産、切迫早産、妊娠高血圧症候群の治療、新生児の集中治療室への入院費用などは全て保険適用です。
Q.双子を産んだ場合はどうなるの?	A.子どもの数だけ支給されるので、双子なら84万円が支給されます。
Q.無痛分娩は保険適用?	A.自然分娩と同じく保険の適用はありません。麻酔代などの薬を使う分、一般的に自然分娩より高額になります。
Q.妊婦健診も全額自己負担?	A.日本では妊娠すると合計14回の妊婦健診が推奨されています。一般的に合計10～15万円かかりますが、これも保険適用外です。その代わりに、妊娠届を提出した市区町村から「妊婦健康診査受診券」という割引券が交付されます。市区町村により割引額は異なりますが、これを使うと自己負担額は合計3～7万円に抑えることができます。
Q.産科医療補償制度ってなに?	A.医療機関が加入する制度で、分娩時に子どもが重度の脳性まひになったときに、子どもと家族の経済的負担を補償する制度です。未加入の医療機関で出産の場合、出産育児一時金はこの保険料を引いた40.4万円になります。

険者（健康保険組合など）から直接医療機関に支払われるので、**窓口では差額分のみの支払い**となります。もし出産費用が42万円を下回るようなら、差額分は被保険者・被扶養者に支給されます。

産休の給与補償は健康保険

被保険者が出産前後に「**産前産後休暇**」を取得した場合は、保険者から「**出産手当金**」が支払われます。出産日以前42日から出産日翌日以降56日までの範囲で、会社を休み、給与の支払いがなかった期間が対象です。**支給額の目安は月給の3分の2**で、保険者から直接もしくは会社経由で給付されます。

その後の育休期間については、**雇用保険から「育児休業給付金」**が支払われます（P・132）。

「健康保険」ってなんだろう
高額な医療費がかかったときは？

もしもが大きな病気をしたら
（高額療養費制度の場合）
※自己負担の上限が57,600円の場合

1カ月の医療費 100万円

窓口で支払った自己負担額 30万円

保険者負担の70万円

高額療養費として後日払い戻し
242,400円

⇩

実際の自己負担額は57,600円に！

※加入している健康保険が健康保険組合でかつ付加給付があれば、給付により275,000円の払い戻し（上限額25,000円の場合）。

申請を受けるには

●事後申請
窓口で自己負担分を3割支払った後に、保険者に申請。
▶払い戻しまで3カ月ほどかかる

●事前申請
「限度額適用認定証」の発行を申請し、医療機関に保険証とともに提示する
▶窓口での支払いは自己負担限度額に

会社を通じて保険者へ申請するケースが多いので、まずは人事総務に相談!

1カ月の限度額がある

もしも1カ月の医療費が高額になったとしても、**定められた自己負担額を超えた分が払い戻される制度**があります。それが「高額療養費制度」です。自己負担額の上限は、年齢や所得により決められています。**健康保険の適用で受けた治療費に対する給付**なので、出産や保険外診療は適用外です。

　また、自己負担額の計算は本人が1カ月に受診した複数の医療機関を合算できる他、同世帯の家族が受診した高額負担の医療費も合算す

自己負担額の合算ってなに？

1つの病気にかかった金額ではなく、1カ月にかかった医療費を合算することができます。被保険者本人だけでなく、**同じ健康保険に加入している被扶養者の医療費も合算することが可能**です。
対象となる自己負担額は、**受診者別、医療機関別、入院・通院別で計算され、1カ月で21,000円以上のものが合算可能**です。

世帯合算の例

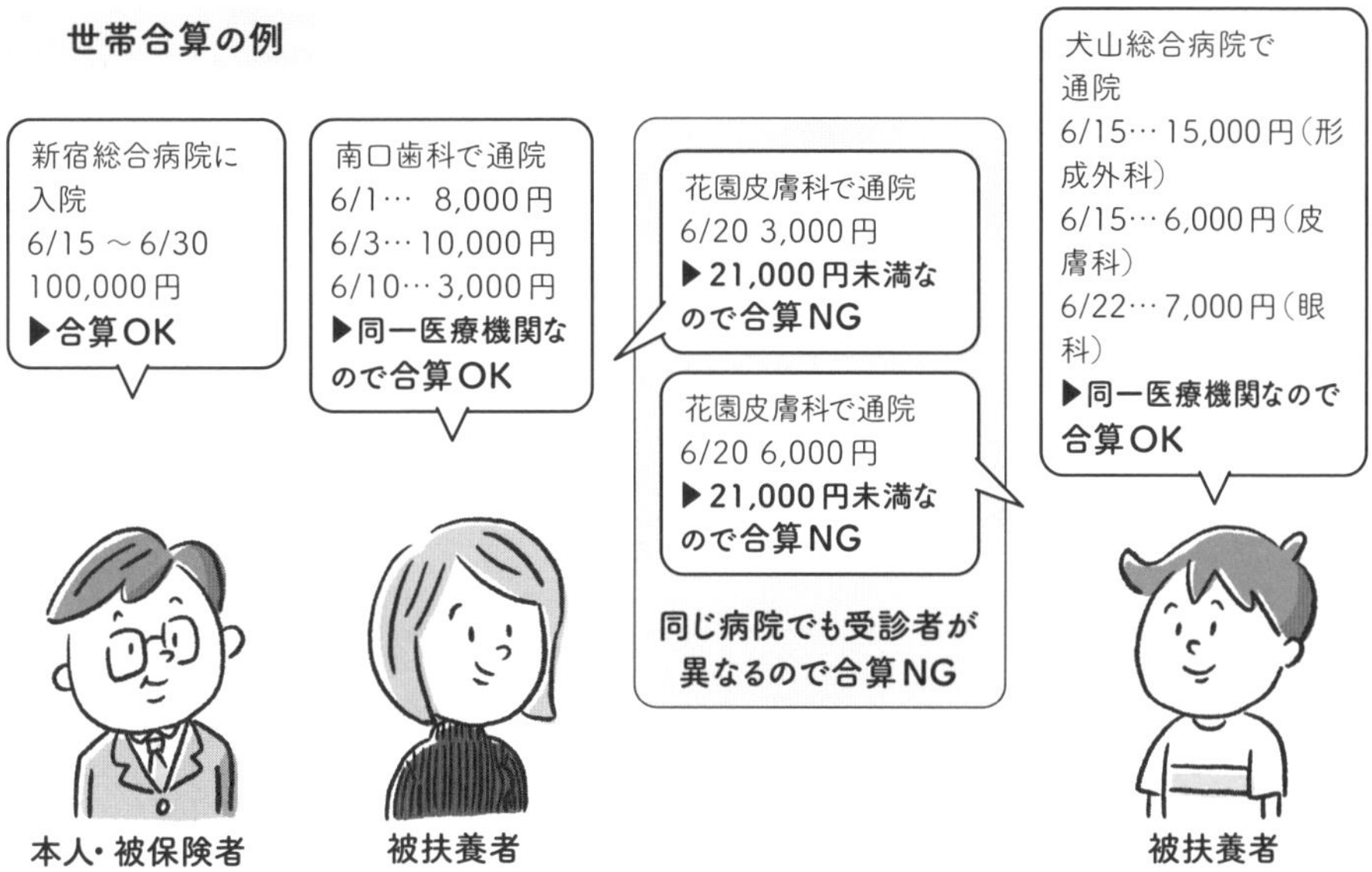

新宿総合病院に入院
6/15 ～6/30
100,000円
▶合算OK
南口歯科で通院
6/1… 8,000円
6/3…10,000円
6/10…3,000円
▶同一医療機関なので合算OK
花園皮膚科で通院
6/20 3,000円
▶21,000円未満なので合算NG
花園皮膚科で通院
6/20 6,000円
▶21,000円未満なので合算NG
同じ病院でも受診者が異なるので合算NG
犬山総合病院で通院
6/15… 15,000円（形成外科）
6/15… 6,000円（皮膚科）
6/22… 7,000円（眼科）
▶同一医療機関なので合算OK
本人・被保険者
被扶養者
被扶養者

ることができます。

さらに、**健康保険組合の場合は「付加給付」**があります。各健康保険組合が独自に行っている給付で、**一般的に1カ月の自己負担限度額は2万5千円**です。

医療費控除とは別物

よく、**高額療養費制度と確定申告の「医療費控除」**（P・170）を混同する人がいますが、これは**全く別物**です。医療費控除は1月1日～12月31日の間に一定以上の医療費を支払うと、所得税や住民税の計算上、控除が受けられる制度です。医療費控除と高額療養費制度の**併用は可能**ですが、医療費控除の計算上は高額療養費制度により払い戻された金額はカウントされず、**自己負担分のみで計算**します。

退職したらどうなるの？

「健康保険」ってなんだろう

現在加入している保険
組合健保 or 協会けんぽ

もし退職したら……

退職日翌日に
資格を喪失

速やかに次のどれかに切り替えを！

☑任意継続
加入していた健康保険をそのまま継続。保険料は全額自己負担に。資格喪失日から20日以内に加入手続きが必要。最長2年の加入期間中は保険料は変わらない。

☑国民健康保険
国民健康保険に切り替え。資格喪失日から14日以内に加入手続きが必要。扶養家族がいる場合、1人ずつ加入する。

☑被扶養者になる
家族の入っている健康保険に加入。年間の収入見込みの条件などがある。家族の会社の人事総務に事前に相談が必要。

☑転職先の健康保険
新しい健康保険に加入。保険証が交付されるまで少しタイムラグがある。

必ず健康保険を切り替え

もしも会社を辞めるときは、**退職した翌日に健康保険の資格を喪失します**。退職日までに保険証を会社に返却し、**健康保険の切り替えを行わなくてはいけません**。

転職先が決まっている場合は、そのまま新しい健康保険に加入するだけなのでスムーズです。しかし、入社日まで日数が開いてしまう、もしくは転職先が決まっていない場合は、**速やかに国民健康保険に加入**しましょう。もし**無保険の期間に医療機関を受診すると、全額自己負担**

知っておきたい! 社会保険料が発生するタイミング

10月

日	月	火	水	木	金	土
26	27	28	29	30	1	2
3	4	5	6	7	8	9
10	11	12	13	14	15	16
17	18	19	20	21	22	23
24	25	26	27	28	29	30
31	1	2	3	4	5	6

10月分の社会保険料は10月31日に発生!

月末に発生

社会保険料(健康保険、厚生年金)は、月末に発生します。例えば10月分の社会保険料は10月31日に発生しますが、それを何月の給与から天引きするかは、企業により異なります。そのため、最後の10月の給与から9月分を引かれるケースもあります。

日割計算できない

社会保険料の支払いは月単位のため、日割計算できません。もし10月15日に退職すると、10月分の社会保険料の支払いは以下のようなパターンが考えられます。

・転職先で支払う(10月中に入社した場合)
・全て自分で支払う(国民健康保険と国民年金)

退職のシミュレーション

パターンA　A社 ｜ 10月11日退職 ｜ 10月12日入社 ｜ B社
→ 10月分の社会保険は、10月31日に在籍しているB社で支払い。

パターンB　A社 ｜ 10月5日退職 ｜ 空白期間 ｜ 10月25日入社 ｜ B社
→ 10月6日〜24日の期間が無保険状態に。国民健康保険は同月中に加入&脱退ならば、保険料はかからないため、国民健康保険に入るのがベター。

パターンC　任意継続 ｜ 10月5日退職 ｜ 未定 ｜ 12月1日入社 ｜ B社
→ 10月と11月は国民健康保険に加入。12月以降はB社の新しい健康保険に加入。

※年金に関しては、AとBの場合転職先で厚生年金を、Cは2カ月分を国民年金で納める。

となります。受診後に慌てて加入しても、払い戻しされることはありません。

すぐに再就職しないときは

国民健康保険料は、年齢や前年度の所得で決定します。保険料を会社が折半してくれる**被用者保険に比べると保険料は高額です**。

もし国民健康保険の加入を躊躇(ちゅうちょ)するようなら、**今まで加入していた保険を任意継続**するのがおすすめです。2カ月以上勤めていたなら、最長2年間継続できます。

家族の扶養に入り、**被扶養者として健康保険に加入**する方法もあります。配偶者の扶養に入る場合は比較的スムーズですが、一度社会人になった後に**両親の扶養に戻るのはかなり難しい**と考えます。

「健康保険」ってなんだろう
定年退職後はどうなるの？

現在加入している保険
組合健保 or 協会けんぽ

もし定年退職したら……

↓ 退職日翌日に資格を喪失

速やかに次のどれかに切り替えを！

☑任意継続
加入していた健康保険をそのまま継続。保険料は全額自己負担に。資格喪失日から20日以内に加入手続きが必要。最長2年の加入期間中は保険料は変わらない。

☑国民健康保険
国民健康保険に切り替え。資格喪失日から14日以内に加入手続きが必要。扶養家族がいる場合、1人ずつ加入する。

☑被扶養者になる
家族の入っている健康保険に加入。年間の収入見込みの条件などがある。家族の会社の人事総務に事前に相談が必要。

自分で考え・選択

60歳で定年退職を迎えると、前のページの退職時と同様に**健康保険の切り替え**を行わなくてはなりません。75歳になると後期高齢者医療制度に加入することになりますが、それまでの**15年間は健康保険をどうするか自分自身で考えて決めなくてはいけません**。この本を読んでいるみなさんにとってはまだ先の話かもしれませんが、ご両親など身近な人のためにも知識を持っておくといいでしょう。

主な選択肢としては、今まで加入

定年退職後のシミュレーション

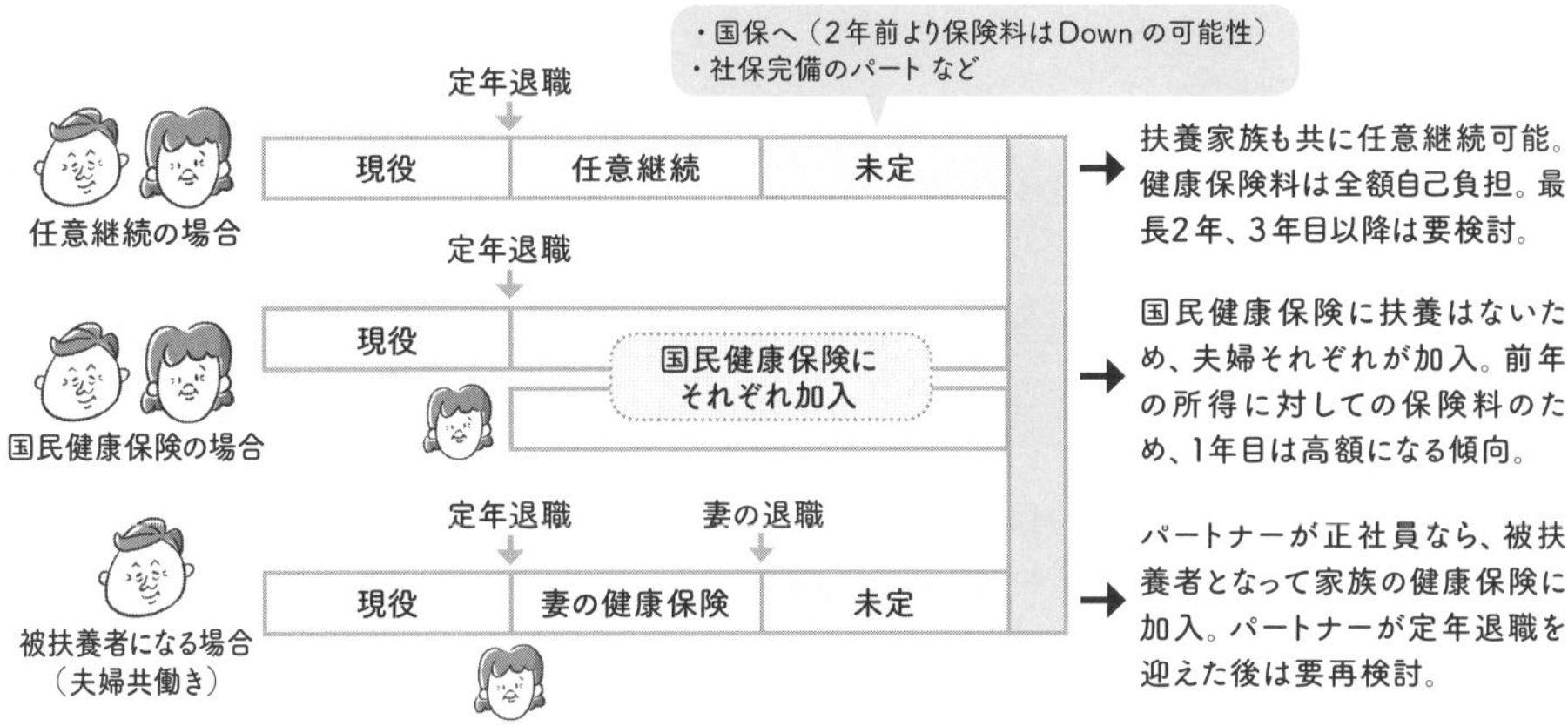

・国保へ（2年前より保険料はDownの可能性）
・社保完備のパート など
定年退職
現役
任意継続
未定
任意継続の場合
扶養家族も共に任意継続可能。健康保険料は全額自己負担。最長2年、3年目以降は要検討。
定年退職
現役
国民健康保険にそれぞれ加入
国民健康保険の場合
国民健康保険に扶養はないため、夫婦それぞれが加入。前年の所得に対しての保険料のため、1年目は高額になる傾向。
定年退職
妻の退職
現役
妻の健康保険
未定
被扶養者になる場合（夫婦共働き）
パートナーが正社員なら、被扶養者となって家族の健康保険に加入。パートナーが定年退職を迎えた後は要再検討。

大企業なら安心「特例退職被保険者制度」

厚生労働省の許可を得た健康保険組合が、「特定健康保険組合」としてこの制度を運営することができます。この制度を使うと、後期高齢者医療制度に加入するまでの期間、継続して今までの健康保険に加入することができます。任意継続同様に保険料は全額自己負担ですが、現役当時とほぼ同程度の保険給付や健康診断などを受けることができます。
実施している健保組合はとても限られている手厚い制度で、保険料や加入条件、年齢などは健保組合により異なります。

＜主な加入条件＞
・厚生年金の受給権を保有する人
・同健保組合に20年以上加入し、かつ40歳から10年以上加入していること
・他の健康保険に加入していない人
・後期高齢者医療制度に該当しない人

していた**健康保険を任意継続**する、国民健康保険に加入する、**被扶養者として家族の健康保険**に加入するという方法があります。また、**社会保険のあるパート**で働くというのも1つの手です。

損しないために前知識を

一番スムーズなのは国民健康保険に加入することかもしれませんが、前年度の所得で保険料が計算されるため、1年目はかなり高額になることが予想されます。さらに、国民健康保険には扶養という概念がありません。夫婦で加入となると**無職にもかかわらず一カ月の保険料だけで8万円を超える**こともあります。不利な立場にならないように考えて加入するには、**一人ひとりに知識が求められるのです。**

「健康保険」ってなんだろう
健康保険が使えないことがあるの？

保険診療と自由診療

健康保険が使える診療は、**厚生労働省がその効果と安全性を認め適切だと判断したもの**です。薬に関しても厳しい審査の末に認められたものだけが、保険適用の治療薬として使われています。

これらの**医療行為は全てに細かく値段が決まっています**。そのため、患者の年齢や収入、加入している公的医療保険の種類にかかわらず、**全ての人が同じ内容の診療を同じ金額**で受けることができる平等な医療を実現することができるの

保険診療と保険外診療

保険診療

厚生労働省に認められた保険医（医師）が、同じく認められた保険医療機関（病院）で、健康保険法などに定められた法律のもとに行う診療。

その病気の治療方法、検査方法、使用できる薬やその量など細かく決まっており、全ての医療行為に1点10円の点数が定められている

▶年齢、収入、加入している保険にかかわらず、全ての人が同じ治療を同価格で受けることができる

保険外診療（自由診療）

公的医療保険が適用されない診療。一部のがんや難病、歯科治療、美容整形、未病のための漢方治療などがある。

保険診療の枠にとらわれない、治療の選択肢が増えることが最大のメリット。海外では認可されている新しい治療や、QOL（生活の質）をより高める治療を受けることが可能に。

▶治療費は全額自己負担。患者の経済状況が治療に影響を与える

例えば歯を失った場合……

入れ歯

歯を失った歯肉の上に、取り外し可能な人工の歯をのせる治療法。

▶**保険診療**

ブリッジ

失った部分の両脇の歯を支えにして、橋（ブリッジ）のように人工の被せ物を入れる治療法。

▶**銀歯は保険診療**

▶**セラミックは保険外診療**

インプラント

あごの骨にインプラント（人工歯根）を埋め、それに人工の歯をつける治療法。

▶**全て保険外診療**

混合医療（保険診療＋保険外診療）が認められるケース（一部）

評価療養……将来、保険の利く療養になることが認められているもの

- 先進医療（高度医療を含む）
- 医薬品の治験にかかる診療
- 保険適用外の医薬品の使用
- 保険適用外の医療機器などの使用

選定療養……患者の快適性・利便性のために選択できるもの。特別なサービス。

- 差額ベッド（特別の療養環境）
- 歯科の金合金など
- 金属床総義歯
- 予約診療
- 時間外診療
- 大病院の初診・再診
- 180日以上の入院
- 制限回数を超える医療行為
- 小児う蝕（虫歯）の指導管理

保険外診療は全額自己負担ですが、確定申告の際に医療費控除を受けられるケースがあります。レシートは必ず取っておきましょう！

です。これを「**保険診療**」といい、反対に健康保険適用外の診療を「**保険外診療**」または「**自由診療**」と呼びます。保険外診療の場合は療養の給付が受けられないので、治療費は**全額自己負担**です。

新しい医療は部分的に適用

存在する治療方法や手術などの技術の中で、厚生労働省が認め、**将来健康保険の適用が検討されている新しい治療を「先進医療」**と呼びます。先進医療に関わる費用は基本的に全額自己負担ですが、診察や検査、投薬や入院といった部分は健康保険の対象となります。保険診療と保険外診療の併用は原則禁止されていますが、先進医療のように一部については、**混合診療が認められているの**です。

年金ってなに？

「厚生年金」ってなんだろう

「公的年金」が制度の要

年金とは、主に高齢者の生活を金**銭面で支える**ことを目的とした、社会保障制度の1つです（P・60）。**国が運営している国民年金と厚生年金保険の2つを「公的年金」**といい、これが日本の年金制度の重要なポイントです。

少子高齢化が進む現在、「年金なんて将来はほんの少ししかもらえないから、年金を払うよりもその分のお金を自分で貯金しておいたほうがいいのでは？」と考える人もいるかもしれません。しかし、貯金

年金の種類

公的年金から個人年金までさまざまな年金がありますが、大きくわけると3種類あります。

公的年金

国が法律に基づいて運営する年金

- 国民年金（P.100）
- 厚生年金保険（P.102）
- 共済年金（P.104）
  ※2015年から厚生年金に統一

企業年金（P.106）

民間企業が社員のために設けている年金。委託された生命保険会社などが運営

- 厚生年金基金
- 確定給付企業年金
- 企業型確定拠出年金（P.106）など

個人年金

民間の保険会社などが運営し、個人の選択で加入する年金

- 民間の個人年金

日本に住む
20歳以上60歳未満の人は、
公的年金に加入する
義務があります

年金が支える高齢者の生活

所得の**約6割**が年金

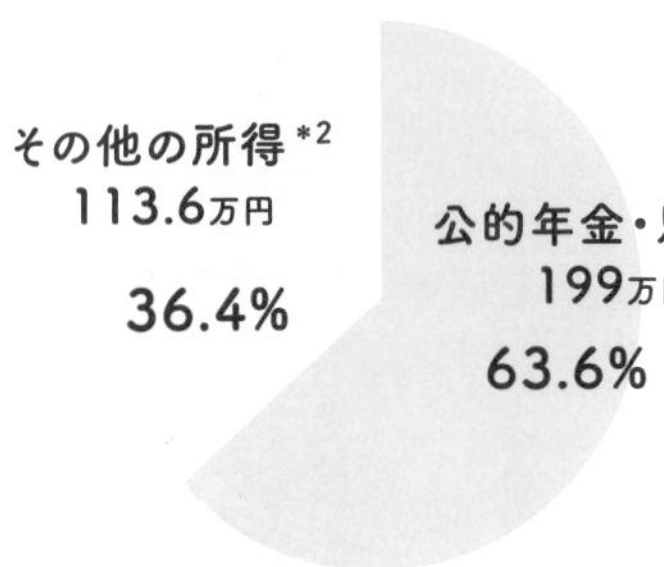

高齢者世帯の平均年間総所得
312.6万円の内訳

＊1　恩給とは公務員などの本人や遺族への年金。
＊2　その他の所得とは、働いて得た所得、不動産所得、有価証券の運用で得た所得、個人年金など。

半数の世帯が年金だけで生活

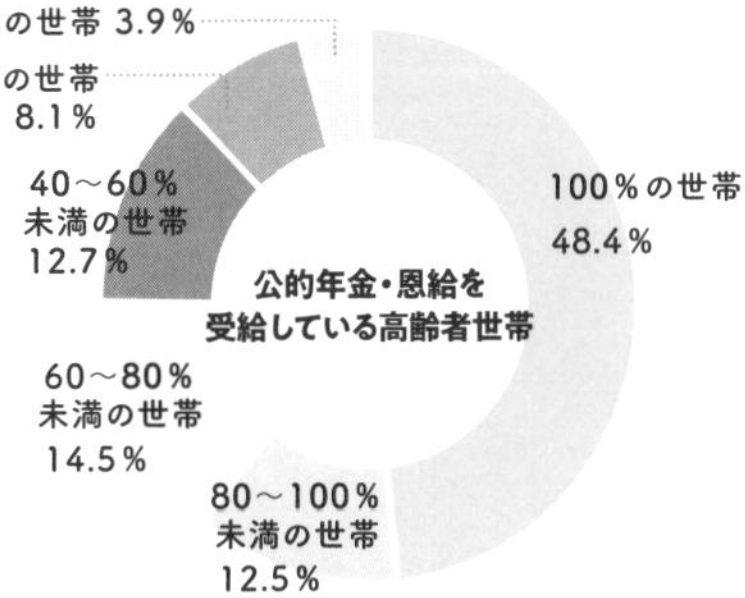

高齢者世帯の公的年金・
恩給の総所得に占める割合

（厚生労働省「2019年国民生活基礎調査の概況」より作成）

公的年金がお得な理由

国が運営している公的年金には、他の年金にはない特徴があります。

○税金が投入されている

給付金には、保険料に加えて国庫負担金（税金）も投入されています。つまり、今まで支払った他の税金も「年金」として還元されているのです。

○保険料が全額控除になる

支払う社会保険料（年金含む）の全額が所得から控除されるため、所得税や住民税が安くなります。自分でただ貯金するだけなら、控除されません。
※確定拠出年金も保険料は全額控除。

は使えば減っていきますが、**年金は命があるかぎり2カ月に1回、銀行口座に振り込まれます。**老後の安心感につながるのは年金のほうではないでしょうか。

老後の保障だけじゃない

公的年金には、高齢者が受けとる「老齢年金」の他に、「障害年金」と「遺族年金」があります。遺族年金は、加入者が亡くなったとき、配偶者や子どもに給付される年金。障害年金は、加入者が不幸にも事故や病気などで障害をおってしまったときに、給付される年金です。

このように、**万が一のときにも頼りになるのが公的年金**です。リスクに対する備えとしても、保険料を払う意味は十分あるといえるでしょう。

年金のしくみ

「厚生年金」ってなんだろう

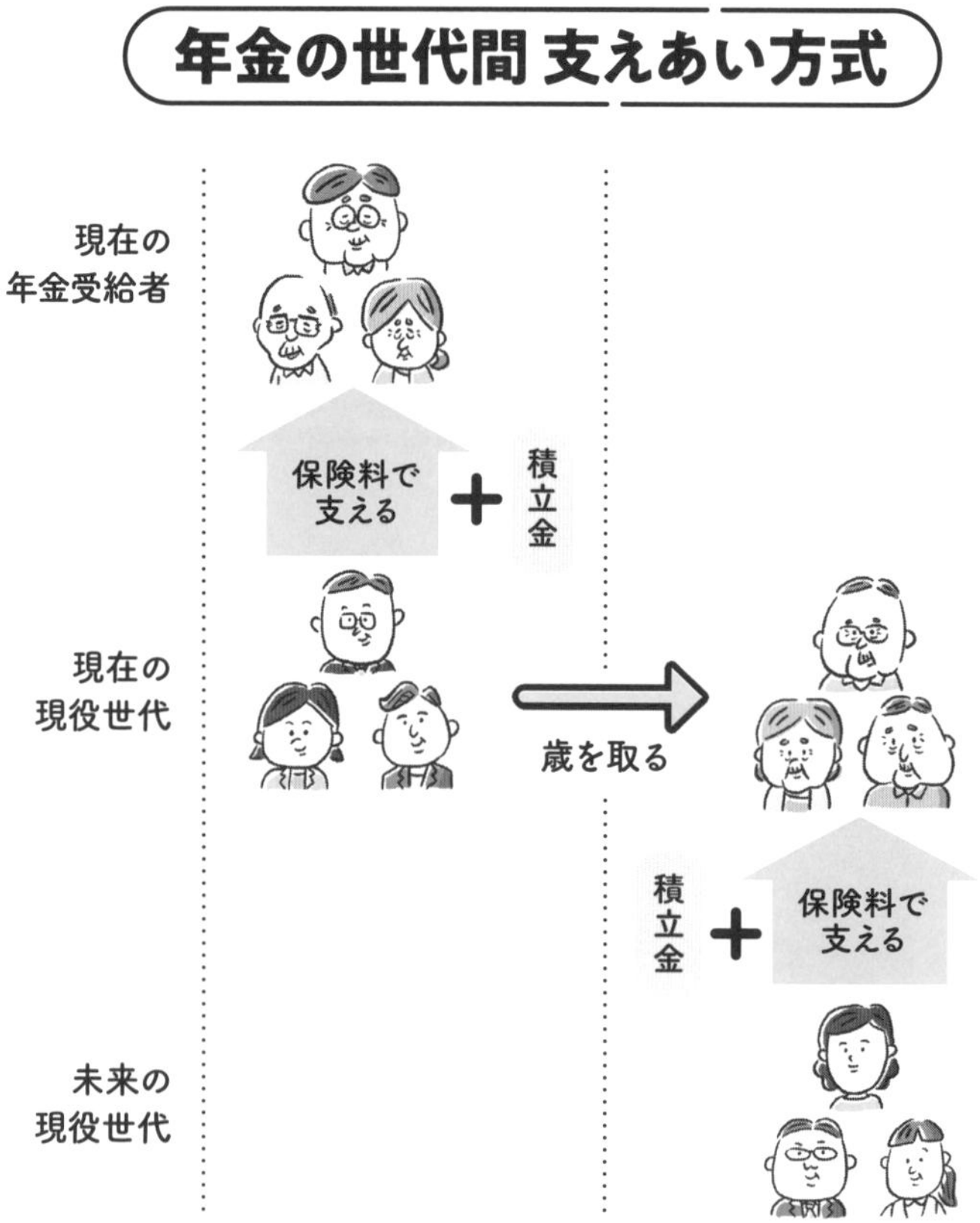

現役世代が高齢者を支える

公的年金は「**世代間の支えあい方式**」で運営されています。これは現役世代が支払っている保険料で、高齢者世代の年金（老齢年金）給付をまかなうというものです。つまり、**高齢者を社会全体で支え、扶養**しているといえます。

とはいえ、保険料だけが年金の財源ではありません。**税金や積立金（使われなかった保険料）といった国のお金も投入**されています。また、この財源から、遺族年金や障害年金もまかなわれています。

公的年金の財源内訳

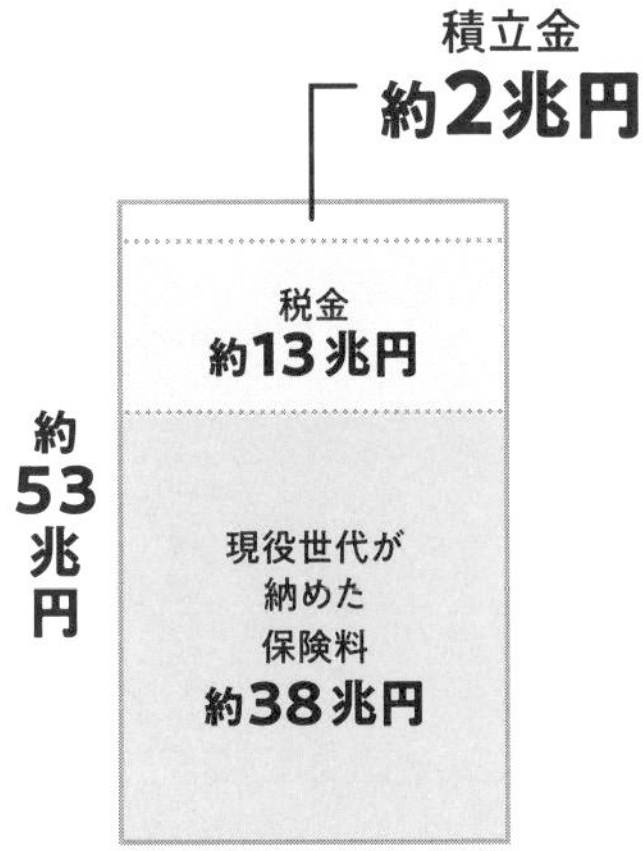

厚生労働省「平成30年 公的年金財政状況報告」より

積立金ってなに？

余った保険料
＝
積立金
現在の残高は
約186兆円
（2021年3月末）

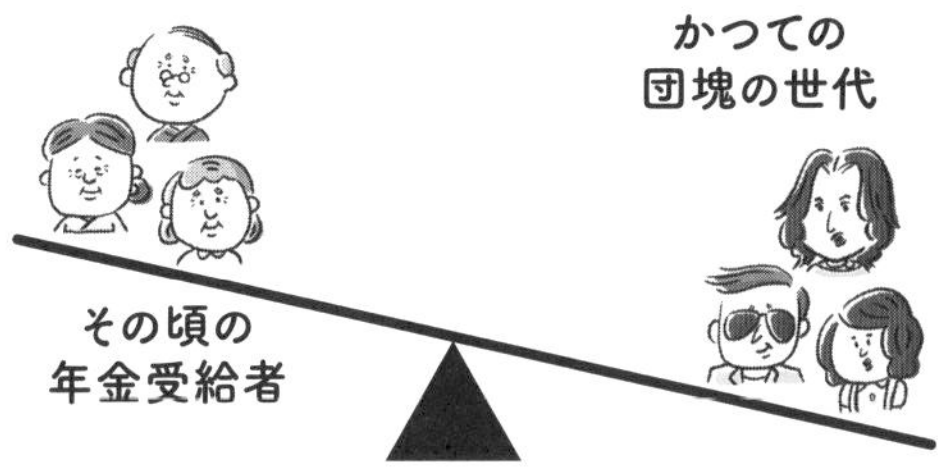

第一次ベビーブームに生まれたいわゆる「団塊の世代」（1947～1949年生まれ）が現役世代の頃は、年金給付金より収められる保険料の方が上回っていました。

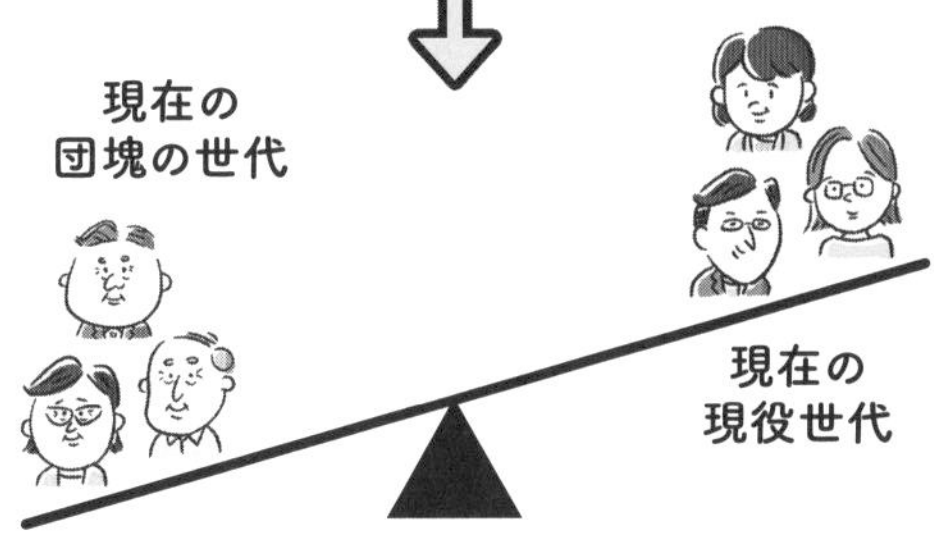

現在、積立金を少しずつ取り崩して給付金の財源として使われています。一方でそのほとんどを年金積立金管理運営独立行政法人（GPIF）が株式投資などに運用しています。

memo

「ねんきん定期便」をチェック

年金加入者には、毎年および節目の年（35歳、45歳、59歳）に「保険金の納付状況」や「年金見込み額」などが日本年金機構から通知されます。これが「ねんきん定期便」です。インターネットで自分の年金情報を確認できる「年金ネット」もあります。

年金はインフレにも強い

公的年金の**給付額は、物価の変動率にあわせて毎年増減します**。これを「物価スライド制」といい、物価が上がれば給付金も上がるのでインフレにも対応できます。

しかし、少子高齢化が進んで、現役世代が極端に減少し、年金受給者が増大していく今、年金財政のバランスが保てなくなる恐れが出てきました。

そこで近年、財政状況に基づき物価スライド率を調整するしくみである、「マクロ経済スライド」が導入されました。少し難しい話ですが、物価や賃金の上昇より年金額の増加をおさえることで**現役世代の負担の一部を年金受給者にも担ってもらいます**。年金制度を持続させるための一手といえます。

ブラッシュアップされる年金制度

「厚生年金」ってなんだろう

年金制度の歴史と主な改正

1942年（昭和17年）	・労働者年金の保険料徴収開始
1944年（昭和19年）	・労働者年金を厚生年金保険に改称
1959年（昭和34年）	・国民年金法制定（20歳以上の国民が加入する年金として制定）
1961年（昭和36年）	・国民年金の保険料納付開始
1973年（昭和48年）	・物価スライド制を導入
1986年（昭和61年）	・国民年金を基礎年金支給の制度と位置付ける（専業主婦も第3号被保険者として強制加入） ・厚生年金保険や共済保険を国民年金に上乗せする二階建て年金制度を整備

国民皆年金体制がスタート!

全国民対象の基礎年金制度がスタート

国民皆年金制度を整備

現在の公的年金制度は一朝一夕にできたものではありません。国民の**ニーズや時代背景などを反映しながら拡充・整備**されて現在の年金制度の姿になっているのです。

例えば、全ての国民が加入することを目指して創設された国民年金でしたが、当初は専業主婦や20歳以上の学生の多くが未加入でした。これでは「国民皆保険」にならないので、後にこの人たちを強制加入させ、同時に保険料の負担免除や軽減といった特例を作るこ

年金制度の歴史と主な改正

1991年（平成3年）	・20歳以上の学生も国民年金に強制加入
1997年（平成9年）	・基礎年金番号を導入（国民年金や厚生年金、共済年金などでバラバラだった番号を統一）
2000年（平成12年）	・60歳開始の老齢厚生年金を段階的に65歳開始にすることを決定
2004年（平成16年）	・財政安定を目指し、制度を大改正（・「マクロ経済スライド」（P.95）を導入 ・厚生年金保険料を引き上げ（04年から17年にかけて毎年0.354%UP。13.58%→18.30%に） ・国民年金の保険料の引き上げ（05年から17年にかけて毎年280円UP。1万6,900円で固定）など）
2007年（平成19年）	・原則65歳からの老齢基礎年金の受給開始時期を70歳までくり下げることが可能になる（令和4年からは75歳まで選択肢を拡大へ）
2009年（平成21年）	・基礎年金の国庫負担割合が2分の1になる
2010年（平成22年）	・社会保険庁が廃止され、日本年金機構設立
2015年（平成27年）	・公務員が加入する共済年金を厚生年金に一元化
2017年（平成29年）	・老齢基礎年金の受給資格を10年に短縮

とで、国民皆保険を名実ともに実現させたのです。

少子高齢化による改正

年金給付額は、高度経済成長期に大幅に引き上げられました。その後、物価スライド制を導入し、さらに物価にあわせて給付額を増減させるしくみも備えました（P・95）。

時は進み、少子高齢化時代を迎えると、**将来の年金制度の維持が不安視**されるようになり、**国民にとっては厳しい改正**も行われるようになりました。「厚生年金の受給開始年齢のくり下げ」「保険料の値上げ」「給付額の一部削減」などです。

一方で「**受給資格期間を25年から10年に短縮**」「**産前産後期間の保険料免除**」など、**有益な改正**も行われています（P・103）。

公的年金は2階建て

「厚生年金」ってなんだろう

公的年金の構造

20歳以上60歳未満の全国民が加入する国民年金の上に、
会社員などが加入する厚生年金保険が乗っている
2階建て構造。

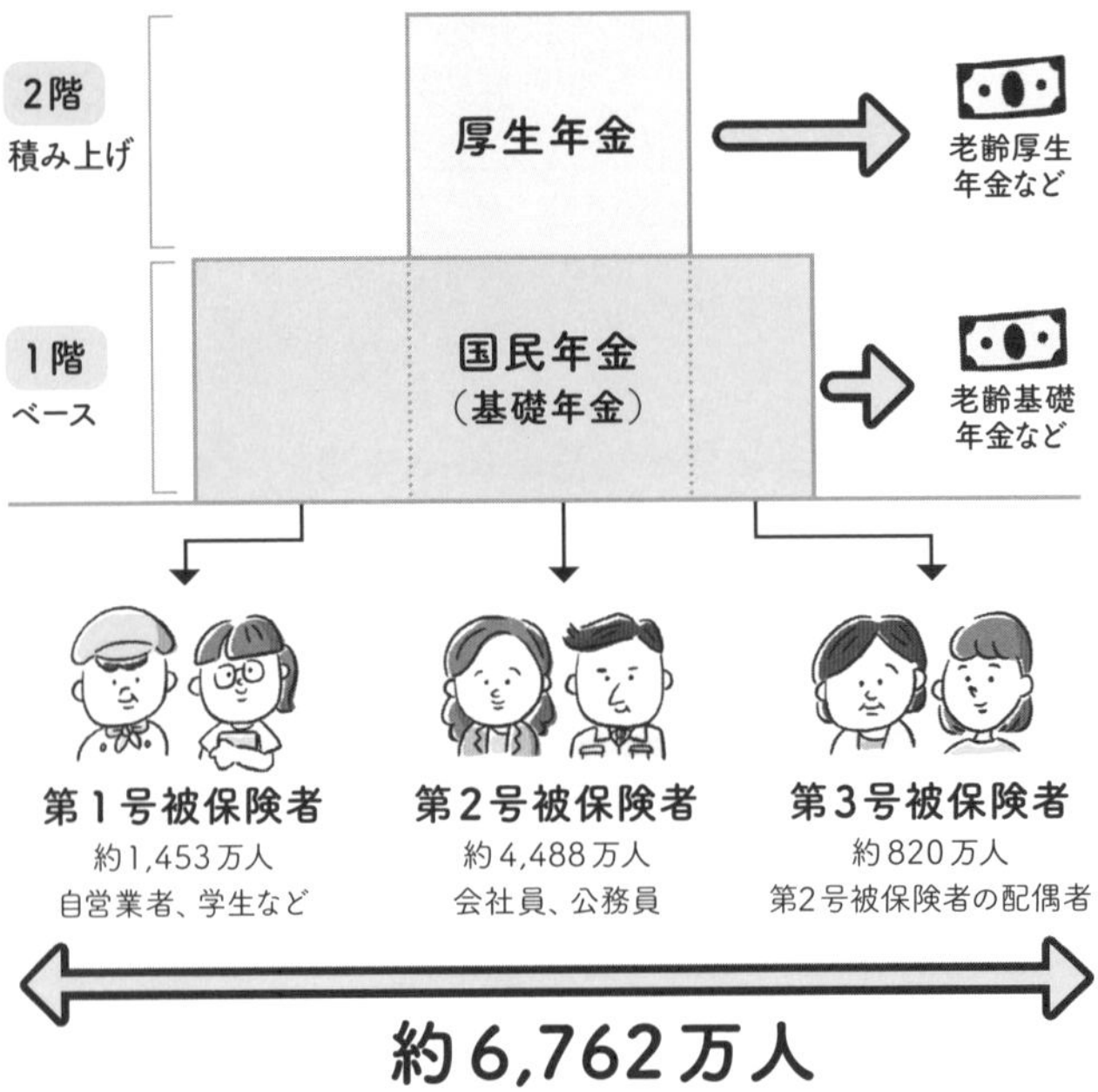

厚生労働省「2019年度　厚生年金保険・国民年金事業の概況」より

会社員は2階建て

2つの公的年金のうち、国民年金は年金の基礎になる部分で、日本に**住む20歳～60歳未満の全ての人**＊**が加入**します。年金を建物に例えると、1階部分にあたります。一方、**厚生年金保険は会社員や公務員などが加入**する年金で、年金という建物の**2階部分**にあたります。

給与明細には厚生年金保険としか書いていないため、「国民年金に加入できていない！」と思う人もいるかもしれませんが、安心してください。**厚生年金保険の加入者は、**

＊日本に住む外国人も同様です。

もらえる年金も2階建て

会社員（第2号被保険者）は、国民年金と厚生年金の
2つを受給できることになります。これをいわゆる「2階建て」と呼びます。

国民年金 ＋ 厚生年金
（基礎年金）

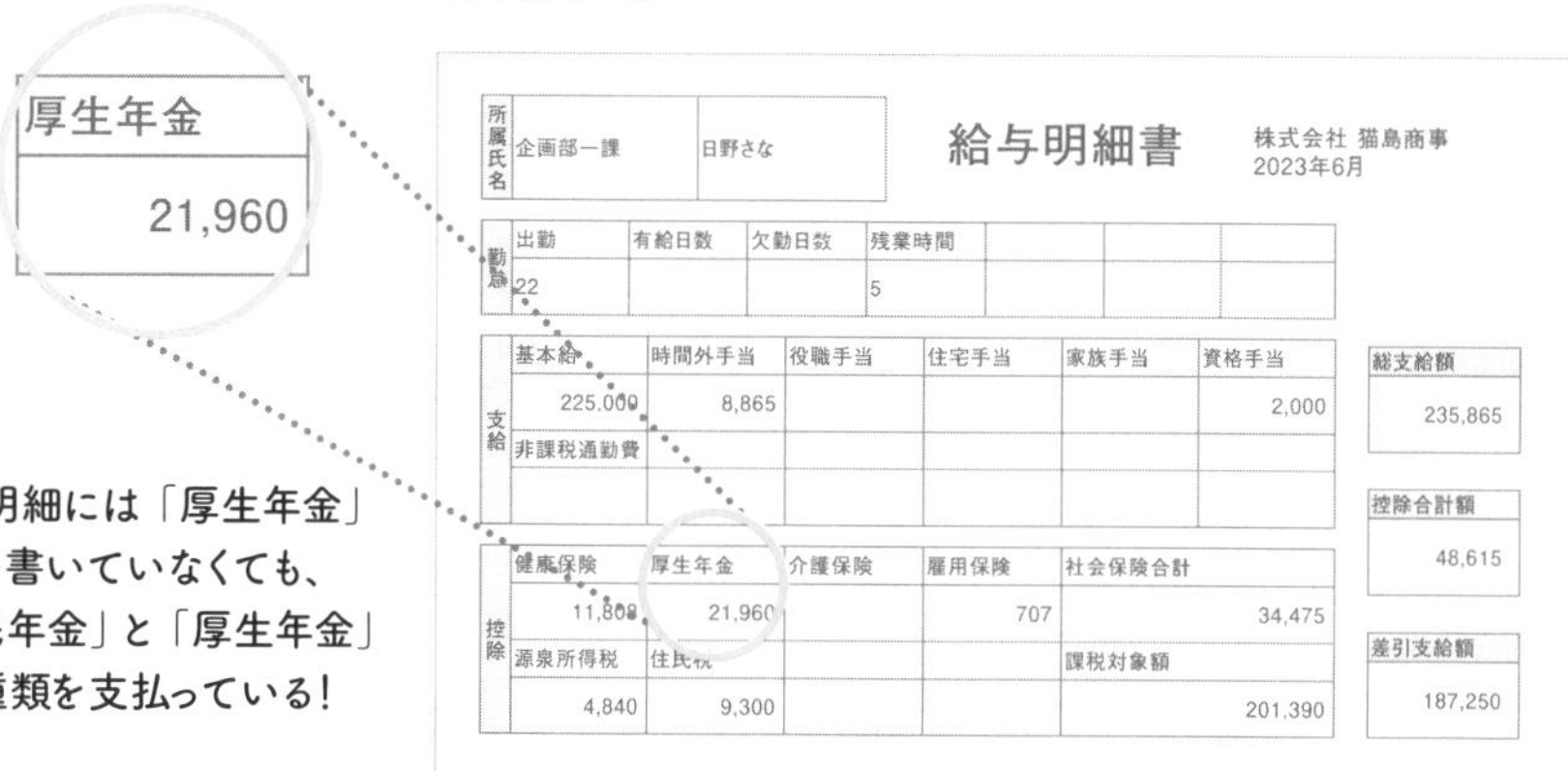

給与明細書　株式会社 猫島商事　2023年6月

所属氏名	企画部一課	日野さな

勤怠	出勤	有給日数	欠勤日数	残業時間			
	22			5			

支給	基本給	時間外手当	役職手当	住宅手当	家族手当	資格手当
	225,000	8,865				2,000
	非課税通勤費					

控除	健康保険	厚生年金	介護保険	雇用保険	社会保険合計
	11,808	21,960		707	34,475
	源泉所得税	住民税			課税対象額
	4,840	9,300			201,390

総支給額
235,865
控除合計額
48,615
差引支給額
187,250

給与明細には「厚生年金」

としか書いていなくても、

「国民年金」と「厚生年金」

の2種類を支払っている！

どんなとき年金がもらえるの？

高齢になったとき
老齢厚生年金
老齢基礎年金

障害をおったとき
障害厚生年金
障害基礎年金

亡くなったとき（遺族に対して）
遺族厚生年金
遺族基礎年金

国民年金にも加入しています。保険料はまとめて「厚生年金保険料」として徴収されているのです。

人によっては4階建ても

企業によっては厚生年金の他に「厚生年金基金」「確定給付企業年金法」「企業型確定拠出年金」といった**「企業年金」を上乗せして、3階部分を用意しているケースもあります。**その分、将来受け取る年金が増えるので、自分の会社がどうなっているかチェックするといいでしょう。

さらに、こういった公的年金以外に、**民間の保険会社が運営する「個人年金」**に加入すれば年金という建物の**4階部分**を築くことができます。月々の保険料を将来の貯蓄と考え加入する人もいます。

「厚生年金」ってなんだろう
国民年金ってなんだろう?

全ての人が加入する保険

日本に住む20歳以上60歳未満の全ての人が加入[*1]するのが国民年金です。被保険者は、**第1号～3号の3つの種類**があり、現在の働き方などにより分類されます。

例えば、20歳を迎えた大学生は国民年金の「第1号」被保険者にはじまり、卒業後に企業に就職すると「第2号」保険者に。退職した後は再び「第1号」に戻りますが、結婚で配偶者の扶養に入ると、今度は「第3号」になるといった具合です。

種別が変わるときは、必ず届出が

国民年金被保険者は3タイプ

	どんな人?	保険料の徴収は?
第1号被保険者	20歳以上60歳未満の自営業者、フリーランス、無職の人、学生など（第2号・第3号被保険者以外の人たち）	自分で納付する（産前産後の4カ月間の保険料は免除される）※多胎妊娠の場合は6カ月
第2号被保険者	会社員や公務員などで厚生年金保険に加入している人	厚生年金保険料として給料から天引きされる。国民年金へは、厚生年金保険から拠出金がまとめて支払われる
第3号被保険者	第2号被保険者に扶養されている20歳以上60歳未満の配偶者（年収130万円未満）。性別は問わない	自分で納付する必要はなく、配偶者が加入している厚生年金保険が負担する

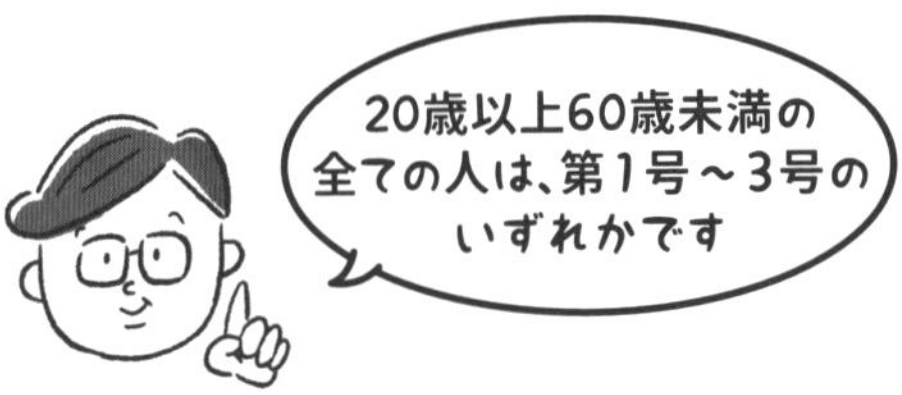

20歳以上60歳未満の
全ての人は、第1号～3号の
いずれかです

＊1 日本に住む外国人も同様です。

年金を増やす付加保険料

付加保険料とは、第1号被保険者が**年金額を増やすためにプラスして支払う保険料**のことです。月額400円の付加保険料を支払うと、払った期間分が「付加年金」として老齢基礎年金にプラスされます。

付加年金額＝
200円×付加保険料の納付月数

- **付加年金には物価スライドはない（物価変動で増減しない）。**
- **国民年金基金に加入している人は付加保険料を支払えない。**

memo

積み上げるほど将来の安心に

国民年金は基礎になる1階部分です。それだけでは正直なところ将来の生活をまかなうのは厳しいかもしれません。企業に入ると全員が加入する2階部分の「厚生年金」（P.102）、企業が独自に実施している3階部分の「企業年金」（P.106）、個人で民間の保険に入る4階部分の「個人年金」など、積み上げていくほどに将来の生活の安心材料となるでしょう。

高齢になったら老齢基礎年金

いくらもらえる？

年間795,000円
（2023年度）

40年間保険料を払うと満額受給できる。
年数が少ないと、その分受給額も減る。

いつからもらえる？

原則は65歳から受給開始

希望すれば、受給開始を早めて
60歳までくり上げることができる。逆に
遅らせて70歳までくり下げることも可能。
受給額はくり上げれば減り、
くり下げれば増える。
※2022年度からは75歳までくり下げ可能。

受給資格期間は？

10年間

10年間加入して保険料を納めていれば、
受給資格がある。

必要です。第2号になるときは勤務先が手続きを行ってくれますが、第1号になるときは本人が市・区役所または町村役場で手続きをしなくてはなりません。

保険料を払えないときは

保険料を**自分で納付する必要があるのは、第1号被保険者だけで**す。その保険料は年齢や所得にかかわらず全員一律で、2023年度は1万6千520円でした。保険料を**40年間支払うことで、老齢基礎年金を満額受給**できます。

保険料の支払いが困難なときは、**「全額免除」「半額免除」**などの制度もあります。免除期間中は保険料を納めた期間としてカウントされますが、将来受け取る**老齢基礎年金の額は減ります**。*2

＊2 後から払うこともできます（追納）。

Chap.2

「控除」について

厚生年金保険ってなに?

「厚生年金」ってなんだろう

厚生年金の読み方

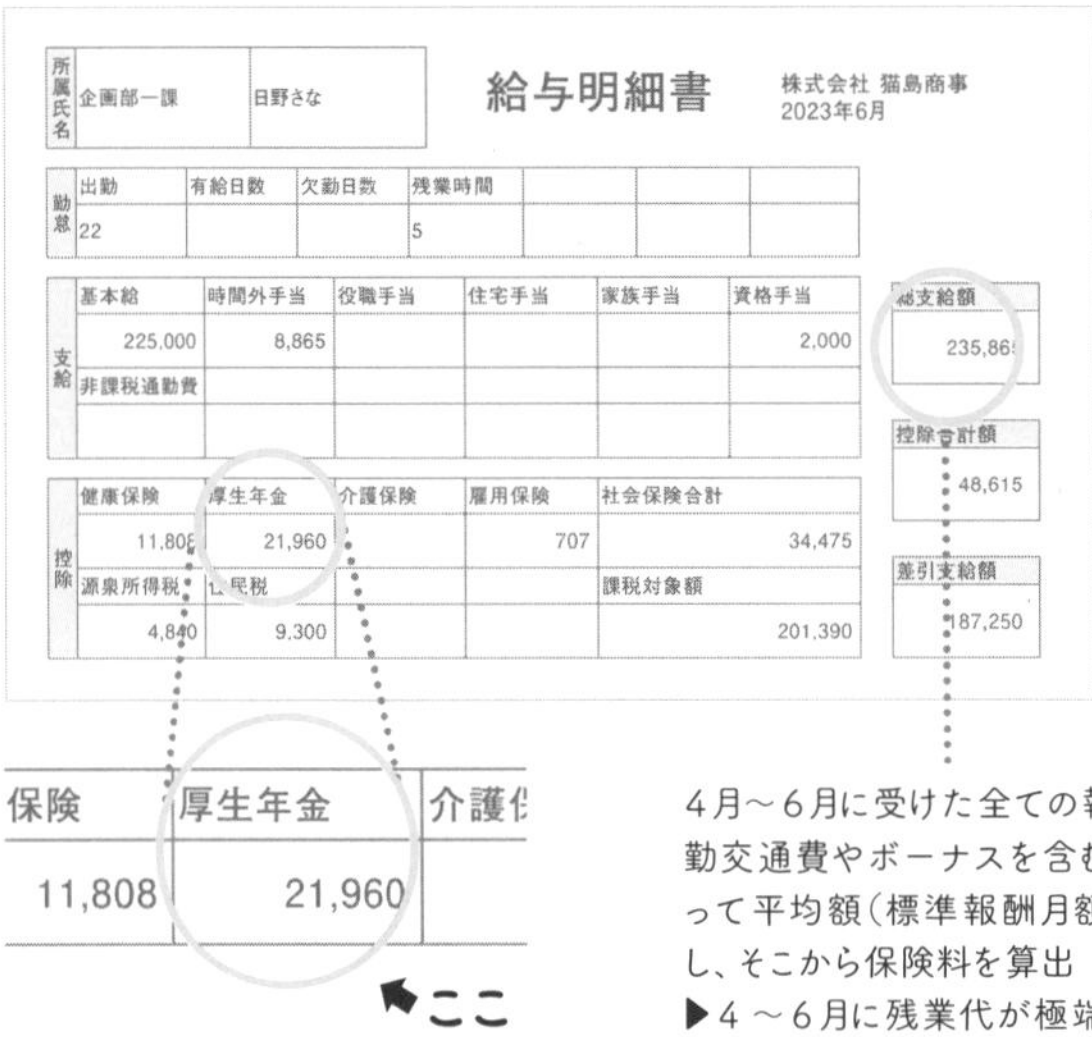

所属氏名 企画部一課 日野さな
給与明細書
株式会社 猫島商事 2023年6月
勤怠 出勤 22 有給日数 欠勤日数 残業時間 5
支給 基本給 225,000 時間外手当 8,865 役職手当 住宅手当 家族手当 資格手当 2,000
非課税通勤費
総支給額 235,865
控除 健康保険 11,808 厚生年金 21,960 介護保険 雇用保険 707 社会保険合計 34,475
源泉所得税 4,840 住民税 9,300 課税対象額 201,390
控除合計額 48,615
差引支給額 187,250
保険 11,808 厚生年金 21,960 介護保
ここ

4月～6月に受けた全ての報酬（通勤交通費やボーナスを含む）を割って平均額（標準報酬月額）を出し、そこから保険料を算出
▶4～6月に残業代が極端に高かったり、高額なインセンティブを受けると、保険料が上がる可能性も

給与明細には「厚生年金」としか書いていなくても、「国民年金」と「厚生年金」の2種類を支払っている！（P.98）

毎月収める保険料の半分を会社が、半分を従業員が負担しています。つまり、給与明細に記載されている金額は、本来の保険料の半額ということです。

会社員はみんな加入

厚生年金保険は、事業所単位での加入が義務付けられています。ここでいう事業所とは、株式会社や有限会社などの法人のほか、従業員が常時5人以上いる個人事業所も含まれます。

こうした**事業所に勤務する人は、必ず厚生年金保険に加入**しなければなりません。正社員はもちろん、パートやアルバイトも勤務時間や勤務日数が正社員とほぼ変わらないのであれば、加入するのが原則です（P.66）。

年金を増やす付加保険料

保険料は月給と賞与の額によって決まります。

【月給分】
標準報酬月額×保険料率（18.3%）

＋

【ボーナス分】
標準賞与額×保険料率（18.3%）

＝ 保険料率は全国一律

厚生年金保険料

⇩

保険料は会社と従業員で折半（せっぱん）

・標準報酬月額って？
計算を簡単にするために、給与を1～32等級に区分したもの。（P.65で紹介している、健康保険の月額によく似たもの）
4月～6月に受けた報酬（通勤手当を含む）の平均額で区分する。

・標準賞与額って？
賞与の支給総額から千円未満を切り捨てた金額。

高齢になったら老齢厚生年金

いくらもらえる？

人によってまちまち

老齢厚生年金は「報酬比例年金」と呼ばれるもので、**在職中の給与が多い、あるいは加入期間が長いほど、年金額は多くなる。**

いつからもらえる？

原則は65歳から受給開始

老齢基礎年金と同様に、希望すれば受給開始を早めたり、遅らせたりできる（P.101）。

受給資格期間は？

1カ月以上

被保険者期間が1カ月以上あれば受給できる。

厚生年金は、**加入期間が1カ月以上あれば将来「厚生老齢年金」を受給することができます。**もし数年間働いた後に個人事業主や専業主ふになっても、納めた分の年金はきちんと将来もらうことができますので安心してください。

育休中は免除も可能

厚生年金保険には、国民年金のような生活が苦しいときの保険料免除の制度（P.100）はありません。

しかし、**産休・育休中は厚生年金を含む全ての社会保険料が免除**されます。事業主・被保険者負担分ともに対象です。免除期間は**出産予定日の6週間前**（双子以上の場合は14週間前）から、**子どもが3歳になるまでです。**免除期間は保険料を納めた期間としてカウントされます。*

＊給与の有無に関係なく免除され、免除期間中は保険料を納めた期間としてカウントされます。

共済年金ってどんな年金？

「厚生年金」ってなんだろう

共済年金の変わったところ

改正前		改正後
職域加算	3階	年金払い退職給付
共済年金	2階	厚生年金
国民年金（基礎年金）	1階	国民年金（老齢基礎年金）

2階部分が厚生年金に

2階部分の共済年金は廃止され、厚生年金に統一。

3階部分は「年金払い退職給付」に

企業年金（P.106）に相当する3階部分の「職域年金」は廃止され、新たに「年金払い退職給付」が創設。

公務員版厚生年金

共済年金とは、主に公務員が加入している「**共済組合**」から支給される年金のことです。共済組合には、国家公務員共済組合、地方公務員共済組合、日本私立学校振興・共済事業団があります。

長い間、共済年金は会社員が加入している厚生年金とは別の制度として運営されていましたが、「被用者年金一元化法」によって**2015年10月1日に厚生年金と共済年金は統一されました**。

その理由の1つは、少子高齢化が

共済組合の役割

厚生年金との統合後も、
事務処理や年金の管理は共済組合が
行っています。

厚生年金　**年金払い退職給付**

共済組合が支給

国民年金（基礎年金）

↓

日本年金機構が支給

memo

障害年金と遺族年金

「年金払い退職給付」には、65歳からの年金とは別に、公務障害年金と公務遺族年金があります。公務に基づくケガや病気で障害をおったり、亡くなったりした場合に給付される年金です。

「年金払い退職給付」とは？

どんな保険なの？

公務員版企業年金

「退職給付」とついているが、**年金の位置づけ**。3階建て部分にあたるもの。

財源はどこから？

給与から積立方式

給与に額に応じた掛金（保険料）を毎月積立て、それに利息を加えたものが年金資金に。会社員がそうであるように、**保険料は事業主（国や地方自体など）と折半。**

いつからもらえる？

原則65歳から

60歳からくり上げることも、70歳までくり下げて受給することも可能。
年金の半分は有期年金、半分は終身年金。
有期分は一括、10年、20年のいずれかを選んで請求できる。

進む中、統合により年金財政の規模を大きくすることで、**年金制度の安定化**を図るためです。

　さらに、保険料の負担額や給付のあり方などを厚生年金と同じにすることで、公的年金に対する公平性と信頼性を高めることが統合の大きな目的です。

厚生年金にあわせて変更

　厚生年金との統一により、**現在は共済年金というものはなくなり**、公務員も会社員と同様に厚生年金の加入者となっています。

　したがって、年金受給額も厚生年金と同じ計算方式で算出します。ただし、2015年9月30日までの加入期間分については、統一以前の共済年金の計算方式で算出されるなど、調整されています。

「厚生年金」ってなんだろう
企業年金ってなに？

企業が用意する年金

企業年金とは、**民間企業が社員のために用意する年金**です。2階建て構造の公的年金制度に上乗せされる**3階部分の年金**です。主な企業年金は、「厚生年金基金」「確定給付企業年金」「企業型確定拠出年金」（P.108）の3つです。

全ての企業が設けているわけではなく、あったとしても給与明細には**全てまとめて「厚生年金」と記載している場合**もあります。自分の会社がどうなっているのか、一度確認するといいでしょう。

厚生年金基金のしくみ

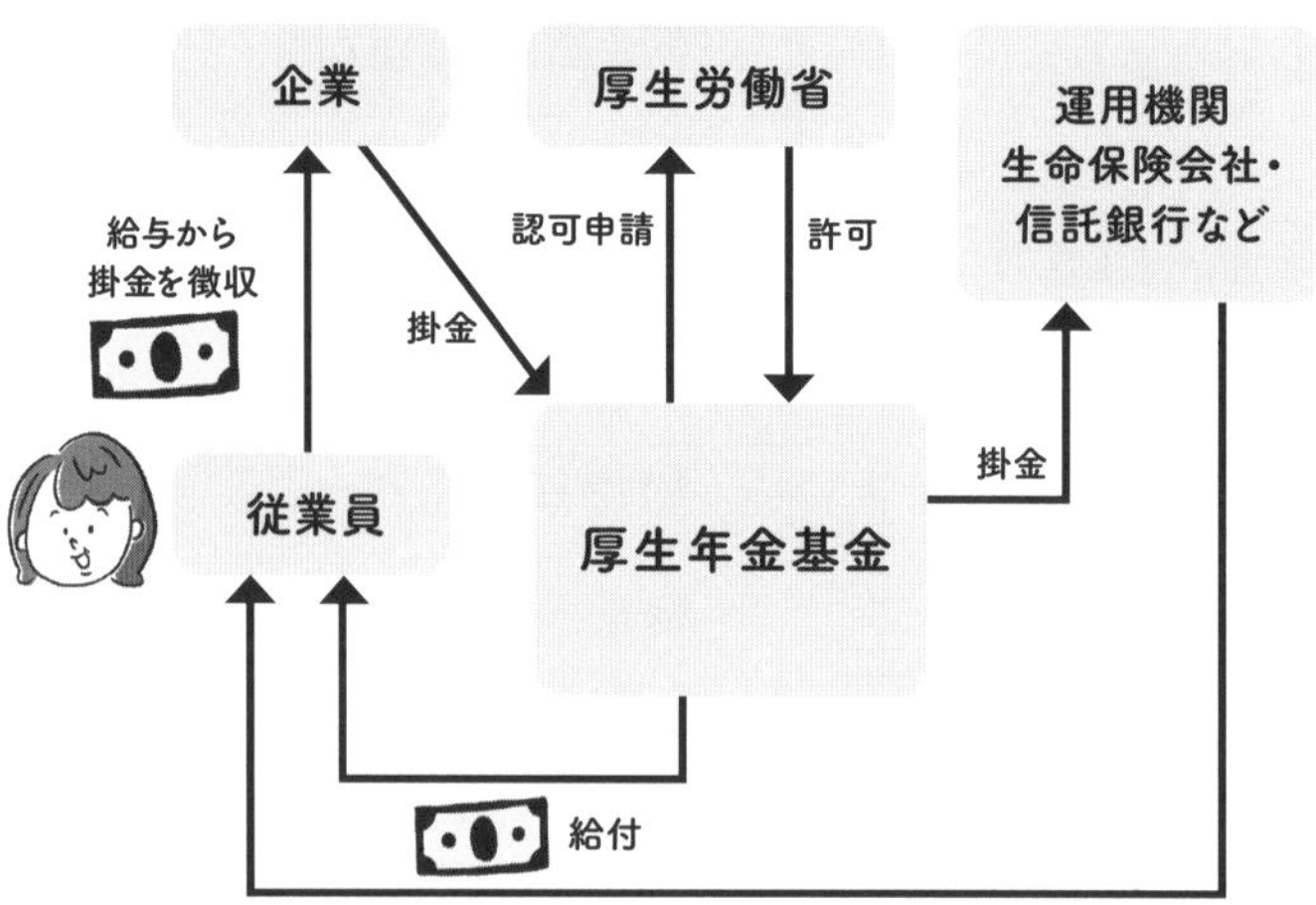

どんな年金？

「厚生年金基金」は厚生年金保険法に基づいて設立された法人で、国の厚生年金保険の業務を一部代行しながら独自に運営しています。基本的に、掛金は会社と従業員で半分ずつの負担です。会社によっては社員も一部掛金を負担することで、将来の年金額をより増やそうとしているケースもあります。

主な3つの形態

- **「1つの企業で設立」**
  例▶●●（会社名）企業年金基金
- **「主力企業を中心に設立」**
  例▶●●グループ厚生年金基金
- **「多数の企業が集まって設立」**
  例▶●●業（業種名）厚生年金基金

確定給付企業年金のしくみ

どんな年金？ 2002年にはじまった、確定給付企業年金法に基づく企業年金制度。
「**規約型**」と「**基金型**」の2つがあります。

規約型

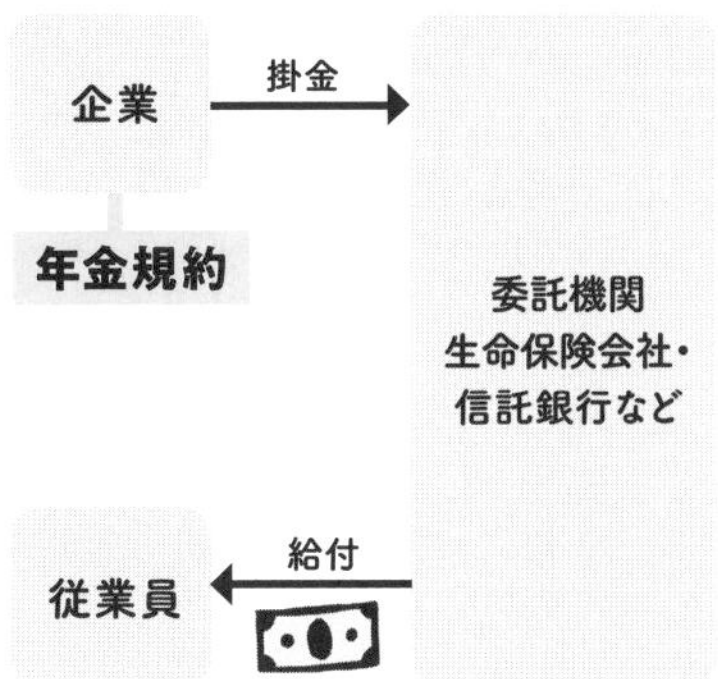

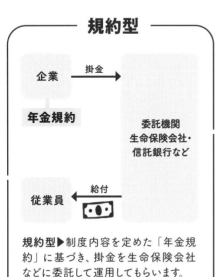

規約型▶制度内容を定めた「年金規約」に基づき、掛金を生命保険会社などに委託して運用してもらいます。

基金型

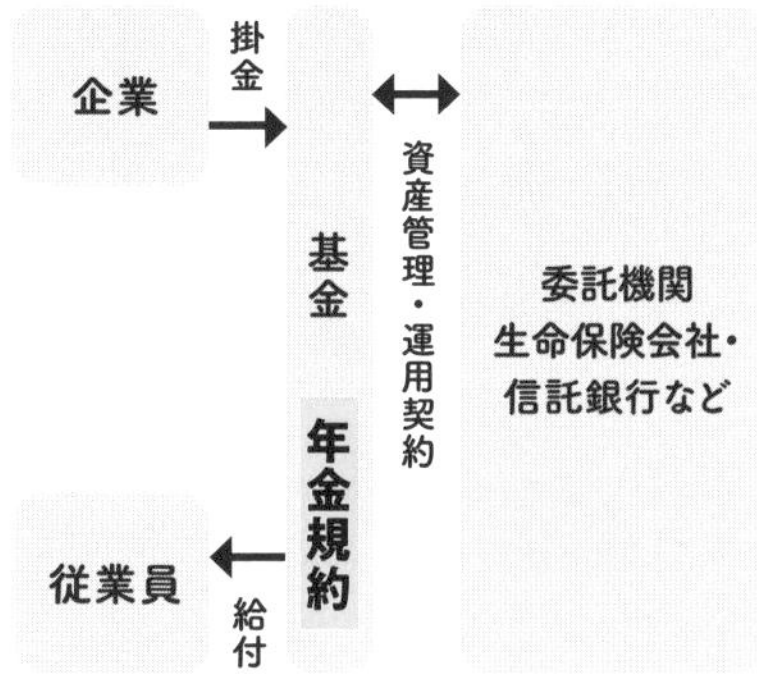

基金型▶別法人として設立した「基金」が、制度内容を定めた規約に基づき、生命保険会社などと契約して資産を運用します。

⇩

どちらも原則として、**掛金は会社が負担します。**

変わる企業年金

厚生年金基金は、80年代から90年代にかけてのバブル期に高い運用利回りを得て、手厚い年金給付を行なっていました。しかし、バブルがはじけて景気が後退しはじめると運用利回りも低迷し、各基金の財政状況が悪化。解散を余儀なくされた基金もありました。

このことから制度が見直され、**現在では厚生年金基金の新設は認められていません。**他の企業年金へ移行する動きもあり、今後は厚生年金基金の解散が増えていくことも予測されています。

厚生年金基金の**代わりに注目されているのが「企業型確定拠出年金」**（P・108）です。税制の優遇もあり、現在はこれを導入する企業が増えつつあります。

「厚生年金」ってなんだろう
確定拠出年金ってなに？

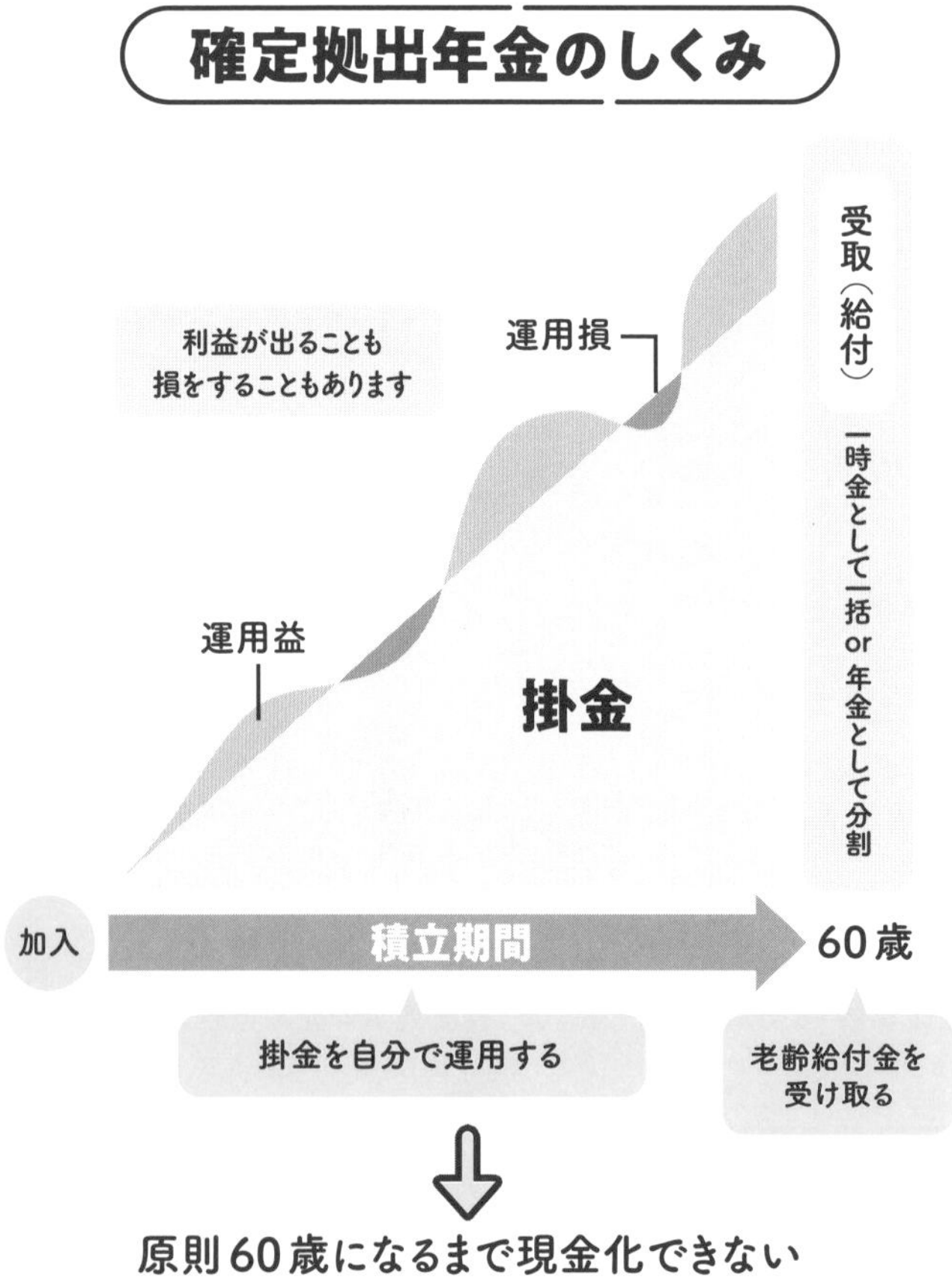

企業年金として人気

確定拠出年金とは、**掛金を毎月積み立て自分で選んだ投資先で運用**し、将来の年金資金を準備する制度です。企業年金の1つである「**企業型確定拠出年金**」と、私的年金制度の1つである「**個人型確定拠出年金**」があります。

企業型の場合、**掛金は会社が拠出**してくれ、従業員は自分で投資先を選んで運用します。中には積立金を増やすため、従業員が掛金を上乗せする「マッチング拠出」を導入している企業もあります。

＊1 マッチング拠出も同様。

iDeCoの掛金の上限

会社員・公務員の場合

加入状況	掛金の上限
企業年金なし	月額23,000円（年間276,000円）
企業型拠出年金に加入	月額20,000円（年間240,000円）
確定給付企業年金＋確定拠出年金に加入	月額12,000円（年間144,000円）
確定給付企業年金に加入	月額12,000円（年間144,000円）
公務員	月額12,000円（年間144,000円）

memo

iDeCoの掛金は全額控除

　個人型確定拠出年金の掛金は、全額所得から控除されます。その分、源泉所得税が安くなり、住民税も軽減する……個人年金にもかかわらず、ここまでの税制面での優遇はかなり太っ腹といえるでしょう。

運用商品って？

運用は、各運営管理機関が選定した運用商品の中から自分が好きなものを選んで行います。数や組み合わせ方は自由で、途中で変更することも可能です。

例えば、初めは安心な「元本確保型商品」をメインに選び、様子をみながらリスクはあるけれど収益が期待できる商品を増やしていくなど、自分の考えやペースで選べます。

運用商品

投資信託

- 国内債券
- 外国債券
- 国内株式
- 外国株式
- 不動産投資信託（REIT）

など

元本確保型商品

- 保険
- 定期預金

※加入している確定拠出年金によって運用商品は異なる。

企業が出してくれた掛金は給与扱いにならず、[*1] 利益は全額非課税、年金として受け取るときも源泉所得税控除となるなど、**税制面での優遇措置が大きな特徴**です。

　近年、大企業から中小企業まで確定拠出年金を採用する企業が増えており、会社員の5人に1人が利用しているともいわれます。

個人型は私的年金

　最近よく耳にする「iDeCo（イデコ）」は個人型確定拠出年金の愛称です。**個人年金の1つ**であり、年金制度の**4階部分**にあたります。基本的に20歳以上60歳未満の人であれば、誰でも[*2] 加入可能です。

　iDeCoの場合も企業型と同じように**税制面の優遇**があり、国が推奨していることがわかります。

＊2　2022年10月以降、企業型と個人型の併用が選択可能に。

「厚生年金」ってなんだろう
扶養家族の年金はどうなるの？

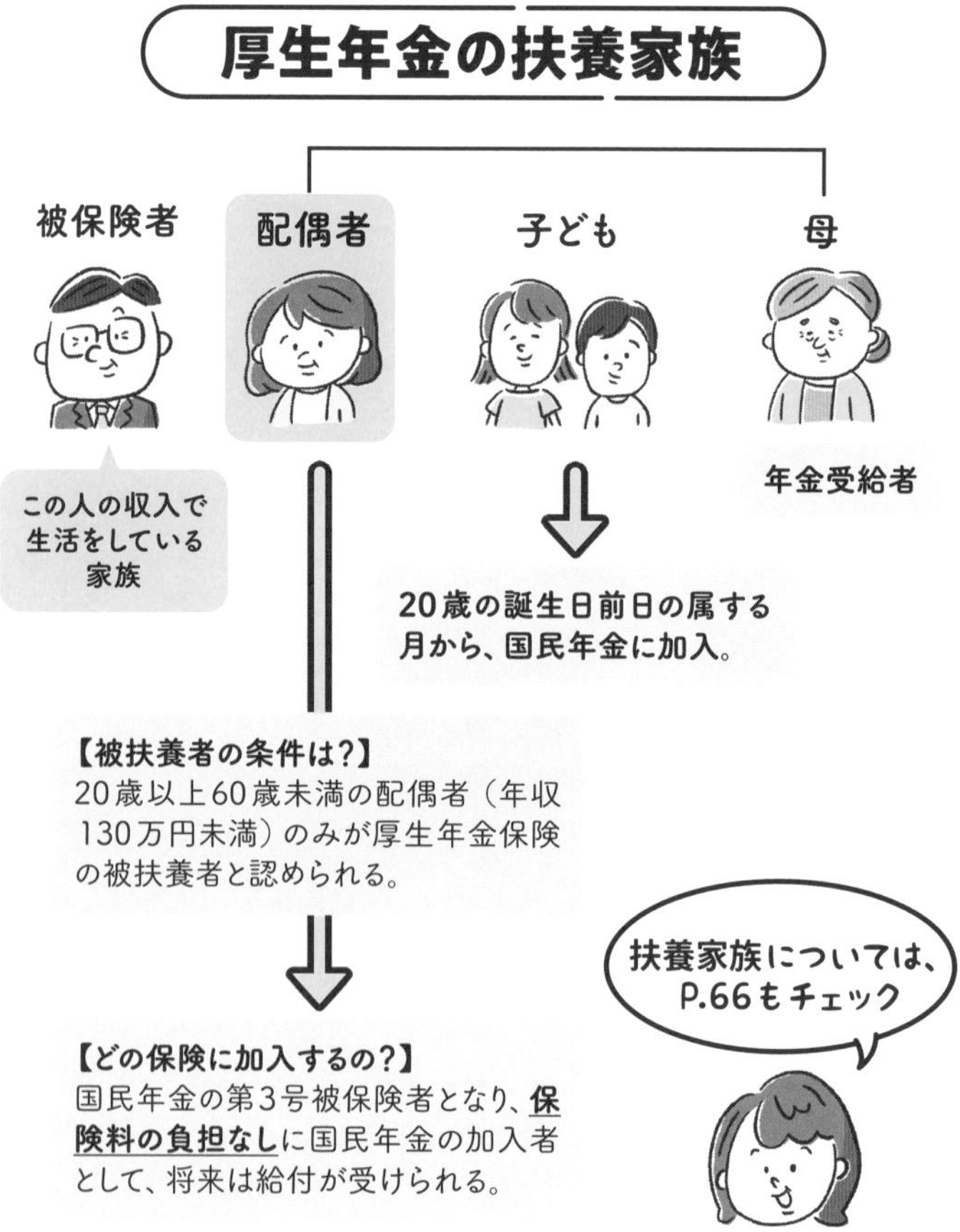

厚生年金の扶養家族
被保険者
配偶者
子ども
母
この人の収入で生活をしている家族
年金受給者
20歳の誕生日前日の属する月から、国民年金に加入。
【被扶養者の条件は?】
20歳以上60歳未満の配偶者（年収130万円未満）のみが厚生年金保険の被扶養者と認められる。
【どの保険に加入するの?】
国民年金の第3号被保険者となり、保険料の負担なしに国民年金の加入者として、将来は給付が受けられる。
扶養家族については、P.66もチェック

扶養対象は配偶者だけ

扶養家族とは、被保険者である一家の働き手の収入で生計を維持している人のことであり、**「被扶養者」**とも呼ばれています。会社へ提出する書類に、扶養家族の有無を書き込む欄がありますが、これは社会保険や税金の手続きに被扶養者の情報が必要だからです。

では年金加入について、扶養家族はどうなるのかというと、**被扶養者と認められるのは配偶者だけ**です。扶養されている配偶者は、**国民年金の「第3号被保険者」**として扱われ

離婚したときの年金分割

離婚したときに、厚生年金を夫婦で分割する制度があります。婚姻中の厚生年金の掛金を夫婦で払っていたとみなし、その期間に相当する年金を分割する制度で、「**合意分割制度**」と「**3号分割制度**」があります。

合意分割制度

夫婦のどちらか、あるいは双方からの請求により、配分を話し合って分割する制度。扶養家族かどうかは関係なく請求できる。

3号分割制度

第3号被保険者が請求すれば、第3号被保険者期間における相手方の厚生年金を半分ずつ分割できる制度。2008年4月1日以降の分が対象。

加給年金と扶養家族

加給年金は配偶者のほか、
子どもにも人数分が給付されますが、
年齢制限があります。
※加給年金を受けるには届出が必要。

加給年金の**年額と年齢制限**

配偶者	・223,800円 ・65歳未満
1人目・2人目の子	・各223,800円 ・18歳到達年度の末日までの間の子、または1級・2級の障害の状態にある20歳未満の子
3人目以降の子	・各74,600円 ・18歳到達年度の末日までの間の子、または1級・2級の障害の状態にある20歳未満の子

※2023年4月現在の金額。ケースによっては特別加算も。

ます。もし第1・2号被保険者だった配偶者が離職して扶養家族になったときは、会社への届け出が必須ですので注意してください。

働き手が第1号被保険者の場合は、たとえ扶養されていても被扶養者となることはできず、自身で保険料を払って第1号被保険者にならなければなりません。

厚生年金からは家族手当

被扶養者が将来もらえる年金は、国民年金のみです。* しかし、被保険者が老齢厚生年金をもらう際に扶養家族がいると、**家族手当のようなものが加算**されます。それが「**加給年金**」です。厚生年金に20年以上加入していた人が65歳に到達時、その人に生計を維持されている配偶者や子どもがいると加算されます。

＊被扶養者本人が厚生年金に1カ月以上加入していれば、厚生年金も受給されます。

「厚生年金」ってなんだろう 障害年金とは？

障害年金も2階建て構造

年金は65歳を迎える前でも受け取るケースもあります。それが病気やケガによって障害が残り、**生活に支障が生じたときに受け取れる「障害年金」**です。公的年金に加入していて要件を満たせば、**年齢に関係なく受給できます。**

障害年金は老齢年金と同様に2階建て構造です（P.98）。すなわち、**国民年金からは「障害基礎年金」**が、**厚生年金保険からは「障害厚生年金」**が支払われます。

また、障害年金には該当しない軽

障害年金の支給要件

① 初診日が年金加入中

年金加入中に障害の原因となった病気やケガについて初めて診療を受けている。

※障害基礎年金は、20歳前や、60歳以上65歳未満（年金制度に加入していない期間）に初診日があるときも含む。

② 障害認定日において一定の障害状態にある

1級	2級	3級
他人の介助を受けなければ日常生活をほとんど送れない状態。	日常生活が極めて困難な状態で、労働ができないほどの障害。	日常生活にはほとんど支障がないが、労働に制限がある状態。

※基礎年金は2級まで、厚生年金は3級まで。

③ 保険料を納めている

保険料をきちんと納付していること。滞納期間がある場合は、一定の条件を満たしていないと給付を受けられない。

障害基礎年金の支給額（年額）

1級

795,000円×1.25＋子の加算

2級

795,000円＋子の加算

・子の加算

子ども（18歳になった年度の3月31日を経過していない子）がいる場合に加算される。

- 第1子・第2子　各228,700円
- 第3子以降　各76,200円

※2023年度の金額

どんな病気・ケガが対象になる？

障害1級（例）

- 両上肢（手や腕）の機能に著しい機能障害
- 両下肢（足）の機能に著しい機能障害
- 両眼の視力があわせて0.04以下（原則として矯正視力）
- 両耳の聴力レベルが100デシベル以上
- その他

障害2級（例）

- 1上肢の機能に著しい機能障害
- 1下肢の機能に著しい機能障害
- 両眼の視力があわせて0.05以上0.08以下（原則として矯正視力）
- 両耳の聴力レベルが90デシベル以上
- その他

病気やケガも対象

【外部障害】
目、聴覚、手足の障害など

【精神障害】
統合失調症、うつ病、認知障害、てんかん、知的障害、発達障害など

【内部障害】
呼吸器疾患、心疾患、腎疾患、肝疾患、血液・造血器疾患、糖尿病、がんなど

memo

仕事中の病気やケガの場合は？

業務中におった病気やケガ……すなわち労災（P.136）でも、障害年金を請求することができます。障害年金は日本年金機構が、労災は厚生労働省が管轄するまったく別のものです。ただし、両方申請して給付を受けられることになっても、どちらかは全額でなく調整が入ります。

い障害が残ったときは、**障害手当金という一時金**を受け取ることもできます。障害年金を受給している間は、国民年金保険料が免除されますが、厚生年金保険料と健康保険料は免除になりません。

障害の状態に応じて決まる

障害状態は、法令で定められた基準によって認定が行われ、1級から3級までの3つに区分されます。これは身体障害者福祉法による障害等級とは別ものです。

病気やケガが治ったあとに残った障害、あるいは症状が固定していて改善が見込めない障害が年金の対象です。そのため原則として**初診日から1年6カ月を経過した日が認定日**になりますが、もっと早まるケースもあります。

遺族年金とは？
「厚生年金」ってなんだろう

遺族基礎年金・遺族厚生年金のしくみ

2世帯で暮らす家族……

この場合、遺族基礎年金・遺族厚生年金を
受け取れるのは妻

遺族基礎年金はいくら？

- 子どもいる配偶者の場合
  795,000円＋（子の加算額）
- 子どもが受けとるとき（次の金額を子の数で割った額が、一人あたりの額）
  795,000円＋（2人目以降の子の加算額）

・1人目および2人目の子の加算額……各228,700円
・3人目以降の加算額……各76,200円
※2023年度の金額

遺族厚生年金はいくら？

- 老齢厚生年金の報酬比例部分の3/4

遺族年金も2階建て構造

遺族年金とは、公的年金の加入者や過去に加入していた人が亡くなったとき、その人によって**生計を維持されていた遺族に給付**される年金です。老齢年金や障害年金と同じく、「**遺族基礎年金**」と「**遺族厚生年金**」の2階建て構造になっています（P・98）。

遺族年金を受け取るには、亡くなった人の年金の納付状態や、それを受け取る遺族の年齢などさまざまな条件があります。あらゆるケースを想定し、細かい条件が設けられ

遺族の優先順位と受け取る遺族年金の種類

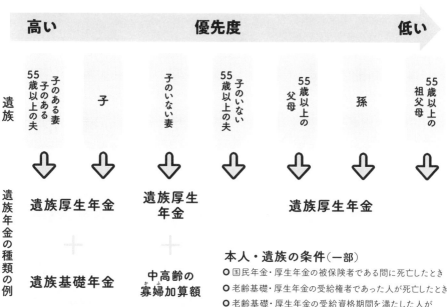

優先度：高い → 低い

遺族	子のある妻 子のある55歳以上の夫	子	子のいない妻	子のいない55歳以上の夫	55歳以上の父母	孫	55歳以上の祖父母
遺族年金の種類の例	遺族厚生年金 ＋ 遺族基礎年金	遺族厚生年金 ＋ 遺族基礎年金	遺族厚生年金 ＋ 中高齢の寡婦（かふ）加算額	遺族厚生年金	遺族厚生年金	遺族厚生年金	遺族厚生年金

日本年金機構「遺族年金ガイド」より

本人・遺族の条件（一部）

- 国民年金・厚生年金の被保険者である間に死亡したとき
- 老齢基礎・厚生年金の受給権者であった人が死亡したとき
- 老齢基礎・厚生年金の受給資格期間を満たした人が死亡ししたとき

夫、父母、祖父母

・死亡当時、55歳以上であること

子ども、孫

・死亡当時、18歳になった年度の3月31日までの間であること

複雑ですが、次の2つをおさえておきましょう。1つは遺族基礎年金は**「子がいる配偶者」か「子」に給付**されるものだということ。もう1つは、遺族厚生年金は、**加えて子のない妻、父母や孫にも給付**されることもあるということです。

子どもを守るための年金

遺族基礎年金は、一家の働き手が亡くなったとき**18歳未満の子どもを守るための制度**です。そのため、子どもがいない場合はこれを受け取ることができません。

遺族厚生年金も、子どもがいない30歳未満の妻は5年間しか受け取れないという決まりがあります。その代わり、夫と死別した妻*には遺族厚生年金の「**寡婦（かふ）加算**」が加算されるケースもあります。

＊夫が妻を亡くしても受け取ることはできません。

Chap.2

「控除」について

「厚生年金」ってなんだろう どんなときに年金が免除されるの？

国民年金の保険料免除・猶予された期間の年金額

未納だと将来受け取る年金はゼロですが、免除の場合は
半分～8分の7の額を受け取ることができます。

全額免除
保険料を全額納付した場合の
年金額の1/2
（2009年3月までの期間は1/3）

3/4免除
保険料を全額納付した場合の
年金額の5/8
（2009年3月までの期間は2/3）

半額免除
保険料を全額納付した場合の
年金額の6/8
（2009年3月までの期間は2/3）

1/4免除
保険料を全額納付した場合の
年金額の7/8
（2009年3月までの期間は5/6）

保険料免除・納付猶予、学生納付特例は10年以内であれば、後から追納して受給額を満額に近づけることで将来の年金が増えることに！

後払いした分は**社会保険料控除**により、**所得税と住民税が軽減**されます！

免除の条件はそれぞれ違う

公的年金を納めることは、20歳になったら守らなくてはいけないルールです。しかし、生活が苦しくなったときなどに申請すれば、**国民年金の保険料が免除されることがあります**。状況により、全額免除、半額免除、4分の1免除などがありますので、もしものときのために覚えておくといいでしょう。

厚生年金には、生活状況により保険料が免除されるような制度はありません。しかし、妊娠・出産で**産前産後休業、育児・介護休業を取る**

国民年金保険料の学生納付特例制度

●対象者

・本人の所得が一定以下（2021年度は128万円＋扶養親族などの数×38万円＋社会保険料控除など）
・在学中の学生（大学、大学院、短期大学、高等学校、高等専門学校、特別支援学校、専修学校及び各種学校、一部の海外大学の日本分校）

●申請方法

・住民登録をしている市町村の国民年金窓口
・近くの年金事務所
・在学中の学校など

「猶予」であり「免除」ではありません！

免除された期間分は、減額された金額を受け取ることができます。しかし、猶予された期間分は老齢基礎年金の金額に反映されることはありません。
10年以内であれば保険料をさかのぼって納めることができます。しかし3年度目以降は保険料に加算額が上乗せされるので、早く支払えば支払うほどお得です。

memo

無職期間は「年金免除」に

転職の場合はすぐに次の会社の厚生年金に入るので問題ありませんが、退職後無職の期間があると「国民年金」へ加入することとなります。収入がゼロになると国民年金の保険料が免除されることもありますので、放置せずに必ず年金窓口へ行きましょう。

こんなときに免除される厚生年金

- 産前産後休業中
- 育児休業中
- 介護休業中

こんなときに免除される国民年金

- 20歳以上の学生
- 所得が少なく、本人、世帯主、配偶者の前年所得が一定額以下の場合
- 産前産後期間
- 失業したとき
- 経済的に困難なとき
- 配偶者から暴力（DV）により配偶者（DV加害者）と住居が異なる場合
- 災害により財産に大きな被害を受け、保険料の納付が困難になったとき

期間については保険料が免除されます。希望する場合は会社を通じて申し出ることで、被保険者・事業主の両方の負担分が免除されます。

学生時代の猶予は要注意

国民年金は20歳の誕生日を迎えても、在学中の学生であれば保険料の納付が猶予される「**学生納付特例制度**」があります。本人の所得が一定以下であれば、家族の収入は関係ありません。学生の頃に利用した人も多いかと思います。

公的年金の免除を受けた期間は、将来の年金を計算する際に**保険料を納めた期間としてカウントされ**ます。しかし金額面では1円も反映されず、**全額納めた場合と比べて将来の受給額が減ってしまうこ**とは覚えておきましょう。

「介護保険」ってなんだろう
介護保険ってなに？

介護保険の財源の内訳

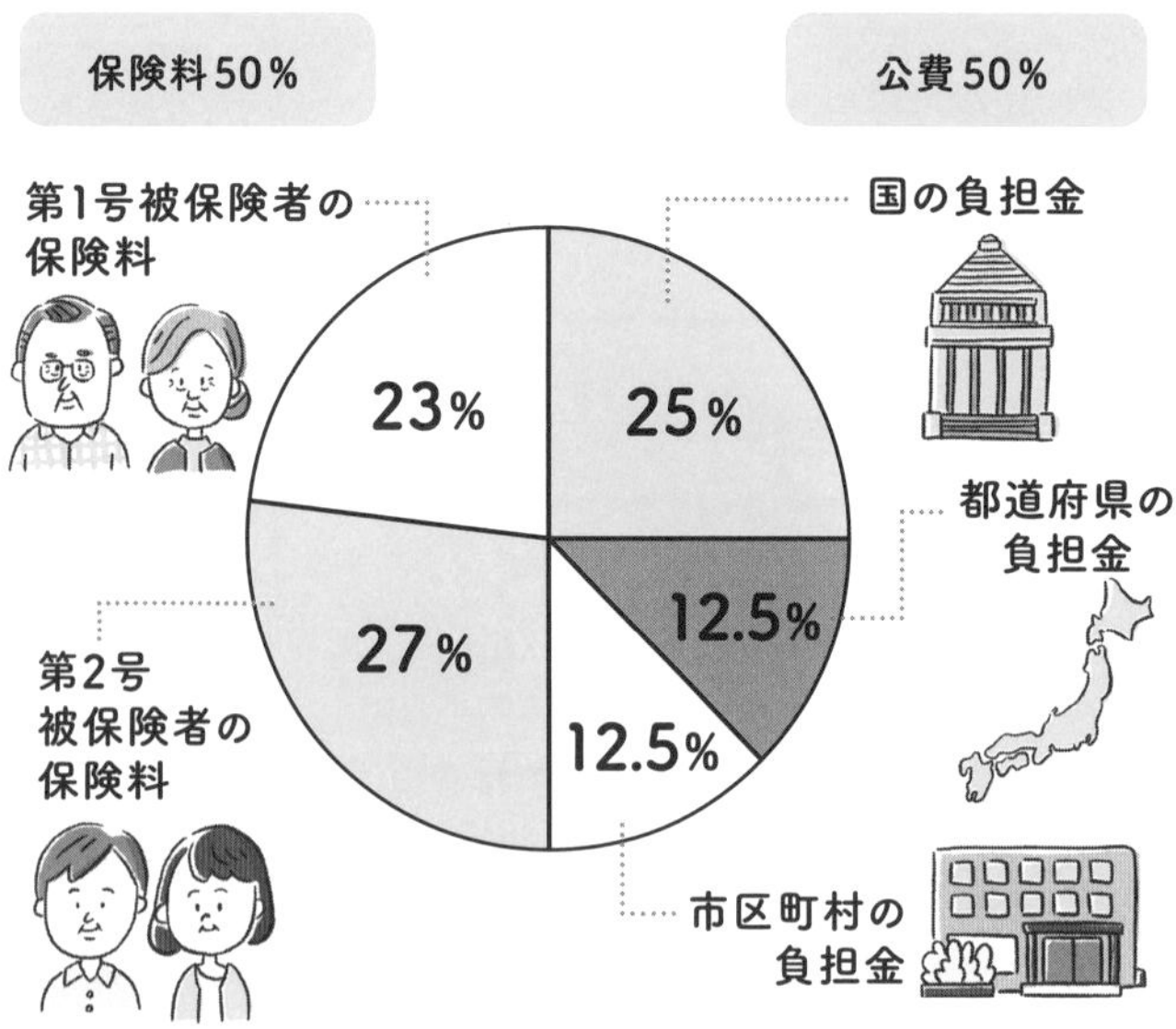

※厚生労働省「公的介護保険制度の現状と今後の役割」（平成30年度）をもとに作成。

進む高齢化とともに、介護費（介護給付費に自己負担分を加えた総額）は毎年過去最高額を更新しています。**2018年はついに10兆円を超えました。**

介護を社会で支える制度

介護保険とは、2000年に創設された高齢になって介護が必要に**なった人を社会全体で支えるためのしくみです。健康保険の介護版**のようなもので、加入者は保険料を払い、介護が必要になると料金の**1～3割の自己負担**で介護サービスを利用することができます。

自分が高齢になるのはまだまだ先のことかもしれませんが、その前に祖父母や両親の介護が必要になったとき、介護保険の存在を知っていれば心強いでしょう。

＊1　満40歳とは、40歳の誕生日の前日のことです。

介護保険の加入者（被保険者）は2種類

	第1号被保険者	第2号被保険者
対象者	65歳以上の人	40歳以上65歳未満の健康保険加入者
保険料の徴収方法	市区町村が年金から天引きして徴収	健康保険料と一緒に徴収
保険給付の条件	介護や支援が必要と認定されたときに給付される。原因は問われない	原則的には給付されないが、老化に起因する疾病（末期がん、初老期の認知症、脳血管疾患などの指定疾患）によって介護や支援が必要と認定されたときは給付される

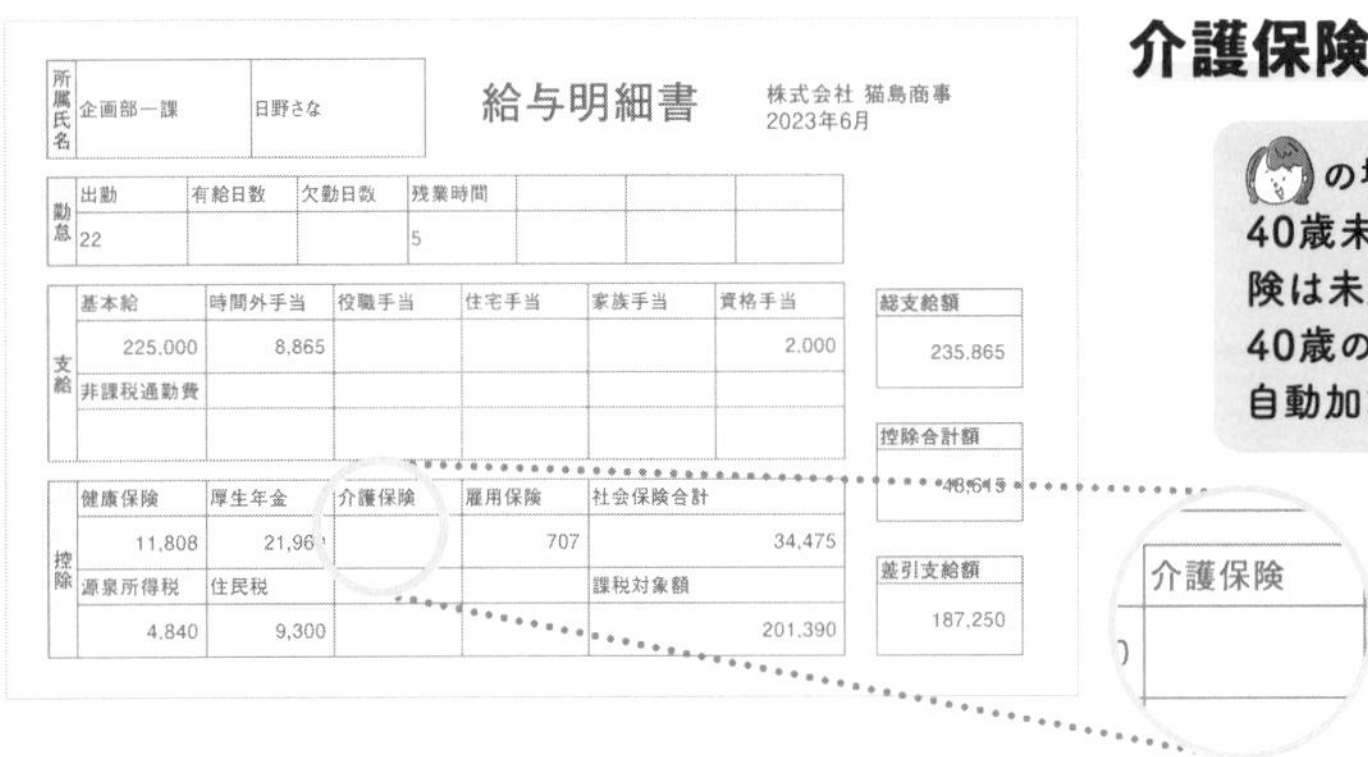

給与明細書　株式会社 猫島商事　2023年6月

所属氏名	企画部一課	日野さな

勤怠	出勤	有給日数	欠勤日数	残業時間
	22			5

支給	基本給	時間外手当	役職手当	住宅手当	家族手当	資格手当
	225,000	8,865				2,000
	非課税通勤費					

控除	健康保険	厚生年金	介護保険	雇用保険	社会保険合計
	11,808	21,96		707	34,475
	源泉所得税	住民税			課税対象額
	4,840	9,300			201,390

総支給額	控除合計額	差引支給額
235,865	48,615	187,250

介護保険料の読み方

の場合
40歳未満なので介護保険は未加入です。
40歳の誕生日を迎えると自動加算されます。

40歳になったら全員加入

介護保険に加入するのは40歳からです。手続きは必要なく、**満40歳**[*1]**になると自動的に加入資格を取得し、保険料は健康保険料と一緒に徴収されます。**今まで空欄だった給与明細の介護保険欄には金額が記載されるようになります。

介護保険料は、給与の額やその企業が加入している健康保険組合や協会けんぽによって異なります。会社員の場合、加入している健康保険が定める「介護保険料率」を給与にかけて算出します[*2]。**他の社会保険料と同じように、保険料は会社と折半です。**

フリーランスや個人事業主等が加入する国民健康保険の場合は、所得に基づき各自治体の計算方法で算出されます。

＊2 P.65に介護保険料の月額表を掲載しています。

「介護保険」ってなんだろう
介護保険のしくみ

介護保険のお金の流れ

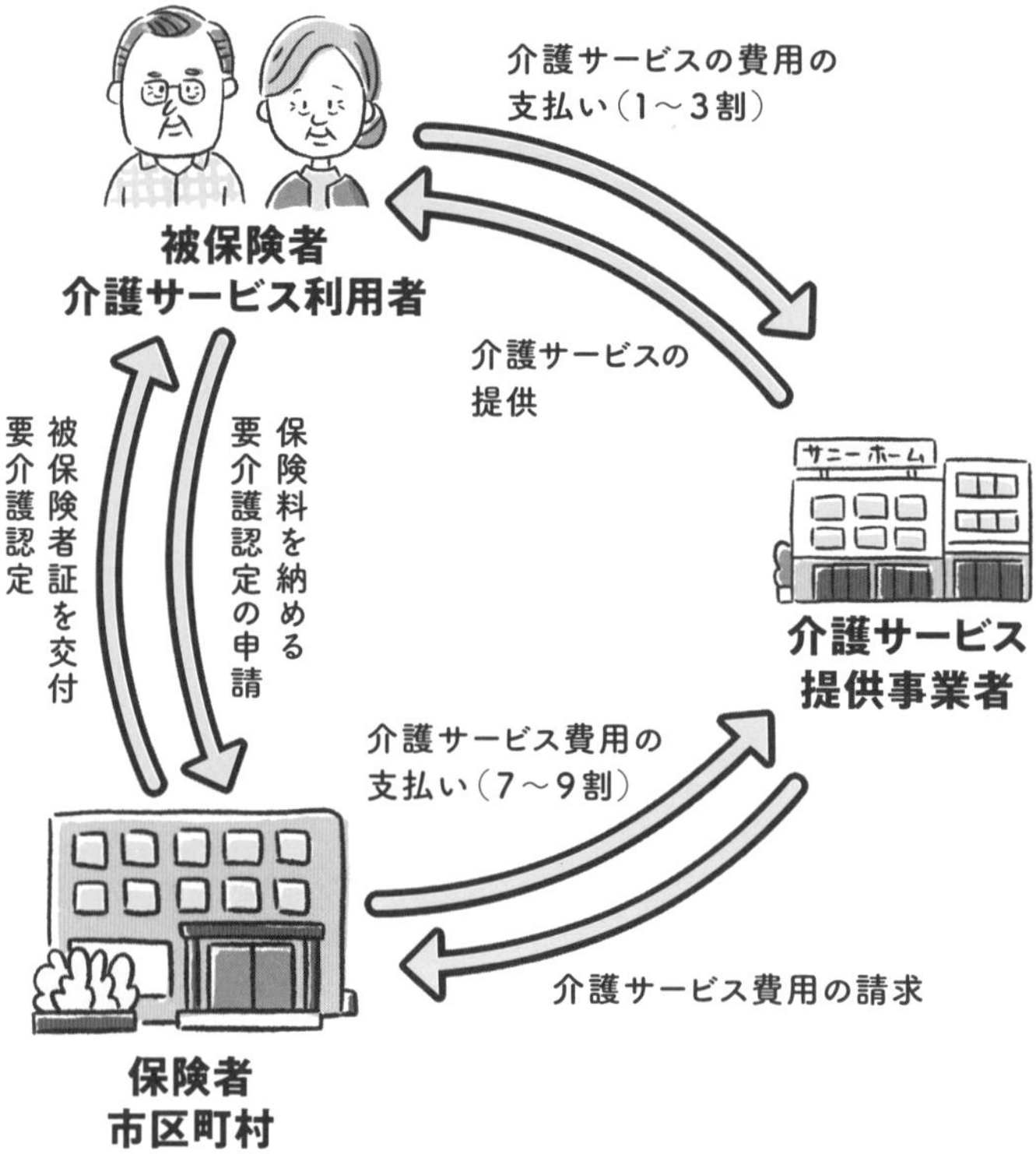

全国の自治体が運営主体

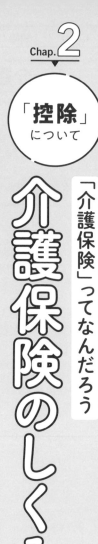

介護保険に加入し、いざというとき保険によるサービスを受ける人を「**被保険者**」といいます。被保険者がいればサービスを提供する「**保険者**」も存在します。それは誰かというと、市区町村です。**介護保険の運営は全国の自治体が市区町村単位で行っています。**

この2者以外でもう1つ重要な存在があります。それが**介護サービス提供事業者**です。たとえば訪問介護が必要な場合は、介護サービス提供事業者と契約してサービスを受

主な介護サービス

居宅サービス
自宅での暮らしを続けながら受けることのできる介護サービス。自宅に訪問してもらったり、施設に通ったりするサービスを組み合わせて利用することができる。

施設サービス
施設に入居することで24時間受けることのできるサービス。「特別養護老人ホーム」や「介護老人保健施設」などの施設があり、施設によっては医療的ケアを同時に受けることも可能。

地域密着型サービス
高齢者が住み慣れた地域でいつまでも生活ができるように創設されたサービス。市区町村指定の事業者が、その地域に住む住民を対象として、「地域密着型通所介護」などのサービスを行う。

居宅サービスで受けられる介護サービス

自宅で受けるサービス
○ 訪問介護
ホームヘルパーが介護や家事を行うサービス。

○ 訪問看護
看護師がケアや医師の指示による医療を提供するサービス。

○ 福祉用具貸与
車いすや介護用ベッドなどをレンタルできる。

日帰りで施設などを利用するサービス
○ デイサービス
食事や入浴の支援、機能訓練などを提供するサービス。

○ デイケア
心身機能の維持回復のためリハビリテーションを行う。

宿泊するサービス
○ ショートステイ
施設に短期間宿泊して介護や機能訓練などのサービスを受ける。介護をしている家族の負担軽減も担う。

その他
○ 小規模多機能型居宅介護
訪問介護、デイサービス、ショートステイをセットで提供するサービス。心身の状態や都合に合わせて利用できる。

○ 定期巡回・随時対応型訪問介護看護
心身の状態に応じて、必要なサービスを24時間365日必要なタイミングで提供するサービス。


けることになります。

　被保険者、保険者、介護サービス提供事業者、この3者の間でお金やサービスがやり取りされて介護保険は成り立っているのです。

幅広い介護サービス

65歳を迎えると「被保険者証」が郵送で交付され、介護認定を受ける（P・122）ことで実際の介護保険サービスを受けることが可能になります。たとえサービスを受ける立場になっても、**介護保険料の支払い義務は続きます。**

　介護保険サービスの内容は、自宅の掃除洗濯、料理にはじまり、リハビリテーションや通所介護（デイサービス）、施設への入居、車椅子のレンタルや住宅のリフォームと、その内容は多岐にわたります。

「介護保険」ってなんだろう
介護が必要なときは？

介護サービス開始までの道のり

1 要介護認定を受ける

①要介護認定を申請
市区町村に申請書を提出する。

②認定調査
調査員が自宅を訪問し、認定調査をする。主治医も意見書を作成。

③要介護判定・認定
介護認定審査会による判定を経て、要介護度・要支援度が決定。

④要介護認定の通知
認定結果が利用者に通知される。

⇩

2 ケアマネジャーがケアプランを作成

ケアマネジャーを決めて契約し、ケアプランを作成してもらう。
※要支援の場合は地域包括支援センターが行う。

⇩

3 介護サービス提供事業者と契約

介護サービス提供事業者を決めて契約する。

⇩

サービス開始

地域包括支援センターへ相談

「親の介護は急にやってくる」とよくいいます。なぜなら**昨日まで元気だった親が、ある日ケガや病気によって突然介護が必要になる**ケースが非常に多いからです。

もしも介護が必要になったとき、まずは「**市区町村窓口**」*もしくは「**地域包括支援センター**」に相談しましょう。地域包括支援センターとはその地域の高齢者をケアするためのサポート集団です。社会福祉士や保健師などが親身に相談にのって、利用できるサービスなどの提案

＊市区町村窓口に相談すると、地域包括支援センターを紹介してくれます。

要支援1~2とは?

状態の目安

○要支援1
食事、トイレなどの日常の基本動作はできる。家事や買い物などには支援が必要。

○要支援2
要支援1よりも動作が低下。支援によって改善や維持が見込める。

要介護1~5とは?

状態の目安

○要介護1
立ち上がりや歩行が不安定な状態。トイレや入浴などに一部介助が必要。

○要介護2
立ち上がりや歩行が自力では困難な状態。トイレや入浴などに一部あるいは全面的な介助が必要。

○要介護3
日常生活の動作がかなり低下した状態。トイレや入浴、着替えなどに全面的な介助が必要。

○要介護4
介護なしで日常生活を送ることが困難な状態。食事にも一部介助が必要。

○要介護5
介護なしに日常生活を送ることはほぼ不可能な状態。意思疎通が困難なことも。

memo

要介護認定「非該当」

　場合によっては「非該当」の通知がくることがあります。介護や支援を必要とするほどの身体状況ではないという判定です。この場合、介護保険の利用はできませんが、市区町村が実施する介護予防の事業などを利用できます。

をしてくれます。

まずは要介護認定を申請

　センターでは、市区町村に申請する**「要介護認定」の手続きもしてくれます**。介護が必要な状態がどの程度なのかを調査・認定するもので、介護保険を利用するには必ず受けなければなりません。

　要介護認定では、要介護1～5、要支援1～2の7つの区分があります。区分によって介護保険の**月額支給限度額が決まり、それに応じて介護サービスの内容や回数などを決める**ことになります。

　ここでお世話になるのが**ケアマネジャー**です。利用者から話を聞き、利用者に合ったケアプランを作成し、介護サービス提供事業者と連絡・調整を図ってくれます。

変わる介護保険のお金事情

「介護保険」ってなんだろう

保険給付と自己負担の関係

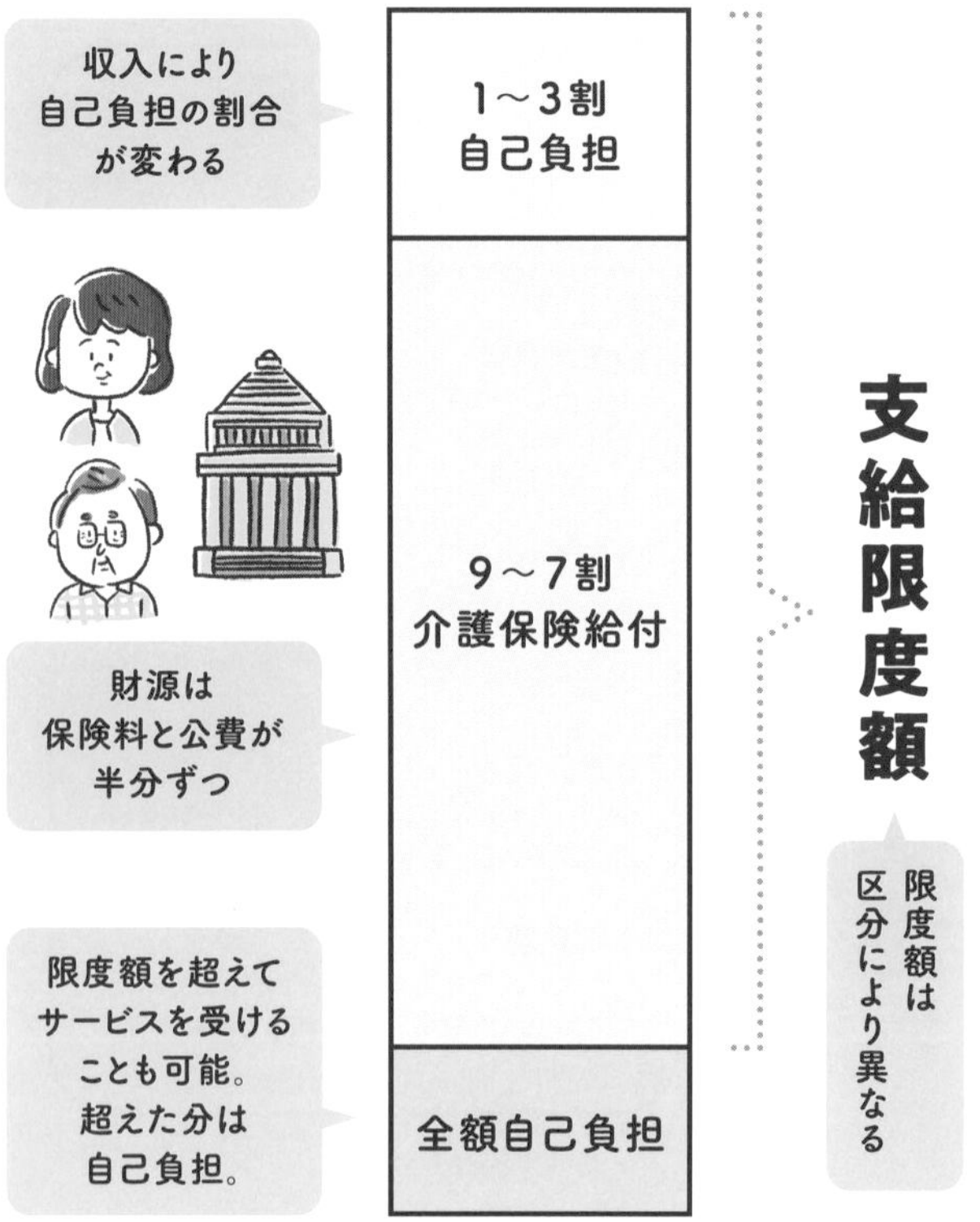

支給額には上限がある

　どの程度介護が必要な状態なのかを調べる「要介護認定」の区分により、介護保険の支給限度額が決まっています。**介護が必要な度合いが大きいほどその限度額は大きくなり**、さまざまなサービスを受けることができます。

　この認定には期限があり、半年もしくは1年ごとに更新する必要があります。結果によっては、区分が変更することもありますが、もしも期限内に心身の状態に著しい変化があった場合は、利用者から**区分変**

自己負担の割合と所得

自己負担の割合は、年金収入とその他の所得の合計によって決まります。

○1割負担
280万円未満（2人以上世帯で346万円未満）の人。

○2割負担
280万円以上340万円未満（2人以上世帯で346万円以上463万円未満）の人。

○3割負担
340万円以上（2人以上世帯で463万円以上）の人です。

区分による支給限度額（月額）

・要支援1	50,320円
・要支援2	105,310円
・要介護1	167,650円
・要介護2	197,050円
・要介護3	270,480円
・要介護4	309,380円
・要介護5	362,170円

memo

介護保険でリフォームもできる！

廊下やトイレなどに手すりをつける・段差解消のためにスロープをつけるなどのリフォームには、介護保険から「住宅改修費」が支給されます。上限は20万円で、そのうちの1〜3割が自己負担になります。区分による支給限度額とは別枠です。

更の申請をして介護度を上げてもらうことも可能です。

自己負担は1〜3割

介護サービスを利用したときの費用の**自己負担は1〜3割**です。残りの**7〜9割は介護保険から給付**されることになっています。

ちなみに、介護保険の創設時の自己負担は一律1割でした。しかし、人口に対する高齢者の割合が増えるにつれ、財政負担が重くのしかかるようになり、介護保険制度を維持・その公平性を保つために、**現役並みの所得のある高齢者は2〜3割の負担**をしてもらうことになったのです。

このように定期的に制度の内容を見直しながら、介護保険のシステムは機能しているのです。

雇用保険ってなに？

「雇用保険」ってなんだろう

働く人を守る保険

雇用保険とは、**働く人の生活と雇用を安定させることを目的とした、社会保険制度の1つ**です（P.60）。もしも会社が倒産や失業したとき、自己都合で離職したときなど、新しい仕事を探す間の生活を安定させ、そして早く再就職できるように支援することが大きな目的です。

事業主は**人を雇うと必ず届け出を行い雇用保険に加入しなくてはいけません**。正社員だけでなく、アルバイトでも定められた条件を満たせば加入が義務づけられています。

雇用保険による主な給付金

失業した人への給付

- **基本手当**
  失業した人に、前職の給与の50～80％の手当を支給（P.128）。
- **就業促進手当**
  早期に再就職した人に、残っている基本手当の一部を支給（P.128）。

雇用を継続するための給付

- **育児休業給付金**
  育児のため一時的に休業する人に給与の67％を支給（P.132）。
- **介護休業給付金**
  介護のため一時的に休業する人に給与の67％を支給（P.134）。

スキルアップを支援する給付

- **教育訓練給付金**
  再就職に必要な教育訓練を受けた人に給付金（上限あり）を支給（P.130）。

定年退職後も働く人への給付

- **高年齢雇用継続給付金**
  働く意欲と能力のある高齢者を支援する支給。
  60歳以上65歳未満の被雇用者の給与が、60歳到達時の賃金に比べて75％未満に低下すると給付される。

ハローワークの役割

ハローワークの正式名称は「公共職業安定所」。安定した雇用機会を国民に提供するために設置された国の行政機関です。

主な業務

- 求人情報の紹介
- 職業相談
- 履歴書の書き方などの指導
- 失業等給付金をはじめ、各種給付金、各種助成金の手続き
- 雇用保険の事務業務
- 職業訓練の手続き

memo

「ハローワーク」オンラインも充実

ハローワークが行っているネットサービスに登録すれば、わざわざハローワークに行かなくても、スマホやパソコンから求人情報を見ることができます。他にも、ハローワークがあっせんする職業訓練なども閲覧可能です。

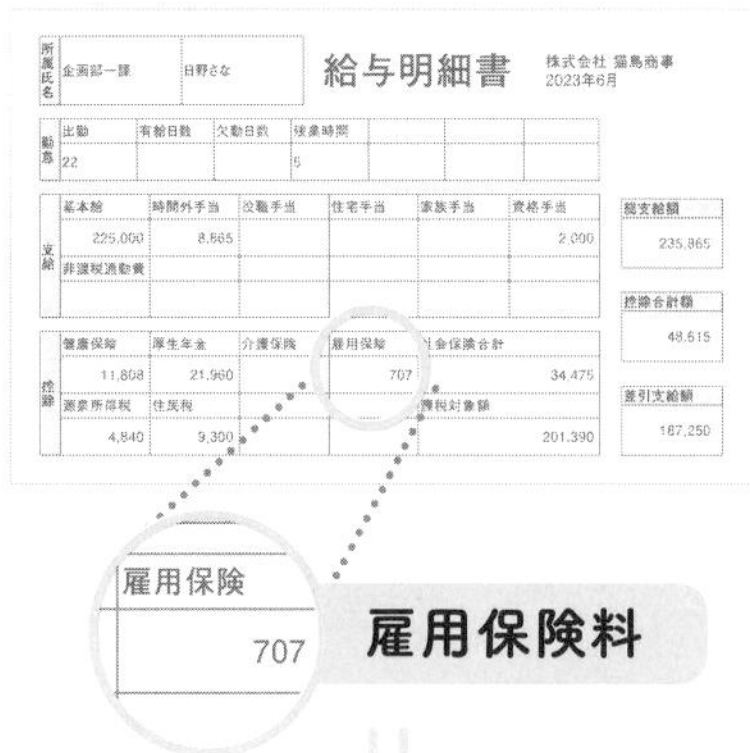

毎月の給与総額＊×雇用保険料率

＊通勤手当などの各種手当、賞与を含む。

2023年度の雇用保険料率

負担者 / 事業の種類	労働者負担	事業者負担
一般の事業	6/1000	9.5/1000
農林水産・清酒製造の事業	7/1000	10.5/1000
建設の事業	7/1000	11.5/1000

失業の支援だけじゃない

雇用保険と聞くと、失業した人の生活を支援する「失業保険」というイメージが強いかもしれません。確かにそれが雇用保険の大きな役割ですが、それだけではありません。

例えば、**育児休業や介護休業を取って会社を休む**とき、その間も**一定の収入が得られるのは雇用保険の給付があるから**です。さらに、働く人の**スキルアップを支援する制度**もあります。資格取得や語学検定など、多岐にわたる分野の勉強にかかる費用を支援してくれるのです。また、定年退職後の再就職で下がってしまった給与を支援する制度もあります。

雇用保険は、働く人にとって意外と身近な社会保険なのです。

失業給付金ってなんだろう？

「雇用保険」ってなんだろう

退職は自己都合？会社都合？

失業給付金は、退職後に次の就職先が決まっていない人の生活と就職活動を支援するための給付金です。いくつか種類がありますが、一般的に失業保険と呼ばれているのは「**基本手当**」というものです。

基本手当を受けられる期間は、**自己都合による退職の場合と、会社都合による退職の場合では違いがあり、後者のほうが長くなります。**会社都合とは、倒産やリストラなどのケースです。病気やケガ、*配偶者の

基本手当の給付日数

長く勤めていた人ほど日数は多くなる

雇用保険に加入していた期間が長いほど、給付日数は多くなります。また、自己都合による退職に比べ、会社都合のほうが日数は多く、手厚い扱いです。

自己都合による退職の場合

雇用保険の加入期間 / 年齢	1年未満	1年以上5年未満	5年以上10年未満	10年以上20年未満	20年以上
全年齢		90日		120日	150日

会社都合による退職の場合

雇用保険の加入期間 / 年齢	1年未満	1年以上5年未満	5年以上10年未満	10年以上20年未満	20年以上
30歳未満		90日	120日	180日	―
30歳以上35歳未満		120日	180日	210日	240日
35歳以上45歳未満	90日	150日	180日	240日	270日
45歳以上60歳未満		180日	240日	270日	330日
60歳以上65歳未満		150日	180日	210日	240日

＊就労不可能である旨の診断書が必要。

給付までの流れ

ハローワークに行き、求職の申し込みをする
受給資格決定

↓

雇用保険受給説明会に出席

↓

待機期間の満了（7日間）

↓

失業の認定

↓

（約1週間後）
1回目の基本手当振り込み

自己都合で退職した人の場合　待機期間満了の翌日から2カ月間は給付制限期間があるため、1回目の基本手当振り込みはその後になる。

※5年間のうち2回までは、給付制限は2カ月。3回目以降は3カ月。

⇩

以下、4週間おきに失業認定日と振り込みがある

基本手当の給付額

離職前の給与をもとに決まる

基本手当の日額は、離職前の給与をもとに決まるので、給与が多いほど日額も多くなります。ただし、上限があります。日額の給付日数分が基本手当の総額ですが、一括ではなく、4週間ごとに給付されます。

基本手当の日額はいくら？

給与日額（離職前半年の給与総額[*1] ／ 180）× **給付率** 50～80%[*2]

＊1 残業代などの各種手当は含む。賞与は含まない。
＊2 離職時年齢が30～44歳の場合、離職前の賃金日額が4,970円未満は80%、4,970円以上12,240円以下は80～50%、12,240円超15,020円以下は50%。15,020円超は上限額。

日額の上限額

30歳未満	6,835円
30～44歳	7,595円
45～59歳	8,355円
60～64歳	7,177円

※2023年4月1日現在

転勤などは、自己都合であっても正当な理由があれば会社都合と同等の扱いになります。

手当を受け取るまでの日数も違いがあります。会社都合の場合は、ハローワークに求職の申し込みをした後、7日間の待機期間が経過後に支給が開始しますが、自己都合の場合は2カ月後以降となります。

就職先が早く決まったら

次の就職が決まると、基本手当の給付はストップします。しかし、支給日数が3分の1以上残っていて、1年を超えて雇用されることが確実な場合は、就職促進給付の一種である**「再就職手当」**が支給されます。

手当の金額は、給付日数の基本手当の日額の60～70%に残日数をかけた額になります。

「雇用保険」ってなんだろう
教育訓練給付金ってなに？

3つの教育訓練給付金

利用しやすい「一般教育訓練給付金」

受給条件

・初めて利用する場合は、雇用保険の被保険者期間が1年以上。2度目以降は3年以上かつ給付金受給後3年以上。
・退職している場合は、上の条件を満たしていて退職から原則1年以内。

給付額

教育訓練施設に支払った入学金および受講料の20%（上限は10万円）。

対象となる講座

期間は数カ月から1年以内の講座がほとんど。

例▶語学検定、簿記、社会保険労務士、ファイナンシャルプランナー、中小企業診断士、Webデザイナー、介護福祉士、宅地建物取引士など。

スキルアップを支援

グローバル化が進み、時代が急速に変化する現代。仕事に関する知識や技術も常にアップデートしていくことが求められます。自身のキャリアアップのために資格を取得したいと考える人も増えています。

そのような人たちの**能力開発を支援し、雇用の安定と再就職の促進**につなげようという制度が「**教育訓練給付金**」です。厚生労働大臣の指定を受けた講座を受講した場合、ハローワークに申請すると費用の一部が給付されます。

より高度な「専門実践教育訓練給付金」

費用の70%が戻ってくる!

受給条件

・初めて利用する場合は、雇用保険の被保険者期間が2年以上。2度目以降は3年以上かつ給付金受給後3年以上。
・退職している場合は、上の条件を満たしていて退職から原則1年以内。
・事前に「訓練前キャリアコンサルティング」を受ける。

給付額

・教育訓練施設に支払った入学金および受講料の50%(上限は年間40万円、3年で120万円)。
・資格などを取得し、訓練終了日の翌日から1年以内に雇用保険に加入している会社などに就職した場合にはさらに20%(上限あり)。合計70%。

対象となる講座

期間は原則1年以上3年以内。
例▶資格取得を目標とする養成施設の課程(看護師、美容師、栄養士、調理師など)、専門学校の職業実践専門課程、一定レベル以上の情報通信技術に関する資格取得を目標とする課程、第四次産業革命スキル習得講座など。

キャリア形成に「特定一般教育訓練給付金」

費用の40%が戻ってくる!

受給条件

一般教育訓練給付金と同じだが、それに加え、事前に「訓練前キャリアコンサルティング」を受ける。

給付額

教育訓練施設に支払った入学金および受講料の40%(上限20万円)。

対象となる講座

キャリアアップや再就職がしやすい資格や技能の講座が多い。期間は数カ月から1年以内の講座がほとんど。
例▶税理士、介護福祉士、保育士、情報処理技術者、移動式クレーン車運転士免許など。

memo

離職したら「教育訓練支援給付金」

専門実践教育訓練に専念するため退職した人に対しては「教育訓練支援給付金」があります。受講開始時に45歳未満、専門実践教育訓練を修了する見込みがあるなどの条件を満たした場合に給付され、給付額は雇用保険の基本手当日額(P.128)の80%です(時限措置で2025年3月までに受講した人が対象)

本格的な学び直しも可能

教育訓練給付金は、現在次のような3つがあります。

● **「一般教育訓練給付金」**
もっとも利用されている制度で対象となる講座も多種多様です。

● **「特定一般教育訓練給付金」**
速やかな再就職と早期のキャリア形成を目的に教育訓練を受けた人への給付金です。

● **「専門実践教育訓練給付金」**
高度な技能や資格取得を目指す人を支援するための給付金です。

どのような講座があるかは、厚生労働省のwebサイトにある「**教育訓練講座検索システム**」で確認することができます。社会人の学び直しが注目されているので、有効活用するといいでしょう。

育児休業給付金ってなに？

「雇用保険」ってなんだろう

育児休業のとり方

原則は「1歳まで休業できる」

取得可能最大日数は1年間（産後休業を含める）。

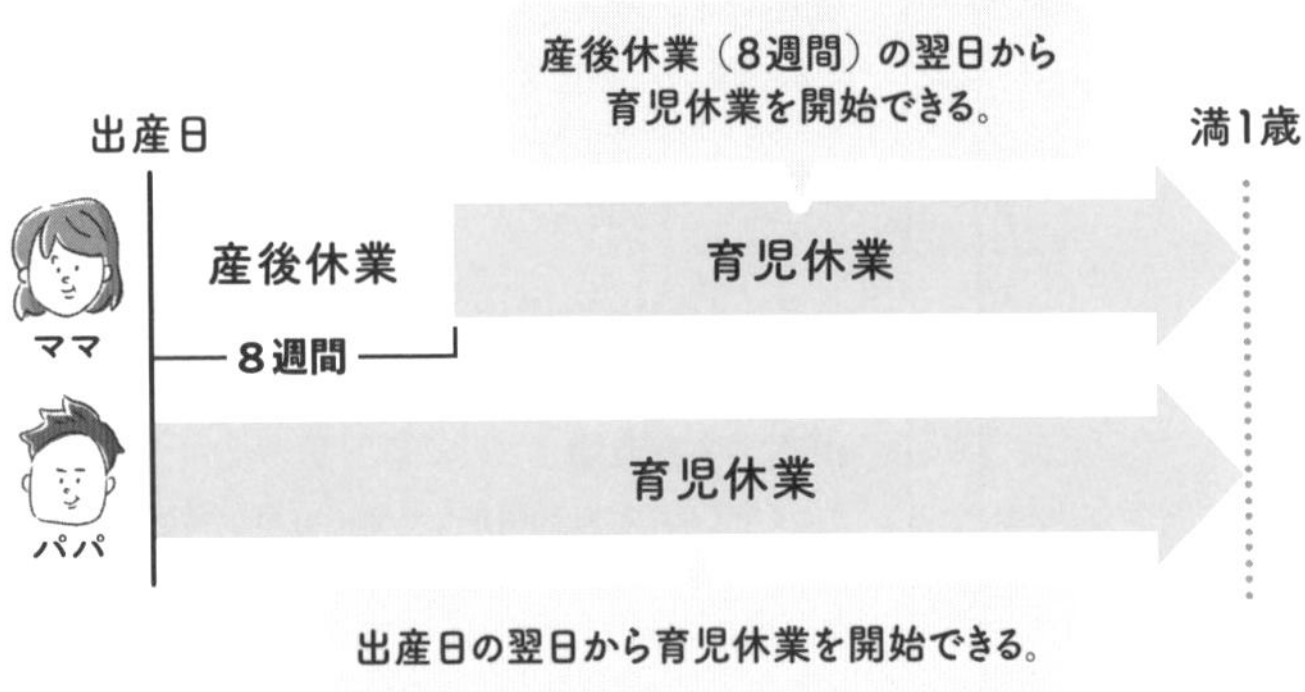

いつ休業するかは、各自の考えしだい

<例>ママと入れ替わりにパパが休業

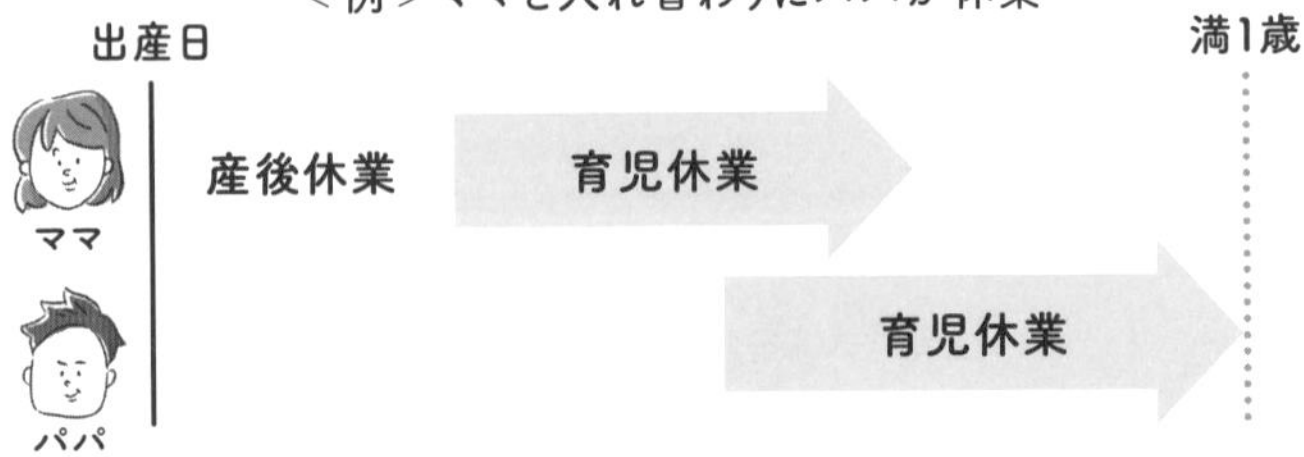

最長2歳まで給付

育児休業（通称育休）とは、**満1歳までの子どもを育てる人が、会社に籍を置いたまま休業できる制度**です。休業中は、雇用保険から「**育児休業給付金**」が支払われます。

「パパ・ママ育休プラス」制度を利用すれば、夫婦の一方は通常の育休にプラスして子が1歳2カ月になるまで育休を取得できます。また、やむ得ない事情があるときは最長で2歳まで延長可能です。

受給条件は、育休開始前の2年の間に、11日働いていた月が

＊11日以上の月が12カ月ない場合、労働時間が80時間以上の月を1カ月として算定。

パパ・ママ育休プラス

家庭と仕事の両立を目標に、パパの育児参加をうながすための制度です。育休は原則子が1歳になるまでですが、両親ともに育休を取得することにより、夫婦の一方はこれより長い1歳2カ月まで延長可能になります。

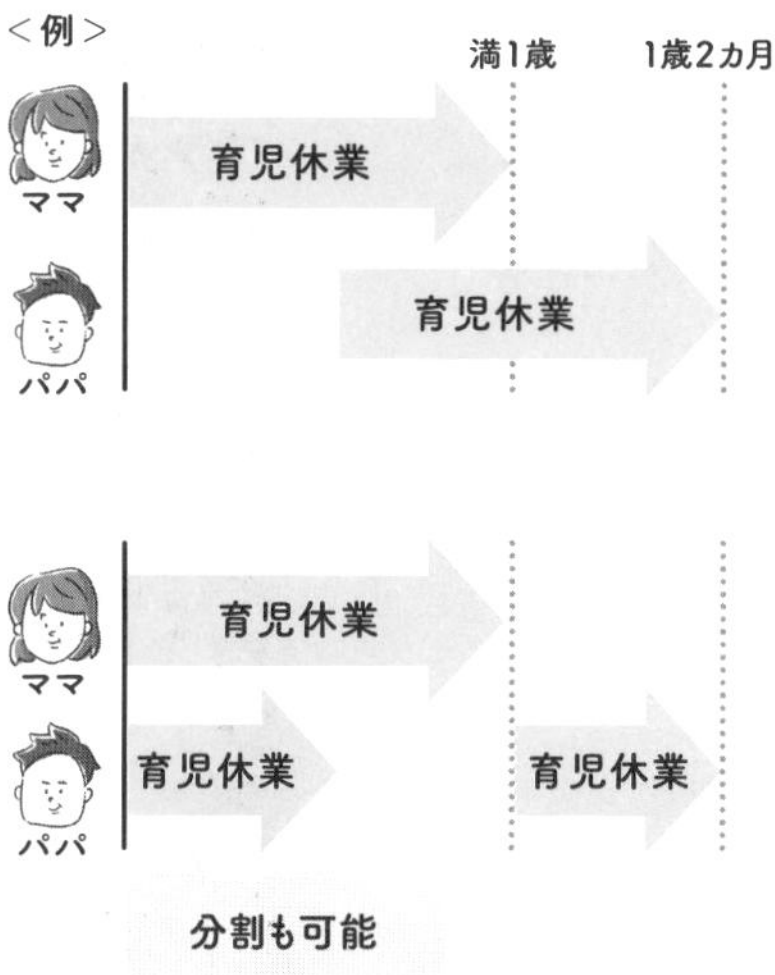

給付額と振り込み時期

育児休業給付金は、休業前の給与をもとに給付されます。育休開始から6カ月間（180日間）は休業前の給与の67%、それ以降は50%です。手続きは、事業主（会社）が行います

1回目の振り込みは、育休開始日から2〜3カ月後で、2カ月分をまとめて給付されます。その後は2カ月ごとに振り込まれます。

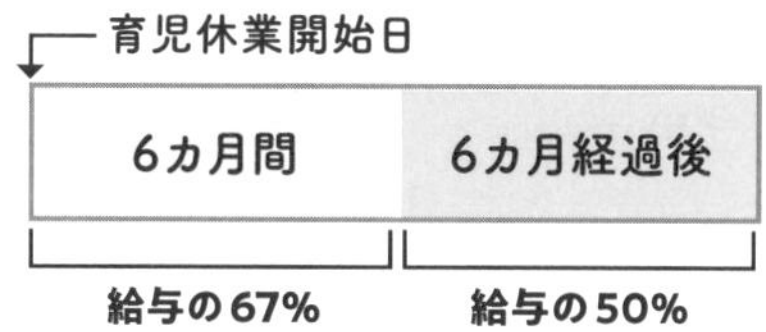

memo

「転職」のタイミングに注意

転職直後に妊娠した場合、「2年間に12カ月以上」の条件にあてはまらないため、給付金の対象外となる恐れがあります。妊娠を希望している場合、転職のタイミングも考慮が必要です。また、「出産育児一時金」（P.82）は転職直後でも受け取ることが可能です。

12カ月以上あることです。* パートタイマーや契約社員なども雇用保険の被保険者で一定の条件を満たせば受給することができます。

給付金は非課税で、所得税や住民税の対象外です。さらに、育休中の**社会保険料も免除**されます。

もちろんパパにも給付

育児休業は、男女を問わず取得できます。**男性でも育休中は休業給付金を受け取ること**ができます。また、たとえ配偶者が専業主ふであっても、育休は取得可能です。

男性の育休取得率が約6%の現状をふまえ、より育休を取りやすくするよう「分割して複数回取得」「労使協定が締結していれば休業中に就業してもよい」などの制度改正も予定されています。

「雇用保険」ってなんだろう
介護休業給付金とは？

最大93日間の給付

家族の介護のために仕事を辞めることがないよう、**一時的に休業できる制度が**「**介護休業**」です。介護が必要な**家族1人につき最大で93日間取得**でき、休業中は雇用保険から介護休業給付金が給付されます。

受給条件は、休業開始前の2年の間に、1カ月に11日働いていた月が12カ月以上あること。* パートタイマーや契約社員なども、雇用保険の被保険者で一定の条件を満たせば受給することができます。

なお、**育休と同じく給付金は非課**

＊11日以上の月が12カ月ない場合、労働時間が80時間以上の月を1カ月として算定。

介護休業のとり方

対象家族1人につき93日間までの介護休業を取得できます。つまり、父親の介護に93日、母親の介護に93日というように、利用できます。連続で93日休業してもいいのですが、3回を上限に分割取得も可能です。

<例>

●連続して取るとき

勤務	介護休業	勤務
	←93日間→	

●分割して取るとき

勤務	介護休業	勤務	介護休業
	←31日間→		←31日間→

税で、所得税や住民税の対象外です。雇用保険料も発生しません。

育児休業の場合、健康保険料や厚生年金保険料が免除されますが、**介護休業は日数が短いことから免除されず**、休業中も払わなければなりません。

仕事との両立を支援

「育児・介護休業法」では、介護休業だけにとらわれず、さまざまな措置を事業主（会社）に義務づけています。例えば、**短時間勤務制度やフレックスタイム制度など勤務時間に柔軟性を持たせること**、該当する従業員の時間外労働や深夜労働の制限などです。

こうした制度と介護休業給付金を利用することで、介護離職する人が減ることを目指しています。

介護休業の対象家族

介護休業は、要介護状態の家族の介護をするためにあります。その家族とは、次のような人たちです。

- 配偶者（事実婚も含む）
- 父母（養父母も含む）
- 子（養子も含む）
- 配偶者の父母
- 祖父母
- 兄弟姉妹
- 孫

memo

「要介護」状態って？

病気やケガ、または身体上もしくは精神上の障害により、2週間以上にわたり常時介護を必要とする状態です。常時介護とは、歩行、排泄、食事などの日常生活に必要な便宜を供与することを指します。

給付額と振り込み時期

介護休業給付金は、介護休業を開始したときの給与の67％です。93日取得した場合は、給与日額の67％の金額が93日分支給されます。手続きは、事業主（会社）が行います。

給付時期は、介護休業期間が終了した後になります。終了後に事業主がハローワークに申請し、その後、本人に振り込まれます。

介護を理由に離職した人は
年間約10万人

1位　50代女性
2位　60代以上の女性
3位　40代女性

出典：「雇用動向調査 2019年」（厚生労働省）を編集して作成　厚生労働省

現在、祖父母や親、きょうだいの介護を担う10代や20代のヤングケアラーも問題になっています。介護のために定職につけない、学校に行けない、学業に集中できないと、若い世代の大きな負担となっています。

Chap.2

「控除」について

労災ってなんだろう？

「労災保険」ってなんだろう

主な労災保険給付

給付の名称　同じ給付でも、業務災害の場合は「補償」という言葉を入れて「〇〇補償給付」と呼び、通勤災害の場合は「〇〇給付」と呼んでいます。

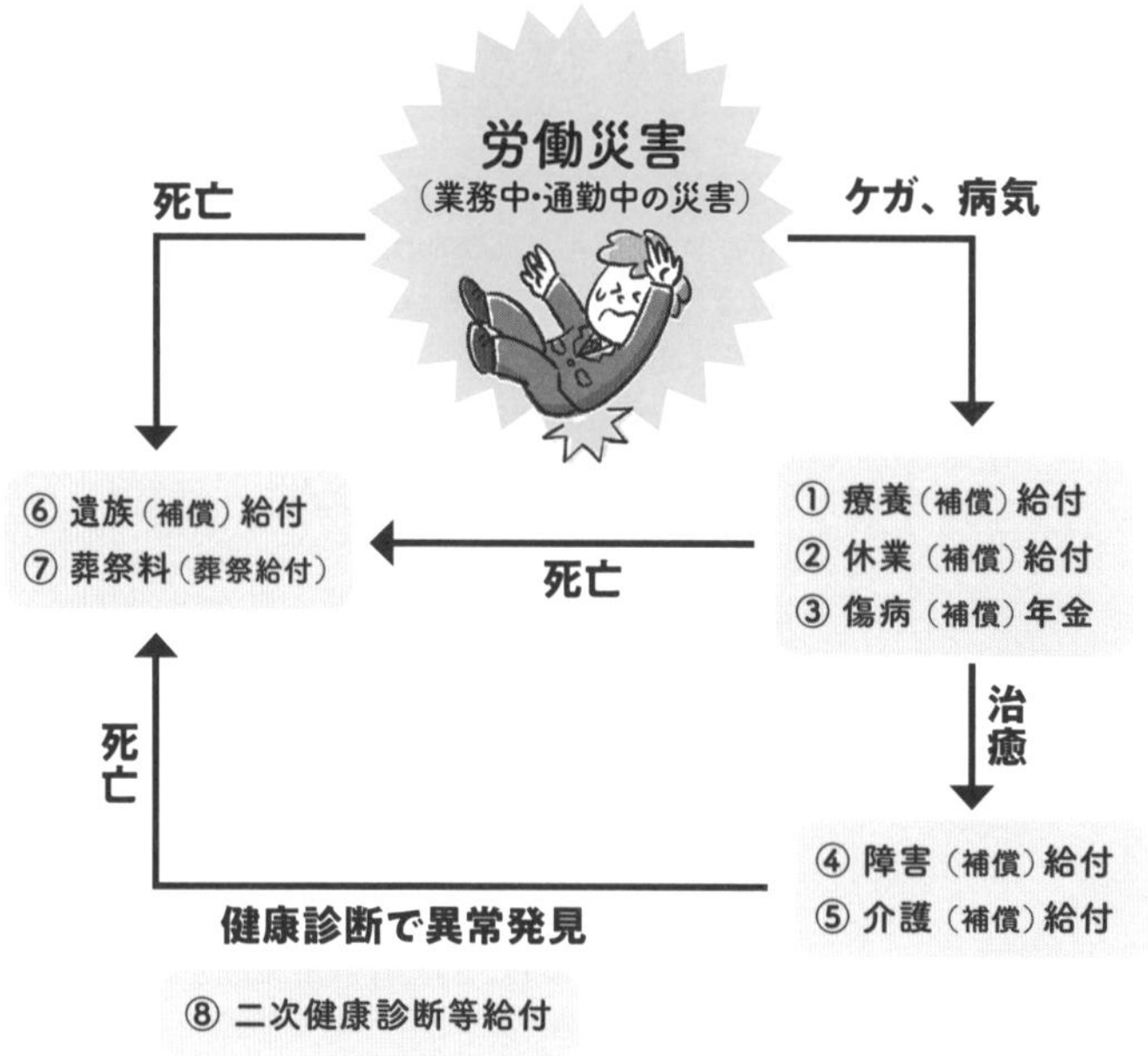

出典：厚生労働省・都道府県労働局・労働基準監督署『労災保険給付の概要』より引用・一部改変

仕事や通勤での傷病（しょうびょう）を補償

働く人が仕事中（業務中）や通勤中にケガや病気をしたり、障害をおったり、死亡したりすることを「**労働災害**」（**労災**）と呼びます。労災保険は労災の**被害者を補償する制度**で、正式名称は「労働者災害補償保険」といいます。

労働者を1人でも雇用している事業所は、必ず労災保険に加入しなければなりません。正社員だけでなく、契約社員やパート、アルバイトなども対象になります。**保険料は全額事業主が負担**し、労働者からの徴

労災保険給付の内容

ケガや病気の治療費	仕事ができず賃金が受けられない
⇩	⇩
無料	**給付金**

① 療養（補償）給付

労災による傷病の治療を受けたときの給付。

給付内容 労災病院や労災指定医療機関にかかったときの治療費は無料（労災保険から支払われる）。それ以外の医療機関にかかったときは、いったん本人が支払い、あとから全額支給してもらう。

② 休業（補償）給付

労災による傷病の療養のため賃金を得られないときの給付。

給付内容 休業4日目から、休業1日につき給付基礎日額*の60％相当額。さらに「特別支給金」として休業4日目から、休業1日につき給付基礎日額の20％相当額。

＊給付基礎日額とは、労災発生日等の直前3カ月の給与の総額（賞与は除く）をその期間の日数で割ったもの。

③ 傷病（補償）年金

1年6カ月たっても治癒しない場合や、所定の障害が残った場合に年金を給付。

④ 障害（補償）給付

治癒したものの所定の障害が残った場合に年金や一時金を給付。

⑤ 介護（補償）給付

障害（補償）年金または傷病（補償）年金受給者のうち一定の障害で介護を受けているときに給付。

⑥ 遺族（補償）給付

労災によって死亡したときに、遺族などに年金や一時金を給付。

⑦ 葬祭料（葬祭給付）

死亡した人の葬祭を行うときに給付。

⑧ 二次健康診断等給付

定期健康診断（一次）で所定の異常が発見された場合に、二次健康診断や特定保健指導の費用を給付。

収はありません。そのため、**給料明細に労災保険の欄はないのです。**

労災は健康保険の適用外

労災によるケガや病気の治療には、健康保険は使えません。業務中や通勤中におったケガや病気は労災保険、私的なケガや病気は健康保険と、ハッキリと役割分担されているためです。

労災保険では、「**療養**（補償）**給付」によって治療費は無料、もしくは後から全額戻ってきます。**ただし、入院時に個室を希望すると差額ベッド代は健康保険と同様に全額自己負担になります。

労災なのにうっかり健康保険を使ってしまった場合は、すぐに病院に申し出れば、労災保険に切り替えてもらうことができます。

労災はどうやって認められるの？

「労災保険」ってなんだろう

給付手続きの流れ

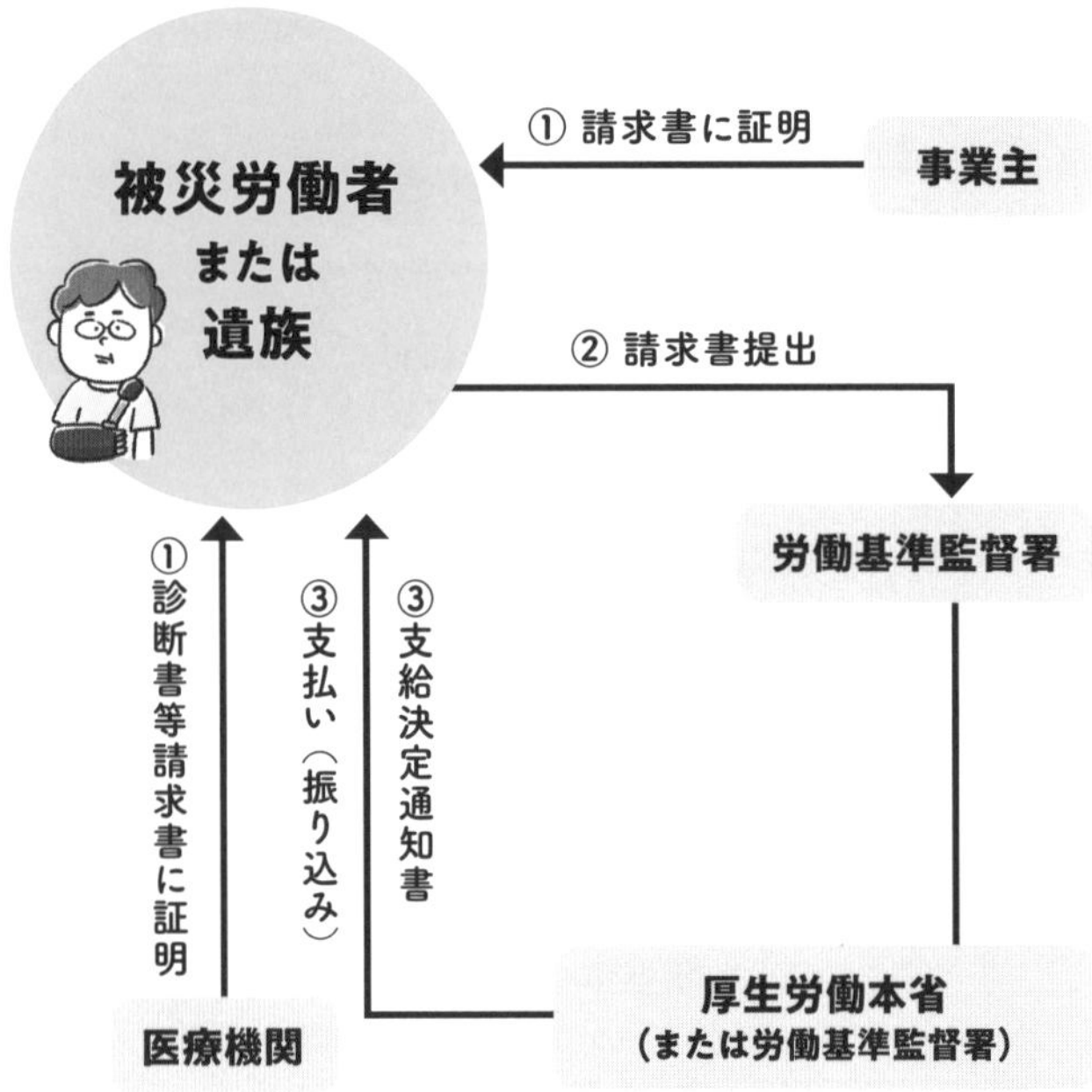

出典：厚生労働省・都道府県労働局・労働基準監督署『労災保険給付の概要』より引用・一部改変

労災給付は本人が申請

労災の給付業務を行っている機関は、**国の労働基準監督署**（労基署）です。労基署は「**労働基準法**」などの法律に基づき、企業がそれを守っているか監督しています。職場でのハラスメントなどの相談や対応も行っているので、存在を覚えておくといいでしょう。

労災給付を受けるためには、**本人が所定の「給付請求書」に必要事項を記入**し、事業主（会社）や医療機関に署名してもらい、勤務先を所管する労基署に提出しなければなり

「通勤」災害の認定ポイント

○ 認められる可能性が高い

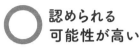

- 通勤のため駅へ向かう途中で交通事故にあった
- 日用品を購入するため通勤途中にあるコンビニに寄ってケガ
- 退社後に医療機関を受診し、その帰りにケガ
- 列車事故のため振替路線を利用して会社へ向かっていたときにケガ

× 認められない可能性が高い

- 友人宅から出勤中にケガ
- 退社後にコンサートに行き、その帰りにケガ

「業務」災害の認定ポイント

○ 認められる可能性が高い

- 出張で仕事中にケガ
- 業務中にトイレで備品が壊れてケガ
- 同僚の不注意でケガ
- 在宅勤務中に資料をとろうとして転倒してケガ
- 過重労働が続き、脳疾患を発症
- 屋外作業中に熱中症

× 認められない可能性が高い

- 会社内で私的行為を行っていてケガ
- 休憩中のスポーツでケガ
- 在宅勤務中に家事をしているときにケガ

ません。

ただし、労災病院や労災指定の医療機関で治療を受ける場合は、給付請求書は病院に提出し、病院から労基署に送ってもらいます。

労災にあたるかチェック

給付請求書を受け取った労基署は、**労災の原因や発生状況、傷病の状態などをチェックして、労災と認定するかどうか審査**します。

業務中の業務災害と、通勤途中の通勤災害では確認するポイントが異なります。**業務災害の場合は、業務と傷病に因果関係**があるかどうかがポイントです。

通勤災害の場合は、自宅から職場へ向かう**合理的なルートと移動方法**であるか、「通勤の範囲」であるかがチェックされます。

そもそも税金ってなんだろう

税とはいったい何者？

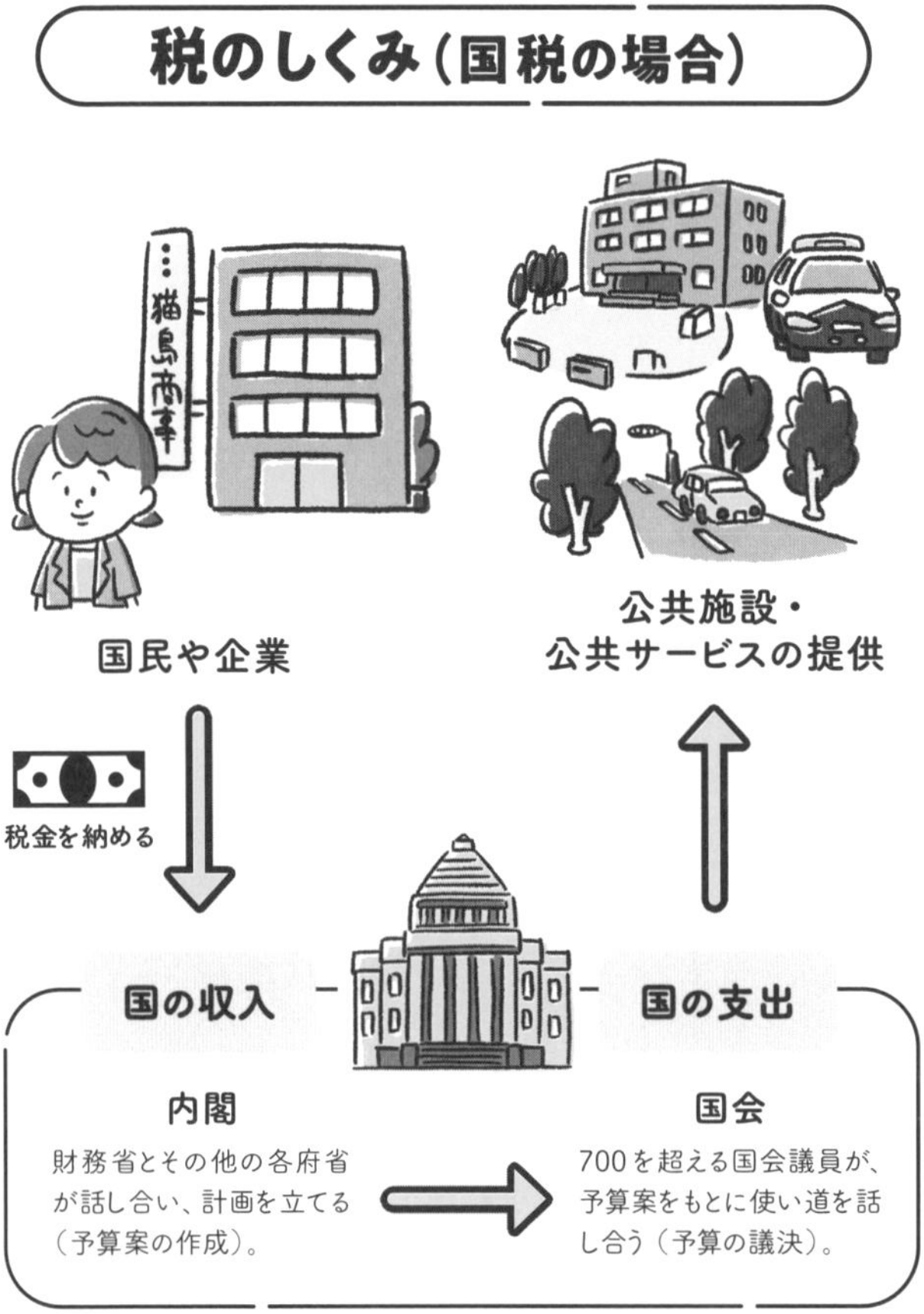
税のしくみ（国税の場合）
猫島商事
国民や企業
税金を納める
公共施設・
公共サービスの提供
国の収入
国の支出
内閣
財務省とその他の各府省が話し合い、計画を立てる（予算案の作成）。
国会
700を超える国会議員が、予算案をもとに使い道を話し合う（予算の議決）。

私たちの暮らしを支える税金

日本に暮らす私たち一人ひとりが健康で文化的な生活を送るために、国や都道府県などは個人や民間の一企業ではできないようなさまざまな仕事をしています。**公共施設や公共サービスの提供**など、これらを実行するには多額のお金がかかります。**その財源となるのが税金です。**税金は、私たちがこの社会で生活していくために、みんなで負担して出し合う「**会費**」ともいえるでしょう。

2つの税の納め方

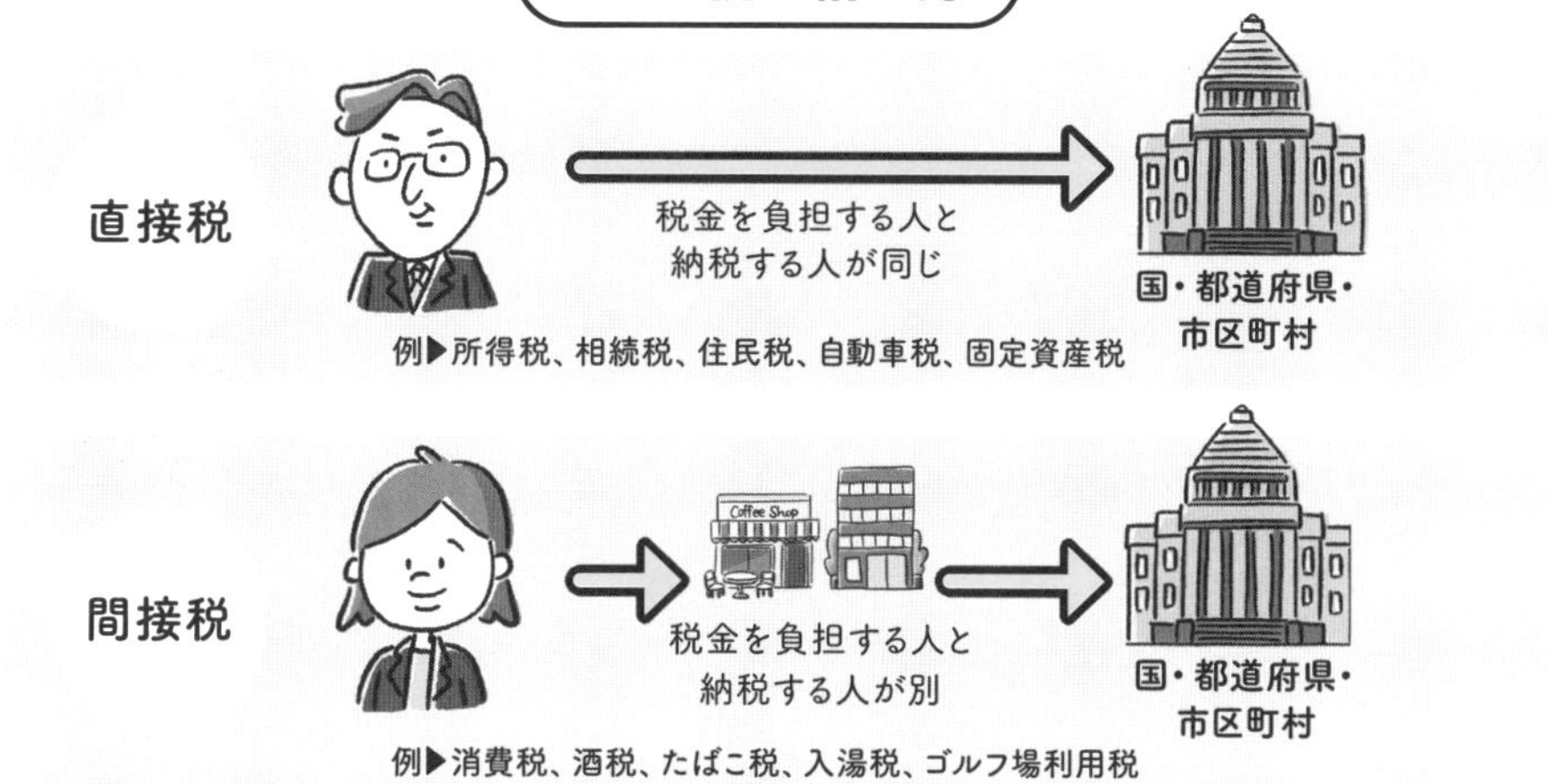

税の公平性

納めた税金のおかげで、私たちは道路や水道が整備された町に暮らし、警察や消防が安全を守ってくれ、教育を受けたり、医療や年金といった暮らしの保障を受けたりすることができるのです。

公平に集めるために

日本には50種類以上もの税がありますが、納め方により大きく2つにわけることができます。1つは国**や都道府県などに直接支払う「直接税」**。もう1つは**お店や企業を通じて、国や都道府県などに間接的に支払う「間接税」**です。

給与明細に記載されている所得税や住民税といった税金は、直接税にあたります。**広く公平に税を負担するために**、この2つの納税方法が混在しているのです。

暮らしの中の税

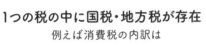

そもそも税金ってなんだろう

2022年度の予算

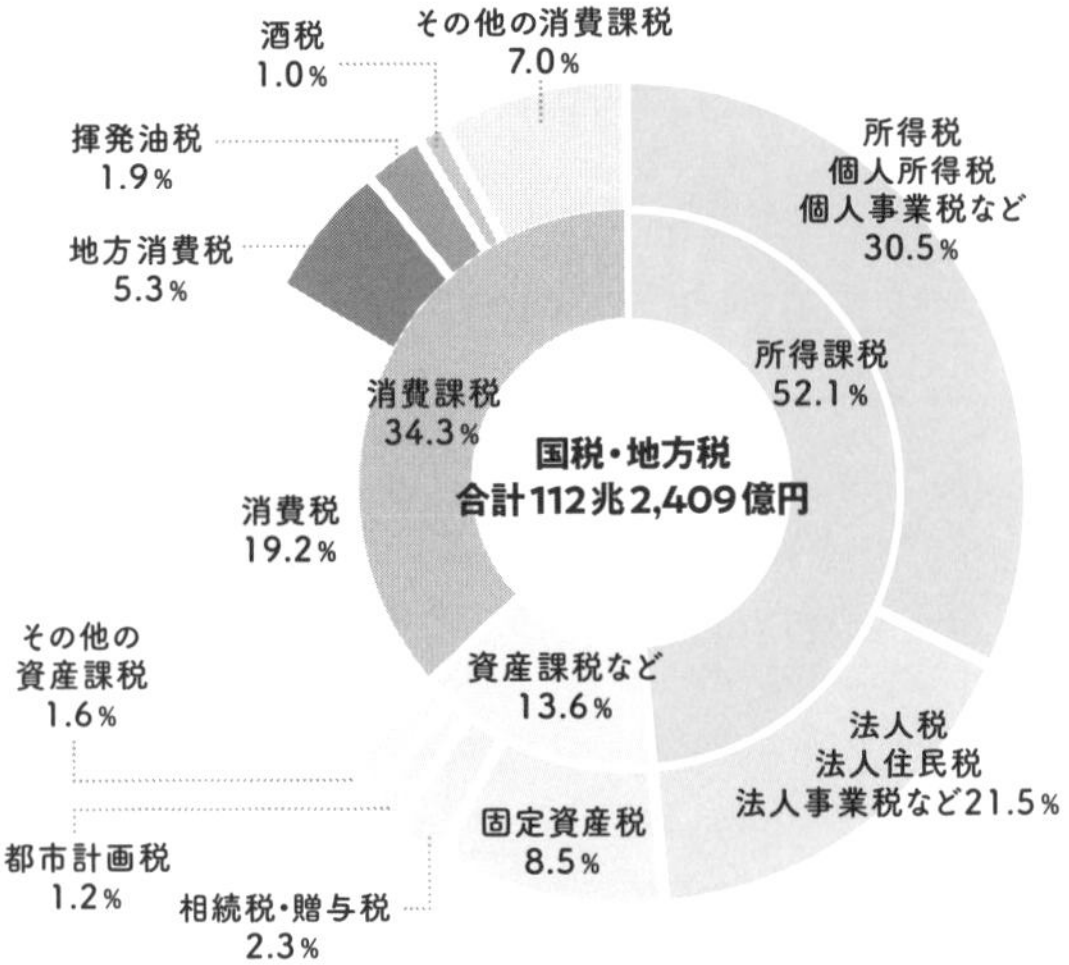

出典：財務省ウェブサイト（税の種類に関する資料 国税・地方税の税目・内訳）

1つの税の中に国税・地方税が存在

例えば消費税の内訳は

国税
7.8%
＋

地方税（都道府県）
2.2%

一番身近な消費税

日本には、現在約50種類の税金があります。中でも身近な税というと、やはり**消費税**が一番に思いつくのではないでしょうか。これは、個人の収入にかかわらず、購入するという**消費行動を起こす全ての人が一律に負担する税**です。

私たちが支払った消費税は、商品を購入した企業などを通じて、国に収められる「**国税**」にあたりますが、**実はこの中に地方消費税も含まれています**。国が一度預かった上で、後から各都道府県に分配されるの

日本の税制度

●主な国税

［直接税］

所得税	個人の所得（利益）に対してかかる税金で、毎年、確定申告（会社員は源泉徴収）して納税します。
復興特別所得税	東日本大震災からの復興に必要な財源を確保するための税金で2013年から2037年までの各年分に所得税を納める人は、この税も併せて納税します。
法人税	会社や協同組合などの法人の所得（利益）に対してかかる税金で、決算期ごとに確定申告して納税します。
相続税	相続などにより財産を取得した人にかかる税金で、一定金額以上の財産を相続した人が納税します。
贈与税	贈与により財産をもらった人にかかる税金で、一定金額以上の財産をもらった人が納税します。

［間接税］

消費税	物を買ったりサービスを受けたときにかかる税金で、消費者が負担します（消費税10%のうち7.8%）。
酒税	清酒やビールなどを製造場から出荷したとき、又は輸入したときにかかる税金で、お酒の販売価格に含まれています。
たばこ税 たばこ特別税	たばこを製造場から出荷したとき、又は輸入したときにかかる税金で、たばこの販売価格に含まれています。
揮発油税	石油から製造したガソリンを製造場から出荷したときにかかる税金で、ガソリンの販売価格に含まれています。
自動車重量税	車検を受ける自動車や車両番号の指定を受ける軽自動車にかかります。
関税	外国から輸入した貨物にかかります。
印紙税	契約書や領収書など印紙税法に定められた文書を作成したときに収入印紙を貼って納付します。
国際観光旅客税	日本から海外へ出国する人に、出国１回につき1,000円がかかります。

●主な地方税（都道府県税）

［直接税］

県民税	個人や法人に対し、定額でかかる均等割と、所得などにかかる所得割、法人税割があります。
事業税	事業を営む個人や法人の所得金額や収入金額に対してかかります。
自動車税	自動車を所有している人に毎年かかります。
不動産取得税	土地や建物を取得した人にかかります。
自動車税環境性能割	自動車を取得した人にかかります。

［間接税］

地方消費税	消費税と同様です（消費税10%のうち2.2%）。
県たばこ税	たばこ製造者などが小売販売業者に売り渡したときにかかる税金で、たばこの販売価格に含まれています。
ゴルフ場利用税	ゴルフ場でゴルフをした人にかかります。
軽油引取税	バスやトラックなどの燃料である軽油の引取りをしたときにかかります。

●主な地方税（市町村税）

［直接税］

市町村民税	個人や法人に対して、定額でかかる均等割と、所得などにかかる所得割、法人税割があります。
固定資産税	土地や家屋及び事業に使う機械などを所有している人に毎年かかります。
軽自動車税	バイクや軽自動車などを所有している人に毎年かかります。

［間接税］

市町村たばこ税	たばこ製造者などが小売販売業者に売り渡したときにかかる税金で、たばこの販売価格に含まれています。
入湯税	温泉地の温泉に入浴したときにかかります。

出典：国税庁ホームページ（中学生用・宮城県「私たちの暮らしと税」を編集・加工して制作）

です。上のグラフを見るとわかるように、消費税は国税と地方税の**重要な収入源**です。

税金でわかるお国柄

税制度を見ればその国の個性がわかるというくらい、世界にはユニークな税が存在しています。

例えば**肥満問題が深刻な国では、肥満税**を導入しています。原因となるジャンクフードや炭酸飲料に対して、タイやアメリカ、メキシコやハンガリーが課税しています。

その他に、ドイツの犬税、中国の月餅税、イギリスの渋滞税なども面白いですが、実は日本にも温泉に入るとかかる「**入湯税**」なるものが存在します。また、東日本大震災の復興のため、現在「復興特別所得税」も徴収されています。

Chap.2

「控除」について

そもそも税金ってなんだろう

給与から引かれる2つの税金

所得税と住民税の読み方

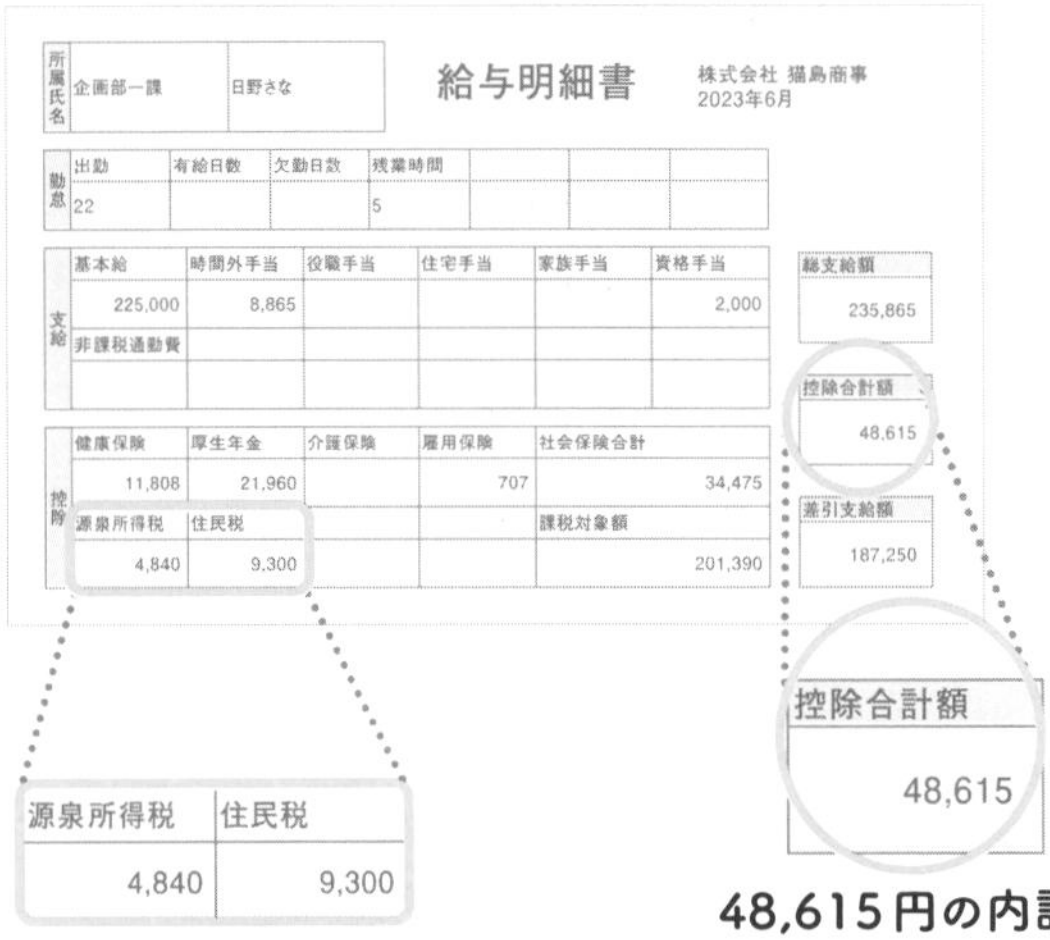

給与明細に登場する税金は
この2つだけ！

48,615円の内訳
社会保険料 ▶34,475円
税金 ▶14,140円
（源泉所得税＋住民税）

給与明細に記載されている税額は

源泉所得税・・・毎月の収入ベースで計算

住民税・・・・・・前年ベースを12分割で支払い

控除される税金は意外と少ない

毎月の給与から引かれる税金は、所得税と住民税の2つです。よく「天引きされる税金が高すぎる！」といわれますが、給与から引かれている（控除される）ものの中で、**大きな負担に感じているものは実は税金ではなく社会保険料なのです。**毎月支払っている身近な税金にもかかわらず、会社員だと自分で手続きをすることがないので、意識することは少ないかもしれません。

所得税と住民税は、それぞれ個人

2つの税金何が違うの？

源泉所得税	税金に質問!	住民税
所得税 給与から引かれるものは源泉所得税と呼ぶ	正式名称は？	都道府県民税と市区町村民税2つを合わせた総称が「住民税」
「国」に納める国税なので税務署	どこに納めますか？	「地方」に納める地方税なので市区町村（都道府県）
今年の1月～12月の所得に対して	何に対してかかりますか？	昨年の1月～12月の所得に対して
社会保障（医療や年金）と借金返済が6割	どんなことに使われますか？	高齢者や子育て支援、社会福祉がもっとも多く、続いて町や道路の整備、教育や学校など
累進課税制度 収入が多い人により高い割合が課せられる	税率はどうやってきまりますか？	一律10％ 内訳は市区町村に6％、都道府県に4％

の1年間の所得に応じてかかる税金です。一定の収入があれば、たとえ赤ちゃんでもこれらの税金が発生します。

納める先が違う2つの税金

1年間の所得に対して計算する所得税と住民税は、似ているようで全く異なるタイプの税金です。まず、この2つの税金は納める先が異なります。**所得税は「国税」のため国に**、**住民税は「地方税」のため市区町村**に納めます。

さらに、1年をカウントする期間が異なります。所得税はその年の1月から12月までが対象なのに対し、住民税は前年の1月から12月までが対象です。64ページで紹介した**社会保険料の計算方法と異なる**ため、後ほど解説しましょう。

Chap.2

「控除」について

所得税ってなに？

「源泉所得税」ってなんだろう

所得税ってどんな税金？

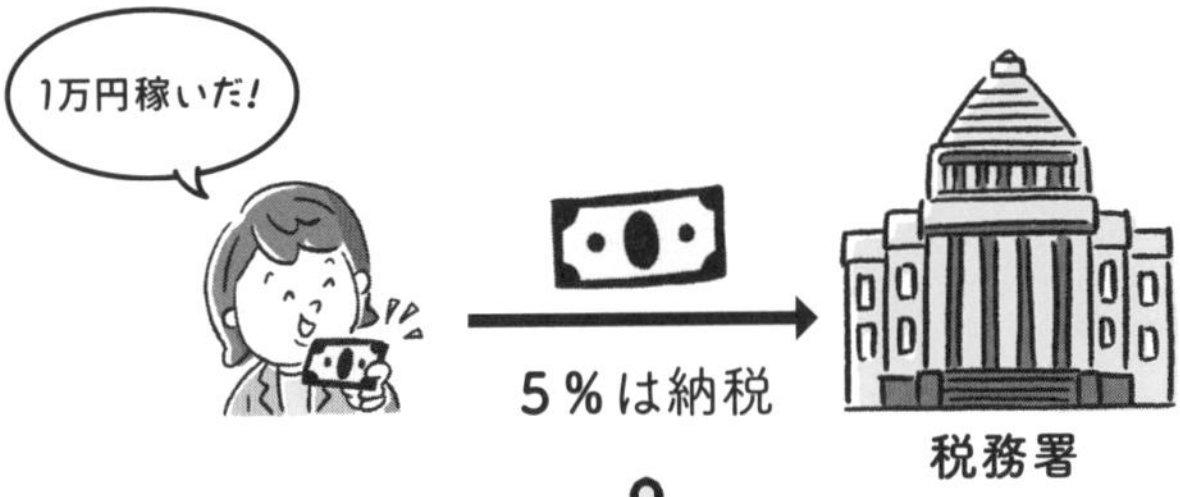

この税率は、1月1日～12月31日までの
1年間の所得の合計により変わる

所得税の2つの納め方

申告納税制度
お金を稼いだ本人が、その年の所得金額とそれに対する税額を自分で計算し、自主的に申告して納税すること。

源泉徴収制度
給与、利子、配当、一定の報酬などを支払う人が、支払い時にあらかじめ所得税額を天引きし、国に納税すること。

稼いだお金にかかる税

所得税は、**会社からもらう給与や自分で物を売ったりして稼いだ所得（利益）に対してかかる税金**です。一定の所得があれば、老若男女問わず税金を納める義務があります。

所得税というと、難しい漢字とわけのわからない数字が並ぶ難しいものと敬遠されがちですが、深く知れば面白いポイント、そういうことか！と思わず声をあげたくなること、また知っているとお金が戻ってきたりする豆知識もありますので、どうか本を閉じずに一緒に理解

所得の10種類の区分

1	利子所得	預貯金や公社債の利子、投資信託（公社債投資信託や公募公社債等運用投資信託）の収益の分配に係る所得。	源泉徴収
2	配当所得	株式の配当、証券投資信託の収益の分配などに係る所得。	源泉徴収
3	不動産所得	土地や建物などの不動産の権利、船舶、航空機などの貸付けによる所得。	申告納税
4	事業所得	農業、漁業、製造業、卸売り業、小売業、サービス業など事業から生じる所得。	申告納税
5	給与所得	勤務先から受け取る給与、賞与など。	源泉徴収
6	退職所得	退職により勤務先から受け取る退職手当や、厚生年金基金など退職により受け取る一時金などの所得。	源泉徴収
7	山林所得	山林を伐採して譲渡したり、立木のまま譲渡することで生じる所得。	申告納税
8	譲渡所得	土地、建物、ゴルフ会員権などの資産を売ることによって得た所得。	申告納税*
9	一時所得	懸賞や福引の賞金品、競馬などの払戻金。生命保険の満期保険金（一時金）などの所得。	一部源泉徴収
10	雑所得	公的年金、原稿料や印税、講演料などの上記9つに該当しない所得。	一部源泉徴収

＊ 株の中には源泉徴収があるものもあります。

個人が儲けたお金に対する税金 ▶ 所得税
法人が儲けたお金に対する税金 ▶ 法人税と呼びます

していきましょう。

2つの所得税の納め方

日本の所得税は、自己申告制です。1年間の所得金額に対して、**自分で所得税を計算し、自主的に申告して支払う**しくみを「**申告納税制度**」といいます。

しかし、会社員として働いていると、会社の経理部が毎月の給与に対して計算してくれ、何も言わなくても**給与から天引きして代わりに納めてくれます**。これを「**源泉徴収制度**」といいます。会社員の給与や退職金は源泉徴収ですが、必要があれば自分で申告することもできます。給与所得以外に上のような所得が発生したときは、申告が必要なこともあるということを覚えておきましょう。

所得税ってどうやって決まるの？

「源泉所得税」ってなんだろう

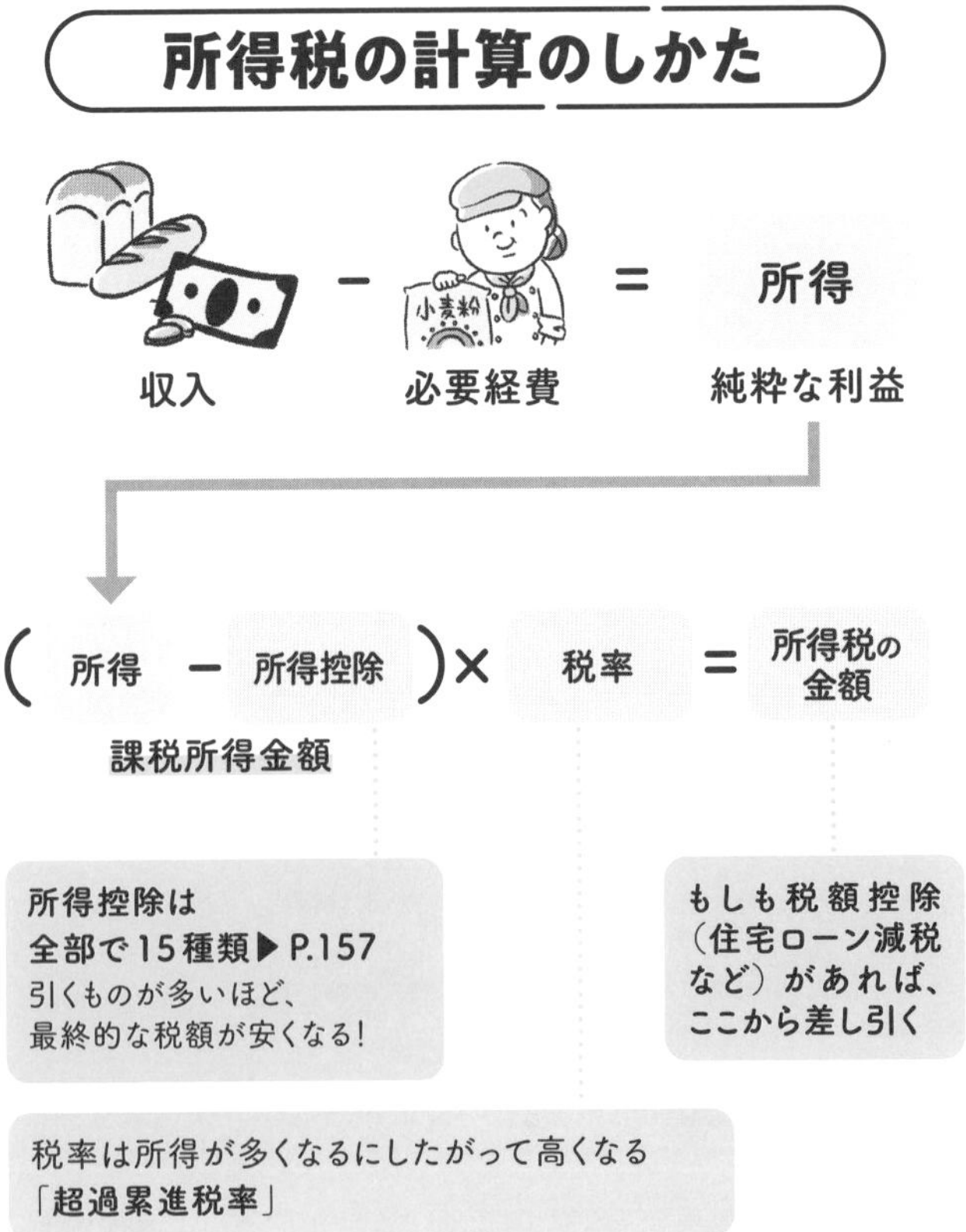

1年間の収入から所得を計算

所得税は**今年の1月1日～12月31日までの収入**をベースに計算します。とはいっても、全ての収入に税金がかかるわけではありません。例えば、パンを売ってお金を得たとしても、そこからパンを作るための小麦粉や卵などの材料代、パンを作った人の人件費、お店の賃料や広告宣伝費といったさまざまな費用を支払わなくてはいけません。これを**「必要経費」**と呼び、**収入から経費を引いた額**が、所得税を計算する

所得税の税率

次のような5％～45％の7段階に区分されます。

課税される所得金額	税率	控除額
1,000円から1,949,000円まで	5%	0円
1,950,000円から3,299,000円まで	10%	97,500円
3,300,000円から6,949,000円まで	20%	427,500円
6,950,000円から8,999,000円まで	23%	636,000円
9,000,000円から17,999,000円まで	33%	1,536,000円
18,000,000円から39,999,000円まで	40%	2,796,000円
40,000,000円以上	45%	4,796,000円

出典：国税庁ホームページ（No.2260　所得税の税率）

「税額控除」がある場合はさらに安く

税額控除の項目にあてはまるものがあると、
所得税額からダイレクトに差し引く（減額）ことが可能です。

【税額控除の一例】

- 配当控除
- 外国税額控除
- 政党寄附金特別控除
- 住宅ローン減税（P.172）
  →住宅ローンを組んだとき
- 住宅耐震改修特別控除
  →1981年5月以前に建てられた家を、耐震工事したとき
- 住宅特定改修特別税額控除
  →自宅をバリアフリーや省エネのためにリフォームしたとき

課税所得金額 × 税率 － 税額控除 ＝ 所得税の金額

もとになる「所得」となります。

所得控除が多いほど所得税はお得に

さらに、一定の要件に当てはまるものは所得から差し引いていいという決まりがあります。これを**「所得控除」**といい、簡単にいえば、個人は「所得」で1年間生活しなければならないので、その**生活費相当を所得から差し引くというしくみ**です。納税者の家族構成、支払っている医療費や民間保険など、個人的な事情を考慮した15種類の所得控除があります（P.157）。

所得金額から所得控除を差し引いた（控除した）額を「**課税所得金額**」といいます。この金額に対して、**定められた税額をかけることで、所得税額を導き出す**ことができます。

Chap.2

「控除」について

「源泉所得税」ってなんだろう 確定申告は所得税の手続き

確定申告のスケジュール

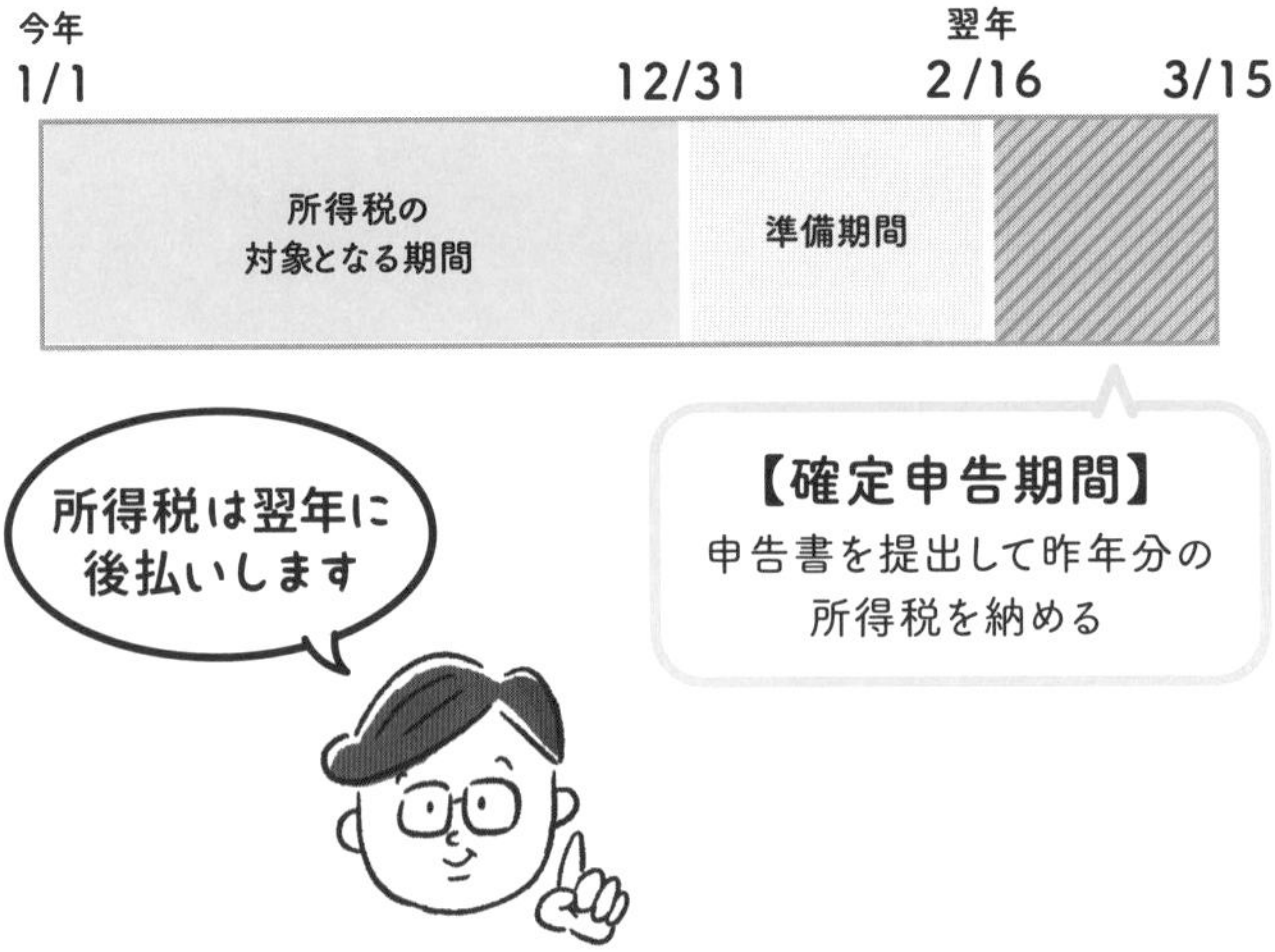

納めるだけじゃない！
お金が戻ってくるケースも

1年間の所得税を計算すると、源泉徴収で先に納めていた所得税が払い過ぎているという場合もあります。その場合は、還付申告でお金を還してもらいます。
申告期間は翌年1月1日から5年間です。申告から1〜2カ月後に指定した口座にお金が振り込まれます。

申告は1カ月が勝負

「確定申告」という言葉は、社会人になれば誰でも一度は耳にしたことがあるでしょう。確定申告とは、**1年間の所得から所得税を計算して、それを納める手続き**のことを示します。1月1日〜12月31日の1年間に得た収入から納付すべき所得税を算出し、**翌年の2月16日〜3月15日までの1カ月の内に申告書を提出して、所得税を支払わなくてはいけません。**

全ての人に支払いが発生するわけではありません。源泉徴収などで

確定申告書の記入用紙

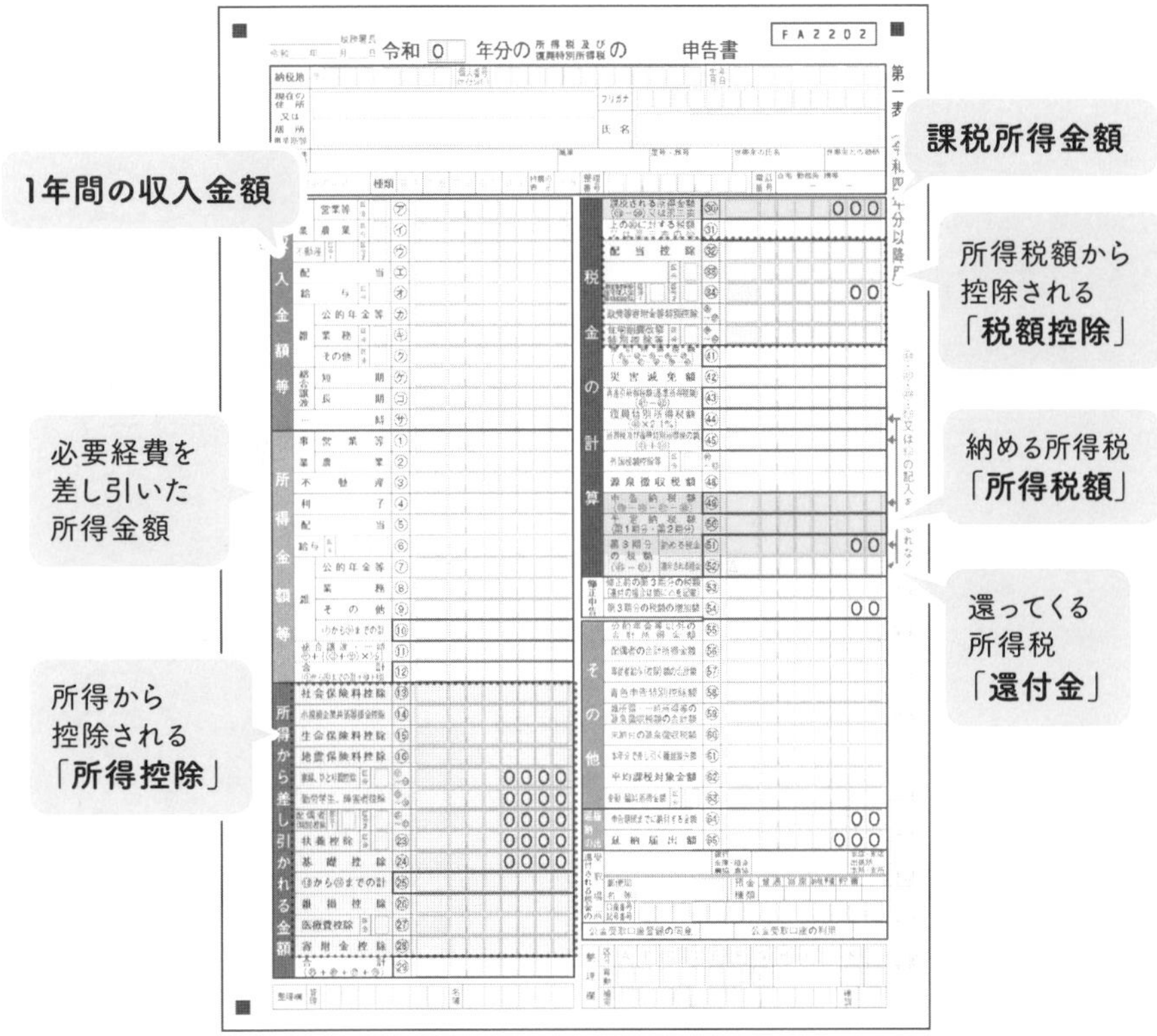

事前に引かれ、**支払い過ぎていた所得税を還してもらう**ケースもあります。お金を還してもらう手続きを**「還付申告」**といい、翌年1月1日から5年間申告可能です。

確定申告はスマホからも可能

確定申告は自分で行うことも可能ですが、難しくてわからないときは、**税務署や税理士に相談**するか、もしくは税理士に全て委託してしまうのも1つの手です。

申告書は**窓口に直接提出**する他、**郵送やインターネット経由でパソコンやスマホから提出**[*]することもできます。また、納付方法も窓口で現金を納める他に、インターネット経由、銀行振替やクレジットカード、コンビニでも納付可能です。

＊国税電子申告・納税システム「e-Tax」

「源泉所得税」ってなんだろう
会社員の所得税ってどうなってるの？

「源泉所得税」の読み方

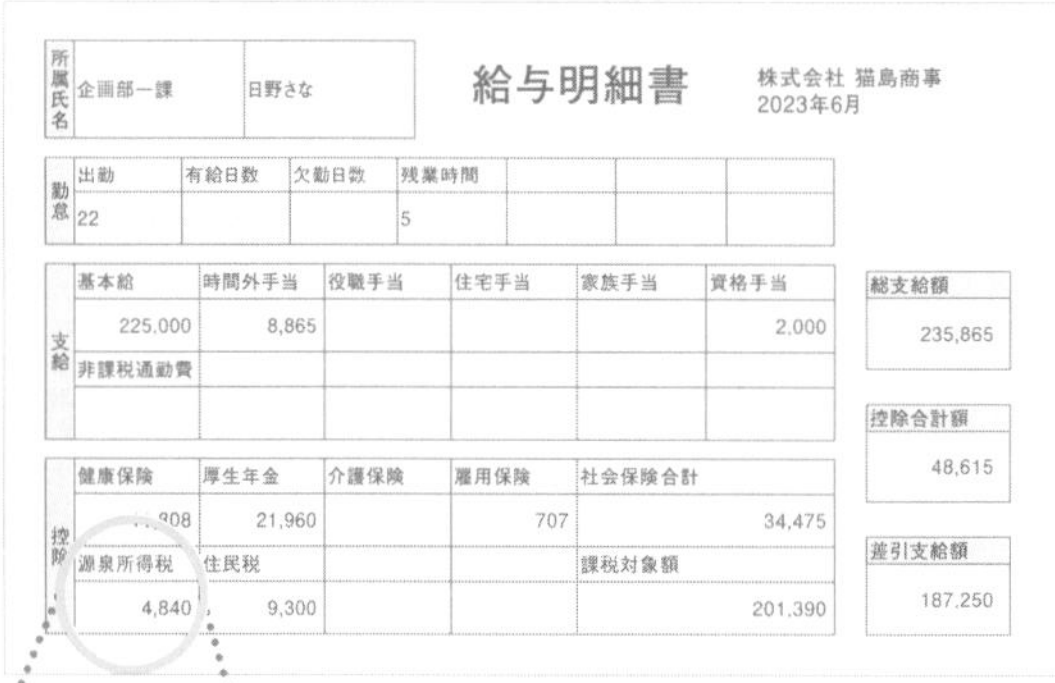

所属氏名	企画部一課	日野さな	給与明細書	株式会社 猫島商事 2023年6月

勤怠	出勤	有給日数	欠勤日数	残業時間			
	22			5			

支給	基本給	時間外手当	役職手当	住宅手当	家族手当	資格手当
	225,000	8,865				2,000
	非課税通勤費					

控除	健康保険	厚生年金	介護保険	雇用保険	社会保険合計	
	[illegible]808	21,960		707		34,475
	源泉所得税	住民税			課税対象額	
	4,840	9,300				201,390

総支給額
235,865
控除合計額
48,615
差引支給額
187,250

毎月の給与に対して仮計算した金額。
算出方法は左ページをチェック。

総支給額－社会保険合計額 ＝ **課税対象額**

課税対象額とは税金（所得税と住民税）を計算するための金額！

交通費に「非課税」とついているのは、税金の計算時に課税対象外ということです！
非課税の手当は総支給額から除外されます

会社員は所得税を前払い

1月1日〜12月31日の1年間の所得から計算した所得税を翌年2月16日〜3月15日に支払うのが「確定申告」です。では、会社員の場合どうなっているのでしょうか。

所得税は翌年に後払いするということは、給与明細に記載され毎月引かれているお金は、昨年の所得税を12分割したもの？と思うかもしれません。いいえ、**毎月引かれているお金は今年の所得税です。**

給与を受け取る会社員の場合、**その月の給与に対する所得税を仮計**

毎月の所得税の決め方

国税庁が公開している「源泉徴収税額表」に今月の課税対象額を照らしあわせて算出します。

2023年分　源泉徴収税額表（一部抜粋）

その月の社会保険料など控除後の給与などの金額		扶養親族などの数					
		0人	1人	2人	3人	4人	5人
以上	未満	税額					
171,000	173,000	3,770	2,140	530	0	0	0
181,000	183,000	4,120	2,500	890	0	0	0
187,000	189,000	4,340	2,720	1,100	0	0	0
189,000	191,000	4,410	2,790	1,170	0	0	0
191,000	193,000	4,480	2,860	1,250	0	0	0
201,000	203,000	4,840	3,220	1,600	0	0	0
203,000	205,000	4,910	3,290	1,670	0	0	0
205,000	207,000	4,980	3,360	1,750	130	0	0
207,000	209,000	5,050	3,430	1,820	200	0	0
209,000	211,000	5,130	3,500	1,890	280	0	0
211,000	213,000	5,200	3,570	1,960	350	0	0
213,000	215,000	5,270	3,640	2,030	420	0	0
215,000	217,000	5,340	3,720	2,100	490	0	0
217,000	219,000	5,410	3,790	2,170	560	0	0
219,000	221,000	5,480	3,860	2,250	630	0	0

出典：国税庁ホームページ（2023年分　源泉徴収税額表）

算し、毎月の給与から前払いしているのです。これを「**源泉徴収**」といいます。そのため、給与明細に記載されている所得税を、「**源泉所得税***」ともいうのです。

年末調整で帳尻あわせ

仮計算で毎月引かれている所得税は、**実際の所得税と異なるケースも多々あります**。それなら、多く支払い過ぎた場合はどうするの?!と思うかもしれませんが、慌てなくて大丈夫です。この**帳尻あわせを行うのが12月に登場する「年末調整」です**（P.154）。会社が「年末調整」で調整計算をした結果、還付があれば12月もしくは1月の給与に上乗せして振り込まれています。**年末調整は確定申告と同じ意味を**持つものなのです。

＊給与明細の書式は企業によるため、「所得税」と記載されている場合もあります。

「源泉所得税」ってなんだろう 年末調整ってなに？

源泉所得税は誤差が発生する

の場合

毎月の残業代により変動

毎月引かれる源泉所得税

1月	2月	3月	4月	5月	6月	7月
4,700	4,910	5,560	4,840	4,700	4,840	4,770

8月	9月	10月	11月	12月	夏の賞与	冬の賞与
4,630	5,270	5,340	4,980	5,130	11,804	19,673

前払いした所得税の合計額 **91,147円**

↕

年末調整で算出した正しい金額 **78,600円**

⇩

12,547円も多く支払い過ぎている！

この差額を計算するのが
年末調整です！
年末調整をすれば
確定申告はしなくてもOK

源泉所得税の帳尻合わせ

所得税は1月1日〜12月31日の所得に対して計算し、確定申告で1年分をまとめて納めます。しかし**会社員の場合、毎月の給与に対して計算された所得税が事前に引かれる「源泉徴収制度」**が採用されています。企業は従業員から徴収した源泉所得税を毎月税務署に納付しますが、従業員が10名以下の企業には半年に1度納付する特例もあります。

月々の残業代やインセンティブ*などの手当により**月給に変動があ**

＊ 成績に応じて支払われる報奨金。

個人保険の費用分の税金も還ってくる！

毎月の源泉所得税を仮計算する「源泉徴収税額表」は、
個人が支払っている生命保険や地震保険までは加味していません。そのため、
生命保険や地震保険は、年末調整での調整計算に含みます。

生命保険控除

- 一般の生命保険料
- 介護医療保険料
- 個人年金保険料

▶最大12万円まで控除

地震保険料控除

- 地震保険料
- 長期損害保険料

▶最大5万円まで控除

給与所得者の保険料控除申告書

年末になると記入を求められるこの用紙は、個人で加入している保険の有無を確認するもの。控除の対象となる保険がある場合、加入している保険会社から**10月頃に「保険料控除証明書」が届きます。**年末調整時に必要な書類ですので、大切に保存して時期がきたら会社に提出しましょう。

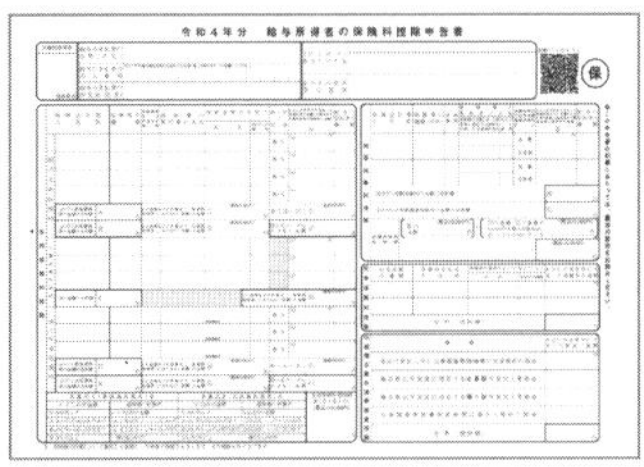

ると、**「源泉徴収税額表」（P・153）の等級も変わります。**この表は目安で作られているため、12月に確定した年間の所得で改めて計算を行うと、**すでに納めている源泉所得税との間に誤差が発生**することがあります。その差額の精算を行うのが**「年末調整」**です。

差額精算だけじゃない

年末調整は月々の差額精算の他に、**個人で加入している生命保険などについても調整計算**を行います。毎月の源泉所得税を計算するとき、公的保険である社会保険料は計算に織り込まれます（P・152）。これと同じように、生命保険や個人年金といった**保険の保険料も所得税を減らす対象になります**ので、年末調整での調整計算に含めます。

Chap.2

「**控除**」について

源泉徴収票ってなに?

「源泉所得税」ってなんだろう

源泉徴収票ってこんなもの

源泉徴収票は給与所得者の「確定申告書」のようなもの

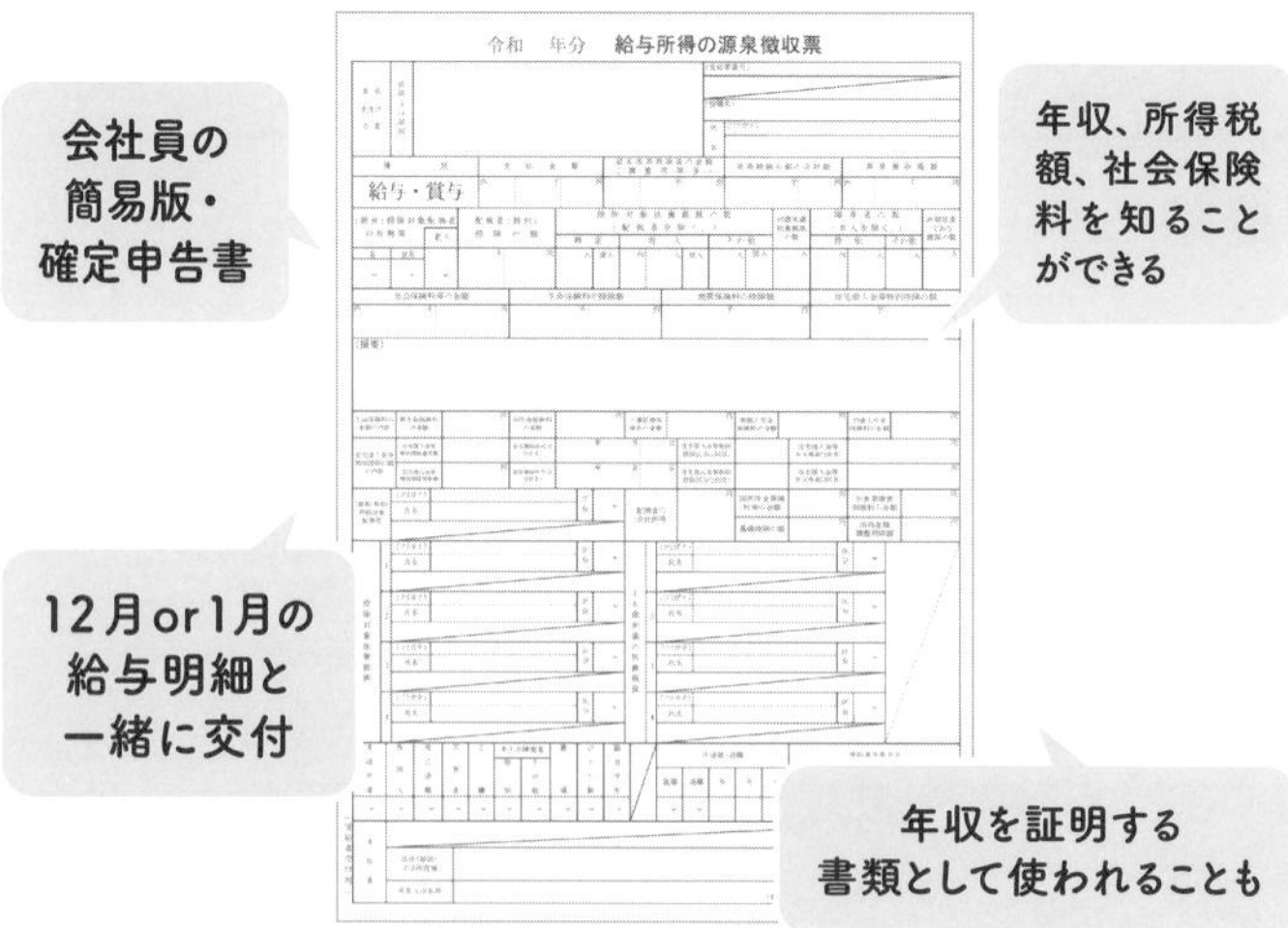

年収、所得税額、社会保険料を知ることができる
12月or1月の給与明細と一緒に交付
年収を証明する書類として使われることも

白黒だから読みにくいけど、何が書いてあるのかわかれば、そんなに難しくないですよ
うぅ……、暗号にしか見えなくて、どこをどう読んだらいいんですか……

年末調整の結果報告

1月1日～12月31日までの1年間の所得税を精算する「年末調整」の計算が終わると、「**源泉徴収票**」が発行されます。これは、**会社員の簡易版・確定申告書のようなもので**す。会社は1人につき4枚発行し、本人と税務署にそれぞれ1枚、市区町村には2枚提出します。[*1]

源泉徴収票には、会社から支払われた**年間の給与額と確定した所得税額**の他に、1年間支払った**社会保険料の合計額**などが記載されています。文字は小さいし、意味のわか

＊1 市区町村に提出する源泉徴収票は「給与支払報告書」とも呼びます。2枚のうち1枚は、都道府県へと提出されます。

15種類の「所得控除」

所得控除には次のようなものがあります。ただし、一部に関しては
年末調整ではなく確定申告が必要となります。

		どんなとき?	
1	雑損控除	災害や盗難により住宅や家財などに損害を受けたとき	確定申告が必要
2	医療費控除	一定額の医療費を支払ったとき	確定申告が必要
3	社会保険料控除	社会保険料を支払ったとき	
4	小規模企業共済等掛金控除	小規模企業共済の掛金を支払ったとき	
5	生命保険料控除	生命保険料を支払ったとき	
6	地震保険料控除	地震保険料を支払ったとき	
7	寄附金控除	国や地方公共団体などの寄付をしたとき	確定申告が必要
8	障害者控除	障害のある人（配偶者や親族を含む）	
9	寡婦控除	夫と死別または離婚した女性*2	
10	ひとり親控除	母子家庭または父子家庭の父母*2	
11	勤労学生控除	収入を得ている学生*2	
12	配偶者控除	年収が103万円以下の配偶者がいるとき*2（給与収入だけの場合）	
13	配偶者特別控除	年収が201.6万円未満の配偶者がいるとき*2（給与収入だけの場合）	
14	扶養控除	扶養している親族がいるとき	
15	基礎控除	全ての人*2	

*2 所得制限あり。

らない数字が並んで、何をどう読めばいいのかわからないと机に仕舞い込んでいる人もいるかと思います。しかし、**働く限り毎年受け取るものですので**、この機会に一緒に解読していきましょう。

所得控除も要チェック

所得税や年末調整のページでも少しお話しした「所得控除」は、源泉徴収票にも登場します。

この所得控除とは、所得税を計算するときに納税者の個人的な事情を考慮して、定められた**15種類の控除に関しては所得額から差し引き（課税対象から除外）、税金の負担を小さくしますよというものです。**所得控除に該当するものがあれば、それだけ納める所得税も少なくなるので、覚えておきましょう。

「源泉所得税」ってなんだろう
「源泉徴収票」の読み方

実際の源泉徴収票に何がどのように記載されているのか解説します。ご自身の源泉徴収票と照らしあわせながら、一緒に読んでみましょう。

A

「支払金額」

会社から支払われた全ての給与。
一般的にいう会社員の「年収」。

えっ！これが
手取りの総額だと
思ってた

B

給与所得控除後の額

A支払金額から「給与所得控除額（会社員の必要経費）」（P.160）を引いた額。「所得金額」とも。

C

所得控除額の合計と所得控除の詳細

年末調整時に所得から差し引いた控除の額。
※医療費控除など確定申告が必要なものは含まれない。
※基礎控除についてはP.161。

控除対象となる配偶者や扶養家族の有無
▶詳しくはP.162 P.163

各種保険料の控除額

1年間の社会保険料の合計額や、年末調整時に提出した生命保険料などが反映。

摘要

その年に転職をしていると、前職分の年末調整ができているかなど記載。

B（給与所得控除額）からC（所得控除額の合計）を引いた金額を使って、所得税を導き出します。

源泉徴収税額

年末調整後に算出された、正確な所得税額。

※年末調整していない場合は、毎月の源泉徴収税額の合計。

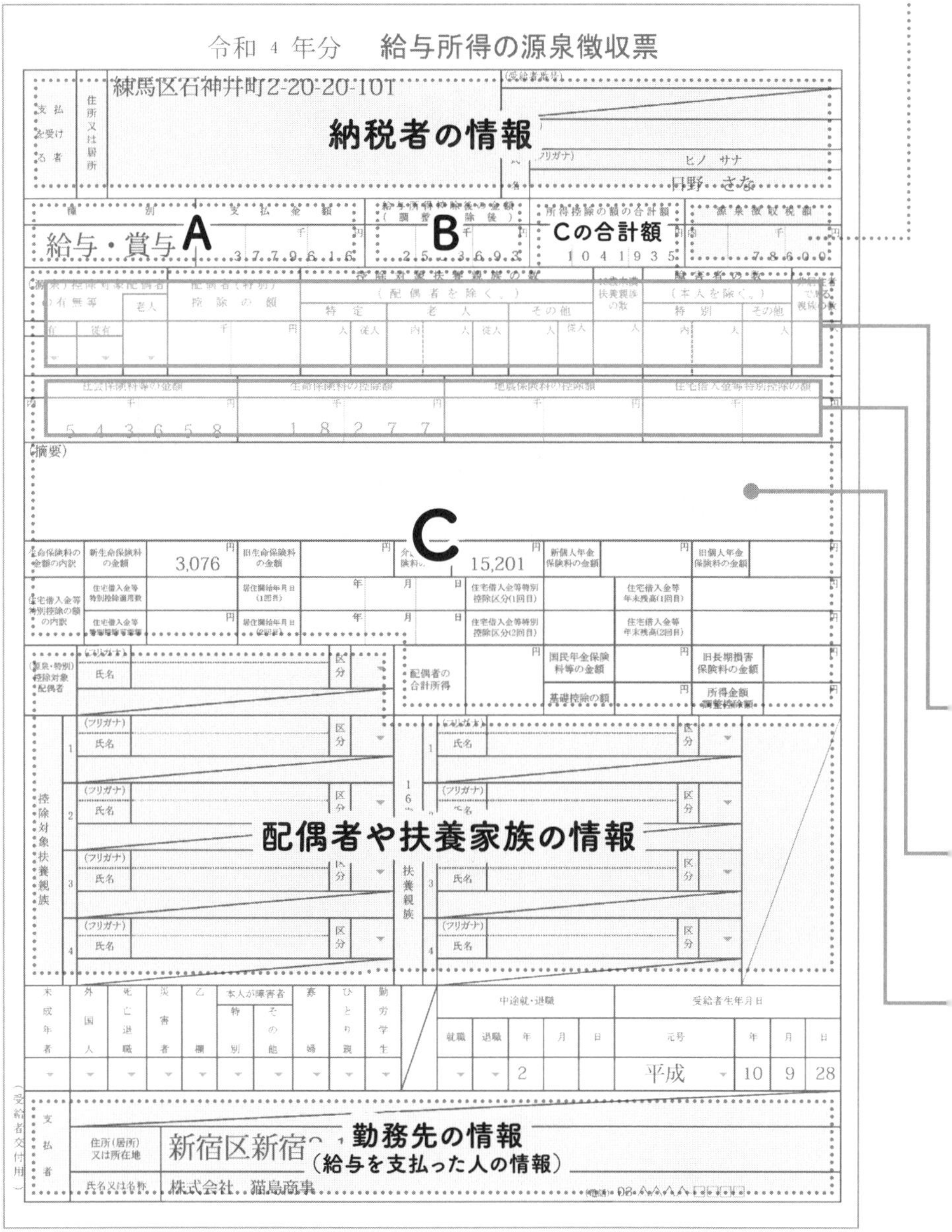

給与所得控除

会社員の必要経費

⇩

所得税の対象額から差し引く

の場合 1,195,923円の控除

最大195万円の控除

給与所得控除の早見表（2020年分以降）

給与などの収入金額 （給与所得の源泉徴収票の支払金額）	給与所得控除額
1,625,000円まで	550,000円
1,625,001円から1,800,000円まで	収入金額×40% -100,000円
1,800,001円から3,600,000円まで	収入金額×30% +80,000円
3,600,001円から6,600,000円まで	収入金額×20% +440,000円
6,600,001円から8,500,000円まで	収入金額×10% +1,100,000円
8,500,001円以上	1,950,000円（上限）

出典：国税庁ホームページ（No.1410　給与所得控除）

会社員の必要経費

たとえばカフェを経営すると想像しましょう。お店を開くにはまずテナントを借りて、椅子やテーブルを準備し、食材を仕入れてお店の宣伝も必要です。これらの費用は、**お店を経営していく上でかかる「必要経費」**と呼びます。自営業者が確定申告で所得税を納めるときは、**収入（売上）から必要経費を差し引いて計算**します。

では、会社員として働いている場合はどうでしょうか。会社に着ていく服、靴やカバン、身だしなみを整えるためにかかる理美容代、勉強に読む本や事務用品など、**実は会社員にも経費と呼べる費用がかかっています。**それを考慮し、収入（支払額）から差し引くのが、「**給与所得控除**」です。

基礎控除

C：所得控除額の合計額

所得控除の額の合計額	
千	円
1 041	935

➡ **48万円の誤差**
これが基礎控除額

所得控除額の詳細　各種保険料の金額 ＝ 合計561,935円

社会保険料等の金額		生命保険料の控除額		地震保険料の控除額	
内　千	円	千	円	千	円
543	658	18	277		

基礎控除の額

課税される所得金額	控除額
2,400万円以下	48万円
2,400万円超2,450万円以下	32万円
2,450万円超2,500万円以下	16万円
2,500万円超	0円

出典：国税庁ホームページ（No.1199　基礎控除）

memo

2020年の税制改正

基礎控除は生活の保障を目的としています。そのため、今までの一律38万円から48万円に上がり、さらに収入により段階的に控除率を引き下げ、一定の高所得層以上は控除額が0円になるように改正されました。

でも先生、
48万円じゃ
生活できません……
ノーコメント
です……
ですよねー

48万円は最低限の生活費

158ページの源泉徴収票の所得控除をよく見てください。実は各種保険料の金額をいくら足しても「C所得控除額の合計額」には届きません。中には自分の源泉徴収票を計算して「間違えているのでは？」と不安になった人もいるでしょう。**この謎の48万円の正体は「基礎控除」です。**会社員・個人事業主問わず誰でも適用されるため、所得控除の詳細欄には記載されないという、少々不親切な作りです。

基礎控除は、**生きていくために必要な最低限の生活費からは税金を取らないことを目的**としています。2019年分以前の基礎控除は一律38万円でしたが、**税制改正**により2020年分以降は所得に応じて増減するようになりました。

「源泉徴収票」の配偶者控除欄の読み方

(源泉)控除対象配偶者の有無等		老人	配偶者(特別)控除の額	
有	従有		千	円
*				

配偶者控除の要件

- 婚姻届を提出した民法の認める配偶者であること
- 納税者の合計所得金額が1,000万円を超えていないこと
- 年間の所得が給与収入のみの場合は103万円、それ以外の合計所得金額が48万円以下であること
- 青色申告者の事業専従者として、その年を通じて一度も給与の支払を受けていないこと
- 白色申告者の事業専従者でないこと

「所得金額」はP.158の「B」の金額です。収入ではありません

配偶者控除の金額

控除を受ける納税者本人の合計所得金額	控除額	
	一般の控除対象配偶者	老人控除対象配偶者(※)
900万円以下	38万円	48万円
900万円超950万円以下	26万円	32万円
950万円超1,000万円以下	13万円	16万円

出典：国税庁ホームページ（No.1191　配偶者控除）

※老人控除対象配偶者とは、控除対象配偶者のうち、その年12月31日現在の年齢が70歳以上の人をいいます。

妻や夫がいると最大38万円

配偶者控除とは、結婚している人が受けることのできる控除です。**法律上の婚姻関係**にある人たちにしか認められないため、事実婚やパートナーシップ制度の場合、現状では配偶者控除の対象になりません。

また、結婚している全ての人が控除を受けられるわけではありません。上で紹介している**要件を全てクリア**していなければならず、配偶者である妻や夫に一定の収入があれば対象外になります。**給与収入の場合は年間103万円以下**、不動産収入などの給与以外の所得（P.147）がある場合は合計所得金額が年間48万円以下であることが大きな条件です。67ページで紹介した**103万円の税金の壁**は、配偶者控除から外れることも意味します。

配偶者特別控除の要件

配偶者控除の要件 ＋

ここが変わる！

- 年間の所得が給与収入のみの場合は103万円超201万6,000円未満、それ以外の合計所得金額が48万円超133万円以下であること

ここが追加！

- 配偶者が、配偶者特別控除を適用していないこと
- 配偶者が、給与所得者の「扶養控除等（異動）申告書」に記載された源泉控除対象配偶者がある居住者として、源泉徴収されていないこと（配偶者が年末調整や確定申告で配偶者特別控除の適用を受けなかった場合などを除きます。）
- 配偶者が、公的年金などの受給者の「扶養親族等申告書」に記載された源泉控除対象配偶者がある居住者として、源泉徴収されていないこと（配偶者が年末調整や確定申告で配偶者特別控除の適用を受けなかった場合などを除きます。）。

配偶者特別控除の金額

配偶者の合計所得金額	配偶者の給与収入の場合	控除を受ける納税者本人の合計所得金額		
		900万円以下	900万円超 950万円以下	950万円超 1,000万円以下
48万円超　95万円以下	103万円超　150万円以下	38万円	26万円	13万円
95万円超　100万円以下	150万円超　155万円以下	36万円	24万円	12万円
100万円超　105万円以下	155万円超　160万円以下	31万円	21万円	11万円
105万円超　110万円以下	160万円超　166.8万円未満	26万円	18万円	9万円
110万円超　115万円以下	166.8万円以上　175.2万円未満	21万円	14万円	7万円
115万円超　120万円以下	175.2万円以上　183.2万円未満	16万円	11万円	6万円
120万円超　125万円以下	183.2万円以上　190.4万円未満	11万円	8万円	4万円
125万円超　130万円以下	190.4万円以上　197.2万円未満	6万円	4万円	2万円
130万円超　133万円以下	197.2万円以上　201.6万円未満	3万円	2万円	1万円

出典：国税庁ホームページ（No.1195　配偶者特別控除）をもとに編集

103万円を超えてもOK

配偶者控除を受けるため、年収が103万円以下になるように働いたほうがお得と考える人も少なくありません。配偶者控除が仕事の選択の妨げになったり、働くことで世帯の税負担が重くなる逆転現象を起こしたりしないように、改正されたのが「**配偶者特別控除**」です。

配偶者が**年間103万円以上の給与収入**（それ以外は合計所得が48万円以上）を稼いでしまい、**配偶者控除の対象から外れてしまったケースをカバー**してくれます。

配偶者控除・配偶者特別控除は、養っている配偶者分の必要最低限の生活費からは税金を取らないことを目的としています。そのため、夫婦どちらか一方だけが控除を受けることができます。

扶養控除の対象となる血族と姻族（いんぞく）

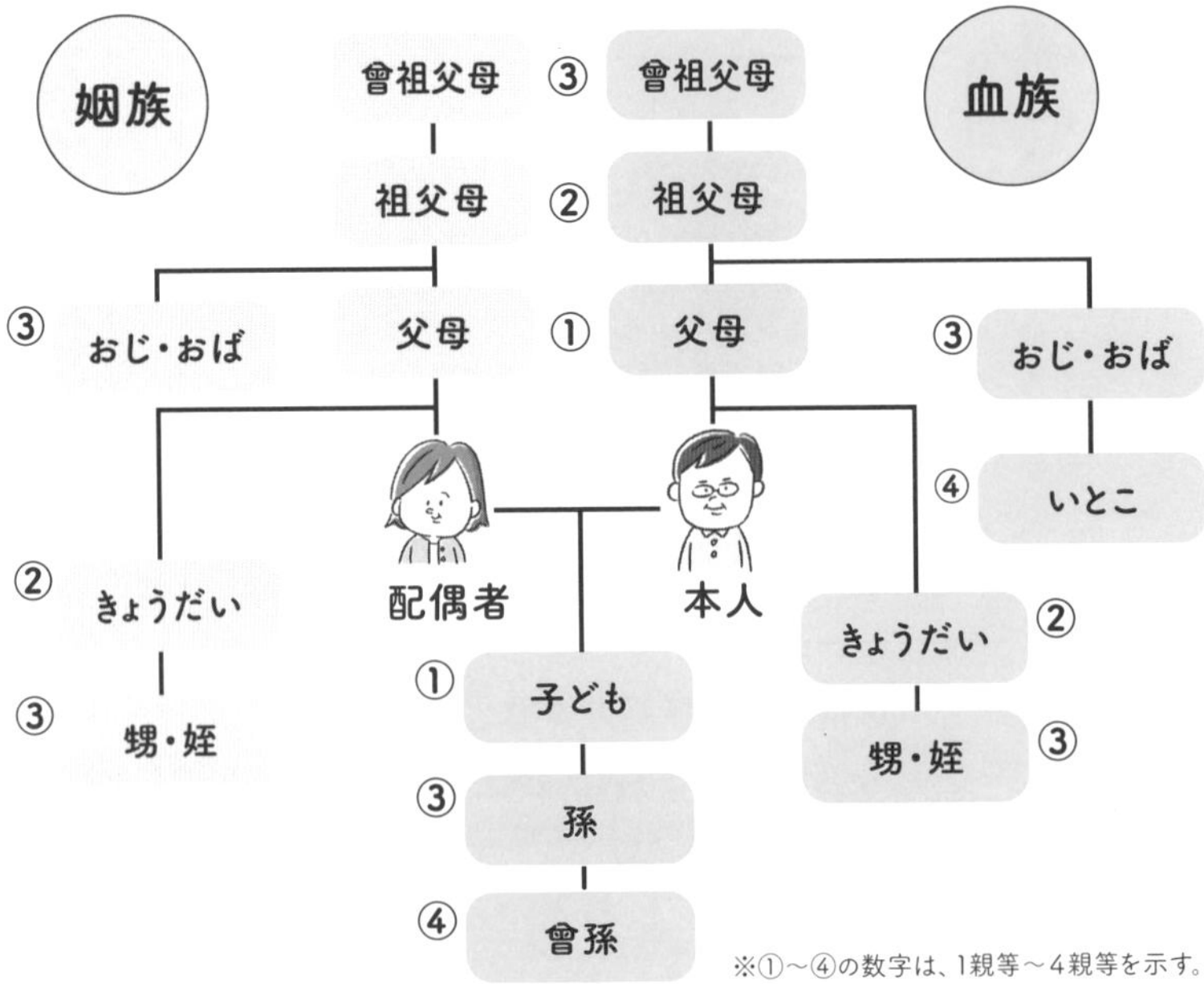

※①～④の数字は、1親等～4親等を示す。

扶養控除の要件

- 6親等以内の血族と3親等以内の姻族。または里子など
- 納税者と生計を共にしていること
- 年間の合計所得金額が48万円以下（給与収入のみの場合は103万円以下）
- 青色申告者の事業専従者として、その年を通じて一度も給与の支払を受けていないこと
- 白色申告者の事業専従者でないこと

生計を共にする家族が対象

納税者に所得税法上の控除対象となる扶養親族がいると、所得税の負担が軽くなるのが「**扶養控除**」です。納税者によって生計を維持されている、年間の合計所得が48万円以下（給与収入のみなら103万円以下）の親族などが扶養親族にあたります。親族にあたるのは、6親等以内の血族、あるいは3親等以内の姻族（いんぞく）です。扶養している**親族1人につき、38万円から63万円までの控除**を受けることができます。

配偶者に関しては、配偶者控除、配偶者特別控除があるため、扶養控除の対象にはなりません。自分の子どもでも12月31日時点で**15歳以下であれば対象になりません**。15歳以下の子どもに対しては、扶養控除の代わりに「**児童手当**」が割り当てられます。

扶養控除の流れ

今年11月

職場から年末調整前に、「保険料控除申告書」（P.155）と一緒に次年度の「扶養控除等（異動）申請書」の記入と提出を求められる

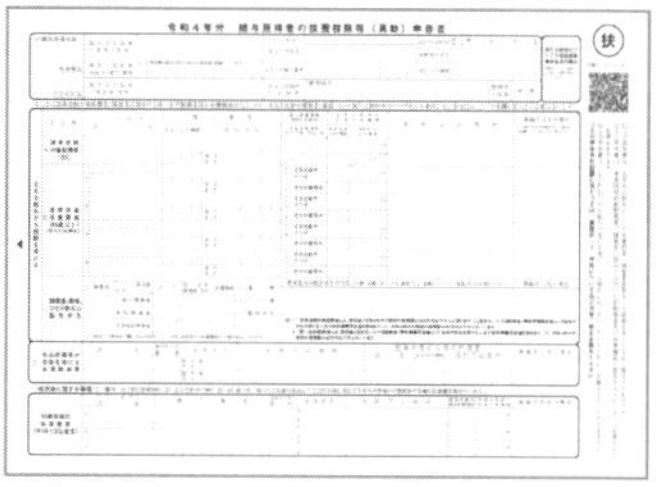

扶養控除（異動）申告書

翌年11月

職場から「扶養控除等（異動）申請書」の内容から変更がないか確認される

年末調整

翌年12月 or 翌々年1月

交付される「源泉徴収票」の扶養欄に反映される

「源泉徴収票」の扶養控除欄の読み方

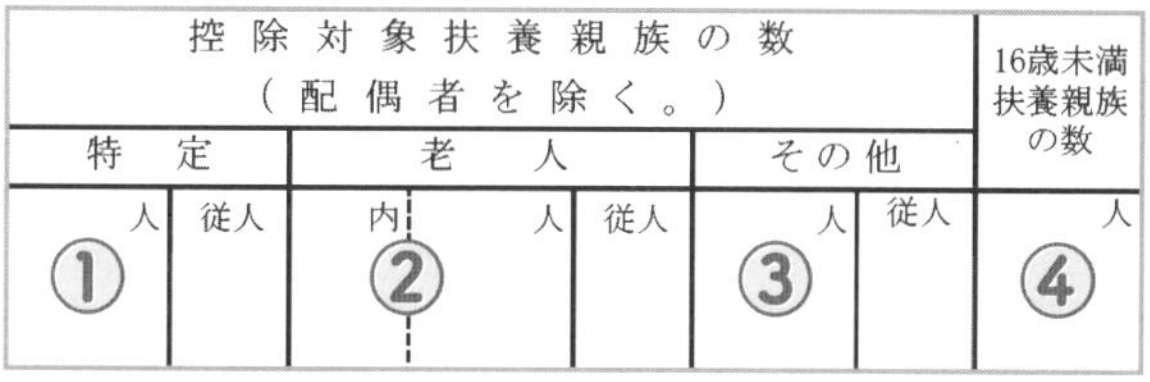

控除対象扶養親族の数
（配偶者を除く。）
特定
老人
その他
16歳未満
扶養親族
の数
人
従人
内
人
従人
人
従人
人
①
②
③
④

①特定扶養親族の数

②老人扶養親族の数
「内」は同居している数

③一般の扶養親族

④扶養親族に該当しない、
15歳以下の扶養親族

一番お金のかかる大学生から社会人になる子どもに対してはMAXの63万円

※「従人」は複数の会社などから給与をもらっていると、対象となることがある。

扶養親族のアルバイト・パートに注意

配偶者控除と同じく、扶養親族も所得の制限があります。給与収入のみの場合は103万円、それ以外の場合は合計所得金額が48万円以下であることが扶養親族の条件です。配偶者特別控除のような特別な制度はないため、超えてしまうと即扶養控除を受けられなくなります。

memo

「児童手当」は現金給付

児童手当は、現在住所のある市区町村で手続きをすることで受けることができます。かつては15歳以下の子どもにも扶養控除がありましたが、これを廃止した代わりにできたのが児童手当です。税金の控除ではなく直接的な現金支給で、子育て世代の生活を安定させるのが狙いです。

扶養控除の金額

区分		年齢	控除額
一般の扶養親族		16歳以上18歳以下 23以上69歳以下	38万円
特定扶養親族		19歳以上22歳以下	63万円
老人扶養親族	同居老親等以外の者	70歳以上	48万円
	同居老親等	70歳以上	58万円

寡婦控除の対象となる人

- 夫と離婚後に再婚しておらず、扶養家族がいる人で、年間の合計所得金額が500万円以下
- 夫と死別後に再婚していない、もしくは夫の生死がわからない人で、年間の合計所得金額が500万円以下（この場合扶養親族は関係なし）

⇩

一律27万円の控除

ひとり親控除の対象となる人

- 12月31日の時点で結婚していない、または配偶者の生死がわからない人
- 事実上、婚姻関係と同様の関係にあると認められる人がいないこと（新しいパートナーの有無）
- 生計を共にする子どもがいること（子どもは他の人の配偶者や扶養親族になっておらず、総所得金額が48万円以下）
- 年間の合計所得金額が500万円以下であること

⇩

一律35万円の控除

※所得金額が500万円は、給与所得の場合年収にすると約678万円。

女性やひとり親の負担を軽減

寡婦とは、**夫と死別もしくは離婚した後に再婚していない独身の女性**を示す言葉です。離婚後に再婚していない扶養家族のいる女性や、夫と死別後に再婚していないもしくは夫の生死がわからない女性で、合計所得金額が500万円以下であれば**一律27万円**の控除が受けられます。女性とその人が扶養する親族に対して、税金の負担を軽くすることが目的です。

しかし、この制度では**未婚のひとり親**は対象になりません。そのため、2020年度の税制改正で新しく「ひとり親控除」が創設されました。**婚姻歴や性別にかかわらず**生計を共にする子ども（総所得金額が48万円以下）がいる単身者は、**一律35万円**の控除を受けることができます。

障害者控除の対象となる人

	障害者	特別障害者
1		精神上の障害により自分で意思表示ができない全ての人
2	知的障害者と判定された人	重度の知的障害と判断された人
3	精神障害者保健福祉手帳の交付を受けている人	左のうち、障害等級が1級の人
4	身体障害者手帳の交付を受けている人	左のうち、障害等級が1級、2級の人
5	年齢が65歳以上で、市区町村長や福祉事務所長に1、2、4に準ずると認定を受けた人	左のうち、特別障害者に準ずると認定を受けた人
6	戦傷病者手帳の交付を受けている人	左のうち、障害の程度が恩給法に定める特別項症～第3項症までの人
7		厚生労働大臣から原子爆弾被害の認定を受けている人
8		12月31日の時点で6カ月以上にわたって寝たきりの状態で複雑な介護を必要とする人

障害者控除額

障害者	特別障害者	同居特別障害者
27万円	40万円	75万円

障害を持つ本人や家族に

「**障害者控除**」は、**納税者本人もしくは生計を共にする配偶者や扶養親族**が、所得税法上の障害者にあてはまると所得税の負担が軽くなる制度です。精神的な障害から肉体的な障害の他、戦傷病者や原子爆弾の被害者、また病気や事故により複雑な介護を必要とする人などが対象となります。所得税法上の障害者であることがポイントです。詳しくは上で解説しましょう。

障害の内容により、「**障害者**」「**特別障害者**」の2つに区分されます。障害者は一律27万円、特別障害者の場合は一律40万円、さらに特別障害者が同居している場合は、一律75万円の控除を受けることが可能です。これらの控除に、収入や年齢などの要件はありません。

「源泉所得税」ってなんだろう
なぜ会社員なのに確定申告？

会社員の「所得税」事情

12月に会社が精算
「年末調整」

なにもなければ
これで完了

⇩

こんなことありませんか？
- 給与以外に収入があった
- 所得税が安くなる（控除）できごとがあった

⇩

自分で確定申告
年末調整で確定した所得税の
金額から、さらに増減が発生！

多く支払いすぎていても、税務署は教えてくれません。自分で請求しないと、お金は還ってこないんです。

これは
会社でやって
くれないんだ……

給与以外の収入があれば要注意

さて、少しおさらいをしましょう。**確定申告は1年間の所得税を計算し、納める手続き**ですが、会社員の場合**「年末調整」**で所得税の精算が完了します。年末調整が終わると、会社は**「源泉徴収票」**という報告書を作成して従業員に交付するとともに、税務署や市区町村にも提出してくれるため、確定申告をする必要がないのです。

しかし、**会社員でも確定申告が必要な場合**があります。20万円を超え

確定申告しないと損する人

1月1日～12月31日の間に

- 10万円を超える医療費を支払った人（P.170）
- マイホームを購入して住宅ローンを組んだ人（P.172）
- ふるさと納税などの寄附をした人（P.174）
- 配偶者と離婚したり死別した人
- 自然災害や盗難の被害にあった人
- 退職して再就職していない人

⇩

納めた所得税が多すぎるので還ってくる可能性

確定申告しないとただ自分が損するだけ

確定申告しないといけない人

1月1日～12月31日の間に

- 20万円以上の副収入（所得）がある人
- 不動産を売った人
- 2カ所以上から給与をもらった人（主たる収入以外の収入が20万円を超える場合）
- 給与が2,000万円以上の人

⇩

追加で所得税を納めなければいけない可能性

確定申告しないで黙っていると脱税になるので注意

＊商売目的以外での、ネットオークションやフリマでの売却収入は非課税所得のため課税対象外です。

退職・転職した人は気をつけて！

仕事を辞めると、会社から「源泉徴収票」を交付されます。「摘要」欄を見ると、現時点で源泉徴収によりいくら所得税を納めているのかが記されています。

【転職した場合】

入社時に前職分の「源泉徴収票」を提出しましょう。新しい会社の経理担当者が、前職分とあわせて12月に年末調整をしてくれます。アルバイトやパートでも同様です。

【働いていない場合】

自分で確定申告をしましょう。源泉徴収により納めすぎた所得税が還ってくる可能性があります。

る副収入があった人、不動産を売った人などです。これらのケースは給与以外に収入を得ているので、**年末調整で計算してもらった所得税からさらに変動**があります。この精算は会社ではしてくれないので、必ず自分で確定申告をしなくてはいけません。

未申告で損することも

確定申告をしないと**損するケースもあります**。年間で10万円を超える医療費を支払った人、マイホームを購入した人、ふるさと納税をした人などです。これらのケースは、**年末調整で計算してもらった所得税からさらに安くなる可能性**があります。確定申告することで、支払いすぎた所得税が還ってきますので忘れずに行いましょう。

医療費控除ってなに？

「源泉所得税」ってなんだろう

一定額を超える医療費は控除の対象

1月1日〜12月31日の1年間に支払った医療費が一定の金額を超えると、**超える部分のお金は所得税の計算上、控除**するという制度を**「医療費控除」**といいます。適用して受けるためには**確定申告**が必要です。

納税者本人だけでなく、生計を共にする配偶者や扶養親族がいれば、家族の分もまとめて計算することができます。一般的に**年間で10万円を超えると控除の対象**になります

医療費控除の計算のしかた

1年間の医療費の合計 − 受け取った保険金など − 10万円

＝ 医療費控除の額（最高200万円まで）

この金額分に対する、既に支払った所得税が還ってくる！

もっと詳しくいうと還付される税額は
医療費控除の額×所得税の税率
で計算します

受け取った保険金とは？
個人で加入している生命保険から受け取る、入院給付金や手術給付金のことです。その他、健康保険から給付される高額療養費（P.84）や出産育児一時金（P.82）も対象です。

10万円とは？？
よく「年間の医療費が10万円を超えると対象」というのは、計算時に引かれる額が一律10万円だからです。しかし、もし総所得金額200万円未満（収入ではないので注意。P.158）の人は、総所得金額の5％を引きます。

医療費控除の明細書ってなに？

医療費控除の申請には以下の書類が必要です。

- 確定申告の書類
- 医療費控除の明細書
- 健康保険の医療費通知
- 源泉徴収票

※領収書は自宅保管。提出不要！

医療費控除の明細書は国税庁のwebサイトで入手できます。医療費の領収書を見ながら記載していく書類ですが、健康保険から届く「医療費の通知」で代用できるケースもあります。2017年より領収書の提出は不要になったため、より申告がしやすくなりました。

memo

「還付（かんぷ）」申告に注意！

確定申告とスケジュールが異なり、申告期間は1月1日～12月31日分を翌年1月1日から5年間申告可能です。申告後1～2カ月で還付金が振り込まれます。

セルフメディケーション税制ってなに？

健康を維持・増進し、病気を予防するためにかかった費用の一部を、所得税の対象外にする制度です。健康診断などを受けた人については、スイッチOTC医薬品の購入にかかった費用のうち、12,000円を超えた部分は88,000円を上限に所得金額から控除されます。

スイッチOTC薬ってなに？

以前は医師の処方がないと使用できなかった医薬品が、規制緩和により「OTC医薬品」として薬局で販売可能になったものです。OTCとは「Over The Counter（カウンター越し」の対面販売を意味します。

【たとえばこんな薬】

- ロキソプロフェン（解熱鎮痛剤）▶ロキソニン
- フェキソフェナジン（アレルギー性鼻炎薬）▶アレグラ
- ファモチジン（H2ブロッカー胃腸薬）▶ガスター

風邪薬、鎮痛薬、花粉症の薬、水虫薬など、以前なら医師の処方のもとでしか使えなかった医薬品が薬局で買えるようになっています。

セルフメディケーション 税 控除対象

このマークが目印！

（詳しくは上を参照）。

病院での療養費はもちろん、治療のために購入した処方薬や市販薬、病院への交通費なども対象です。

市販薬を買ったらチェック

もう1つ、医療費に関する控除があります。それが「セルフメディケーション税制」です。健康診断などを受けて健康を維持・増進し、疾病の予防などに取り組んでいる人が、スイッチOTC医薬品にあたる**市販薬を年間1万2千円以上購入すると、所得控除を受ける**ことができます。2021年までの限定ではじまった制度ですが、2026年まで延長することが発表されました。ただし、医療費控除とどちらか一方しか受けることができません。

Chap. 2

「**控除**」について

「源泉所得税」ってなんだろう

住宅ローン減税とは？

住宅ローン減税の対象者

- 10年以上の住宅ローンを組んだ人
- 控除を受ける年の所得金額が2,000万円以下の人
- 取得後6カ月以内に入居し、控除を受ける年の12月31日までに引き続き住んでいること（住むための家でないと✕）
- 住宅の床面積が一定の場合40平方メートル以上あり、床面積の半分以上が居住用（店舗や事務所がメインでは✕）
- 入居した年との前後3年に住宅に関する居住用財産の特別控除や、課税特例などを受けていないこと

住宅ローンを組んだ人が対象

マイホームの購入は、多くの人にとって人生で一番の高額な買い物です。多額のローンを組んで住宅を購入する人のために、**経済的負担を少しでも軽くするよう特別な税額控除**が用意されています。それが**「住宅ローン減税」**です。

今までのページで紹介してきた所得控除は、所得金額から控除額を差し引いて計算するタイプのものでした。

ところが、住宅ローン減税の場

住宅ローン控除金額の計算のしかた（1～10年目）

住宅ローンを組むと、毎年秋頃に銀行から
「住宅ローン年末残高証明書」が届きます。1年目は自身で確定申告、
2年目以降は年末調整になるので会社に提出しましょう。

年末時点のローン残高（上限5,000万円*） × 0.7% ＝ **控除額**（最大35万円）

＊ 認定長期優良住宅・認定低炭素住宅の場合は5,000万円
認定長期優良住宅……国土交通省から「長持ちする家」と認められた家
認定低炭素住宅………国土交通省から「エコな家」と認められた家

例

3,500万円 × 0.7% ＝ 35万円の控除

納めた所得税額 ＋ 住民税額（上限97,500円） ＝ 本来納めるべき税額

どちらか低い方

⇩

住宅ローン控除額 ＞ 納めた所得税

の場合、所得税だけでは控除しきれなかった残りの金額は、来年度の住民税から引かれる！

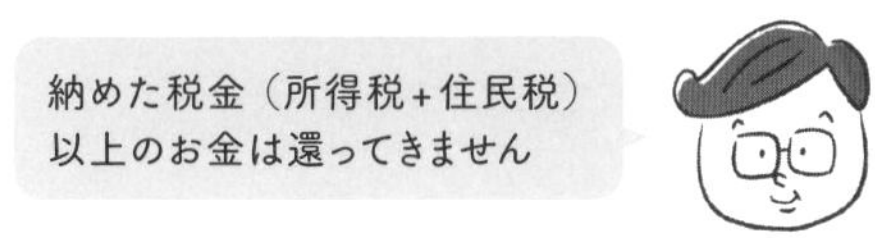

納めた税金（所得税＋住民税）
以上のお金は還ってきません

合、なんと**控除額をそのまま所得税額からマイナス（減額）します。**人によっては**所得税が丸ごと還ってくる**という、他の控除とは比べものにならない大きな制度なのです。

必ず最新情報をチェック

住宅ローン減税を正しくは**住宅借入金等特別控除**といいます。住宅取得控除という名前で1972年にスタートし、そのときの景気や情勢にあわせて毎年のように改正が行われています。実際の計算方法や詳しいルールなどは、マイホーム購入時の最新の情報をもとに税務署やローンを組んだ銀行、税理士に相談するといいでしょう。

少し難しく感じるかもしれませんが、このような制度があるということを、ぜひ覚えておいてください。

「源泉所得税」ってなんだろう
ふるさと納税ってなに？

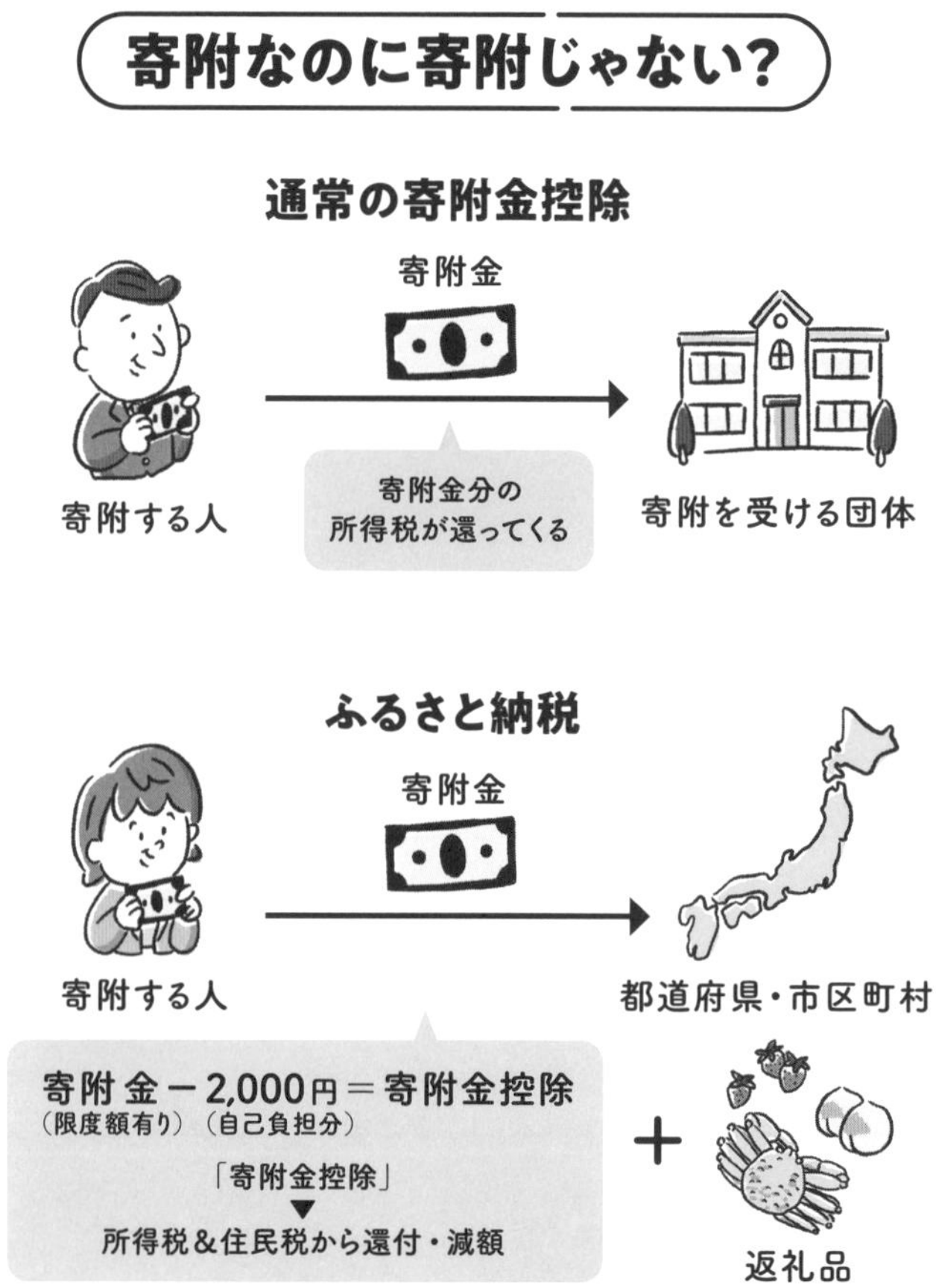

特別な寄附控除

ふるさと納税は、都道府県や市区町村への「**寄附**」です。自分が応援したい地域や地元に寄附をすることで、さまざまな特典を受けられるのがこの寄附の特徴です。

まず、**通常の寄附**についてお話ししましょう。国や地方公共団体、独立行政法人や日本赤十字社など指定の団体に寄附を行うと、**所得税のみ「寄附金控除」が認められます。**所得税基礎控除などと同様に「所得控除」（P・157）となるため、確定申告を行うことで所得税が還付される

ふるさと納税のスケジュール

確定申告をすると、次のようなスケジュールで所得税と住民税が控除されます。

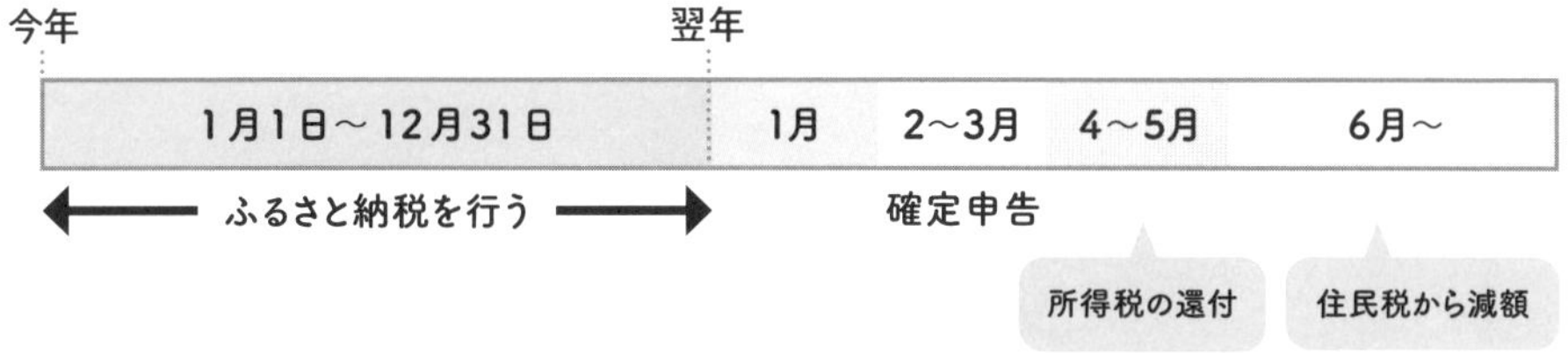

ワンストップ特例を使うと確定申告不要！

ワンストップ特例は確定申告が不要な便利な制度です。
年間の寄附先の上限がありますが、気軽に申し込めるのがメリットです。

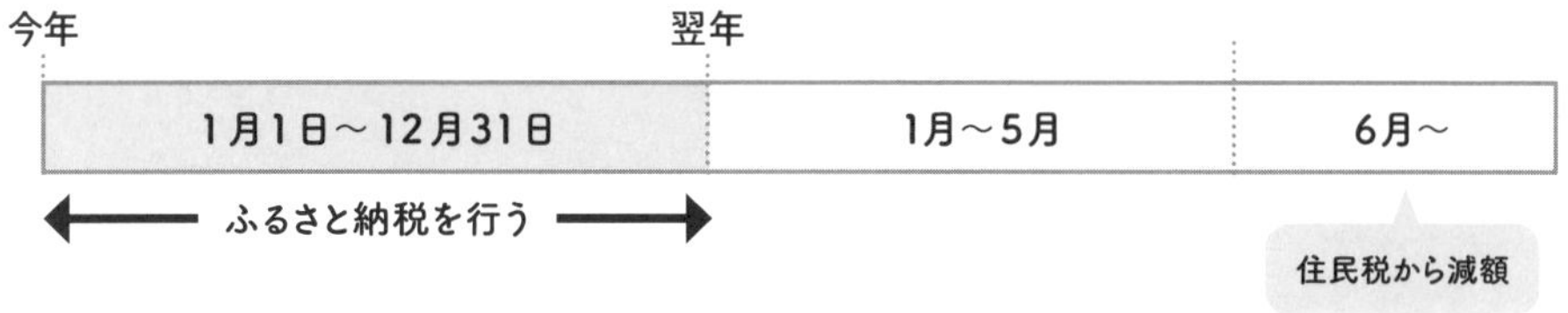

ワンストップ特例は何が違うの？

・年間の寄附先は5自治体まで
・所得税の還付はなく、代わりに寄附額（自己負担2,000円を除く）はそのまま翌年の住民税から減額

場合があります。

ところが、ふるさと納税の場合、所得税と住民税の両方から控除が認められています。確定申告することで、前年度の所得税が還付され、さらに残りの金額は翌年の住民税から減額するというシステムです。

上限額に気をつけて

控除を受けられる金額には、上限があります。年収や家族構成によって変わりますが、扶養控除の対象となる配偶者や親族が多いほど上限額は低くなります。ふるさと納税を取り扱うwebサイトでは、源泉徴収票を見ながら数字を入力すると、**控除上限額をシミュレーション**＊してくれるサービスがあるので、試してみるといいでしょう。

＊ 最低自己負担額である2,000円で寄附できる、寄附上限額の目安を計算できる。上限額を超えない限り、複数寄附をしても自己負担は2,000円。

住民税ってなに？

「住民税」ってなんだろう

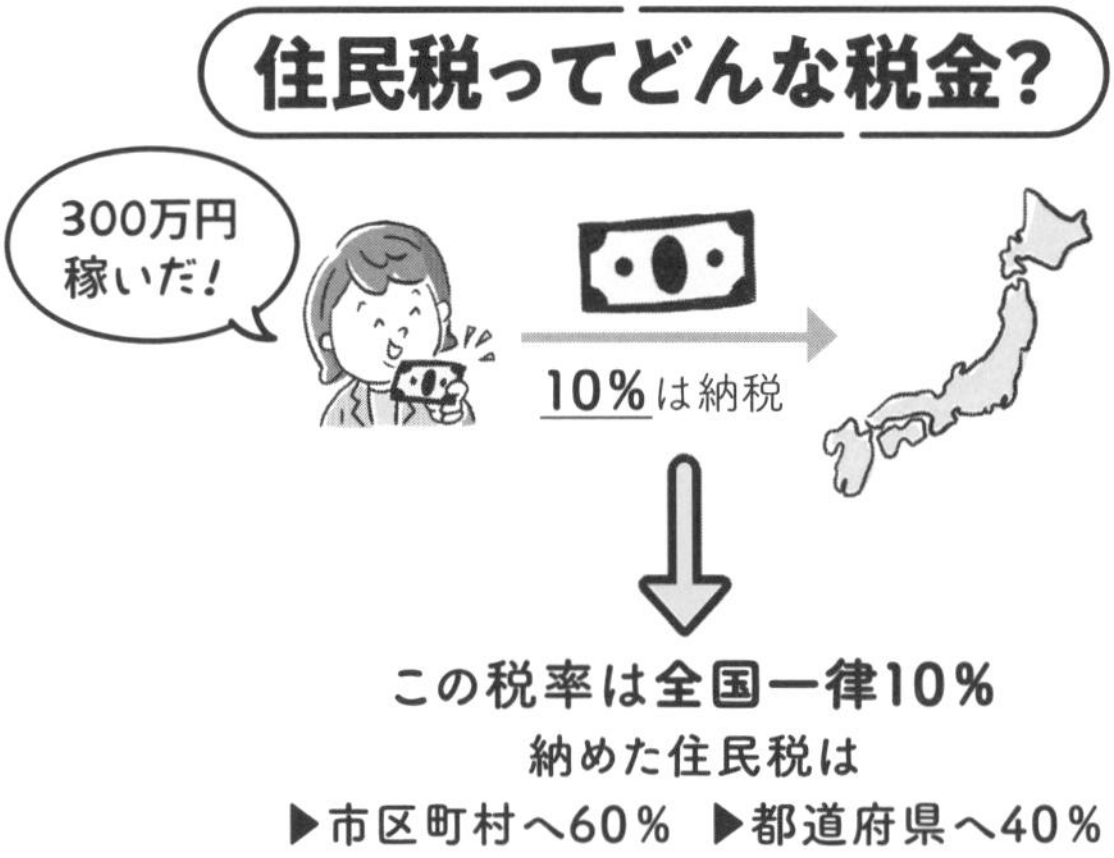

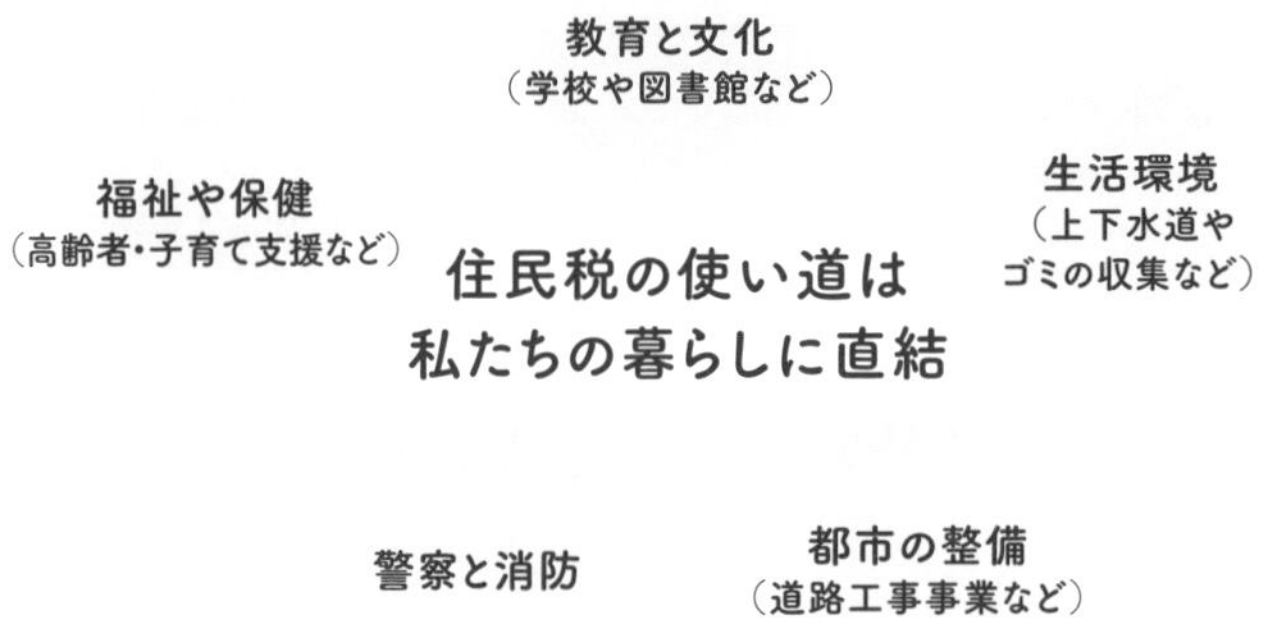

県と市に納める会費

住民税とは、あなたが住民票をおく居住地に支払う税金です。正しくは、「**市区町村民税**」と「**都道府県民税**」といい、この2つをまとめて住民税と呼んでいるのです。

住民税は**都道府県や市区町村に支払う会費**のようなものです。住民から集めた会費を国からの補助金をもとに、住民にさまざまな行政サービスを提供しているのです。

所得税が国に納める国税なのに対して、住民税は地方自治体に納める「**地方税**」です。これは地方自治

14種類の「所得控除」

住民税にも所得税のように所得控除があります。
よく似ていますが、それぞれの税率が所得税とは異なります。

		どんなとき？
1	雑損控除	災害や盗難により住宅や家財などに損害を受けたとき
2	医療費控除	一定額の医療費を支払ったとき
3	社会保険料控除	社会保険料を支払ったとき
4	小規模企業共済等掛金控除	小規模企業共済の掛金を支払ったとき
5	生命保険料控除	生命保険料を支払ったとき
6	地震保険料控除	地震保険料を支払ったとき
7	障害者控除	障害のある人（配偶者や親族を含む）
8	寡婦控除	夫と死別または離婚した女性
9	ひとり親控除	母子家庭または父子家庭の父母
10	勤労学生控除	収入を得ている学生
11	配偶者控除	年収が103万円以下の配偶者がいるとき（給与収入だけの場合）
12	配偶者特別控除	年収が201.6万円未満の配偶者がいるとき（給与収入だけの場合）
13	扶養控除	扶養している親族がいるとき
14	基礎控除	全ての人

体が自由に使えるお金であり、住民税は**私たちの暮らしにダイレクトに影響する税金**といってもいいでしょう。実際に地方税の多くが、高齢者や子育て支援、教育や文化、警察や消防などに使われています。

1月1日の住所がポイント

毎月引かれる住民税は会社から市区町村に納められ、その後都道府県へと納められています。**住民税の6割が市区町村に、4割が都道府県**へ配分されます。

住民税は、**1月1日時点に住所のある個人に納める義務が発生**します。もし1月2日以降に引っ越ししたとしても、引き続き以前の自治体に住民税を納めることになります。しかし、収入が一定以下であれば課税されません。

Chap.2

「控除」について

住民税はどうやって決まるの？

「住民税」ってなんだろう

住民税の計算のしかた

－

＝ 所得

収入　　必要経費　　純粋な利益

（所得 － 所得控除）× 税率10％ ＝ 住民税の金額

課税所得金額

所得控除は全部で14種類
引くものが多いほど、最終的な税額が安くなる！

もし税額控除（住宅ローンなど）があれば、ここから差し引く

「所得割額（10％）」に加えて「均等割額」との合計額で算出。
所得の額に対してと、全ての人に均等に課せられる2つの側面があり、少々複雑

前年の収入で計算

住民税は**1月1日～12月31日までの収入**に対して計算します。会社員の場合、所得税は12月の年末調整で最終決定しますが、＊住民税はこれより遅く、**翌年の5月に決定**します。ゴールデンウィークが明けた頃に「住民税決定通知書」が会社に届き、**翌6月から納付がスタート**します。源泉徴収で前払いする所得税と違い、住民税は後払いです。そのため社会人2年目の6月から住民税が課税されるようになります。

所得税と同じように、住民税にも

＊ 確定申告がある場合は3月。

住民税は後払い

前払いする所得税と異なり、住民税は後払いです。

今年：1月1日～12月31日の所得

←住民税の対象期間→

翌年：1月～4月 計算期間｜5月｜6月～翌年5月

1月1日
居住地で住民税が発生

5月連休明け頃
住民税額の決定を知らせる「**住民税決定通知書**」が届く

6月
納付スタート
12分割したものを翌々年の5月まで支払う

あー！だから
社会人2年目になると
住民税の支払いが
はじまるんだ！
仕事を辞めて
無職になっても、
前年の住民税は
支払わないと
いけないんですよ

point
従業員に代わり、会社が市区町村（都道府県）に提出した「**源泉徴収票**」（P.156）や確定申告書をもとに、市区町村が住民税の計算を行います。

所得控除や税額控除などの控除があります。これらを差し引いた、**住民税の対象となる「課税所得」に一律10%の税率がかけられ、住民税が算出される**のです。どこの市区町村に住んでいても税率は同じのため、**住民税の金額は変わりません。**

無職になっても請求される

毎月支払っている住民税は、前年度の税金です。そのため、途中で住所が変わったり、転職で収入が変わったりしても**住民税の税額に影響はありません。**もし無職になっても、住民税は引き続き請求されます。失業などやむ得ない事情がない限り減免制度は適応されないので、仕事を辞めるときは注意しましょう。1月～5月に退職すると、残りの住民税は一括で徴収されます。

給与明細の読み方をおさらい

BAR
先生……
給与明細ってすごい
こんな一枚の紙に世の中のしくみが
ぎゅっとつまっていたんですね
うん、そうだね
はは
知らなくても生きていけるかもしれないけれど
22年春闘、賃上げ率2%割
住宅ローン控除見直しが検討
知っていると、世の中のニュースやできごとにもっと関心がわくかもしれない
自分が暮らす国でどんなことが起きていて
納めているお金が何に使われているのか
それを知っているってだけで
ちょっと地に足がついた感じがするわよね
はい！上手くいえないけど……
ちゃんと生きているっていうか

自分が思っていた大人に少し近づいた気がする
うんうん
それに、誰かが教えてくれるのを待っていたけれど
セルフメディケーションとか
自分で動かなきゃ損しちゃいますね
絶対損してたー
そうそう
市役所
お金や制度って、苦手だからと避けていると
税金を少なくしたり、自分が受けられる恩恵を逃してしまったりすることもあるんですよ
給料明細
苦手でも、知っておかないと
頑張ってもらったお金だからね
はい！
というわけでおさらいしましょう！

社会保険合計
34,475
社会保険料とは何でしょう?
健康保険、年金、介護保険、雇用保険、労災保険の5つです!
対象となるお金は?
会社から支給される全ての「給与」に対して計算します!
通勤交通費も含む
暮らしの中のリスクに備える「保険」です!
源泉所得税
4,840
給与明細の税金とは何でしょう?
所得税と住民税の2つです!
対象となるお金は?
通勤交通費など非課税の手当を除いた「給与」です!
さらに個人の事情を考慮して、たくさんの「控除」を受けた後
最終的な課税所得金額が算出されます!

よくできました！
パチパチ
正解
税金高すぎって言ってた自分が恥ずかしいです
先生、本当にありがとうございます！
いえいえ、お手伝いができてなによりです
いつでも遊びに来てくださいね
ガシッ
ミーガンさーん！
そうよ！もう飲み友なんだから！
いらっしゃいませ
おや、なにかお困りですか？
2丁目税理士BAR

おまけ

ボーナス明細が読めない！

先生！
あら
いらっしゃい
ボーナス出たんですけど
明細をちゃんと読んだら
住民税が消えているんです
ボーナス明細に住民税は載らないですよ
思い出してください
え?!
ははは
昨年分の所得に対して計算した住民税を、12カ月分割で支払うのが住民税です
翌年納税
前年所得
住民税は後払いよ
そっか……だからボーナスには住民税はかからないんだ
正確には、年間収入で計算するからボーナスにもかかっているけど
明細には登場しません
ボーナスの社会保険料や源泉所得税の計算って
いつもと違うんですか?
そんなことないですよ

基本的に、「給与明細」と「賞与明細」の読み方は同じです。
賞与に関係のない、勤怠や各手当は載っていません。

チーム「社会保険料」

- 健康保険
- 厚生年金
- 介護保険（40歳以上）
- 雇用保険

通常と同じように、計算されます。ただし、毎月の給与より高額なボーナスの場合、保険料率のラインがいつもより上がるため、毎月の社会保険料より高額になります。
※標準報酬月額表の見本はP.65。

賞与明細書

株式会社 猫島商事
2023年12月

所属氏名	企画部一課	日野さな

支給	賞与給					
	562,500					
控除	健康保険	厚生年金	介護保険	雇用保険	社会保険合計	
	27,675	51,423		1,687	80,785	
	源泉所得税	住民税			課税対象額	
	19,673				481,715	

総支給額	562,500
控除合計額	100,458
差引支給額	462,042

実際に受け取る金額

チーム「税金」

源泉所得税
※住民税はなし

会社員の住民税は1年分を12カ月に分割して、毎月の給与から納めています。そのため、ボーナス明細には登場しません。今回のボーナスに対する住民税は来年納めます。

教えてハジメ先生！

お金や会社のあれこれ Q&A

Q 財形貯蓄ってどんなしくみですか？

A 給与から天引きされる貯蓄です

財形貯蓄を正式には「**勤労者財産形成促進制度**」といいます。個人の貯蓄を国や会社が促進する制度です。

気軽にスタートできる「一般財形貯蓄」、マイホームのための「財形住宅貯蓄」、老後のための「財形年金貯蓄」の3種類があります。

毎月の給与から天引きされるため、**貯金用口座への振替の手間がはぶける**、**一部の財形なら利息が非課税**などのメリットがあります。

Q 天引きされる積立金ってなに？

A 旅行の費用などのための社内預金です

給与から天引きされる積立金は、**財形貯蓄と同じ社内預金の1種**です。社員旅行のため、毎月天引きで「**旅行積立金**」を徴収している企業もあります。旅行に行く前に退職した場合は、旅行に行かなかった、**積立金の返金を求めることができます**。

あくまで会社は、従業員のお金を預かって管理しているだけです。本人の意思に反して、勝手に用途不明な積立金を行うことはできません。

Q 労働組合ってなにをするところ？

A 働く人が集まって作る働く人のための組織

労働組合とは、働く労働者が集まって作る組織です。会社に対して労働時間や賃金、勤務体制といった**労働条件の改善を求めたり**、働く人の**不満や苦情などを会社に伝えて改善を求める**ことを目的としています。基本給のベースアップの交渉を行うのも、労働組合の大きな役割です（P・41）。

同じ会社の労働者で作る組合や、同じ業種の会社が集まって作る組合などがあります。

Q 給与明細はいつまで取っておけばいいの？

A 5年間は取っておきましょう

給与明細は必ず保管しておきましょう。もしも**給料や残業代の未払いがある場合は、3年*までさかのぼって請求する**ことができる他、確定申告は5年までさかのぼれるため、**最低でも5年間は保管しておく**といいでしょう。

健康保険や雇用保険の給付、住宅ローンを組むときなどに必要になることもあります。また、**年金を受け取るまで**保管しておくべきだという考えもあります。

＊今後5年に延長する見込みです。

Q 副業すると会社にバレますか？

A 住民税決定通知書で気づくケースも

大前提として、会社が認めていない副業を行うのはNGです。副業の経費などを差し引いた**所得が20万円未満の場合、住民税は発生しますが所得税は発生しません**。しかし、20万円以上なら**確定申告で所得税を納める**必要があります。

すると5月に届く**住民税決定通知書に記載される所得額が、源泉徴収票の所得額より高くなる**ため、この差額などで会社側が気づくというケースもあるようです。

索引

［監修］
高橋創税理士事務所
高橋 創
東京都出身。
東京都立大学経済学部卒業。
卒業後、大原簿記学校税理士講座で所得税法の講師を6年間務める。

平成16年に税理士試験合格後、
平成19年2月に高橋創税理士事務所を開設し独立開業。
著書に『税務ビギナーのための税法・判例リサーチナビ』、『フリーランスの節税と申告 経費キャラ図鑑』（中央経済社）、『図解 いちばん親切な税金の本20-21年版』（ナツメ社）、『桃太郎のきびだんごは経費で落ちるのか? 日本の昔話で身につく税の基本』（ダイヤモンド社）があるほか、数多くのメディアにコラム等を執筆している。

税理士業のかたわら、新宿ゴールデン街のバー『無銘喫茶』のオーナー、
YouTube『2丁目税理士チャンネル』、
ネットショップ『経費擬獣図鑑』の運営なども行う。

［Staff］
イラスト・漫画　長門繭
装丁・デザイン　東京100ミリバールスタジオ（松田剛・大朏菜穂・石倉大洋）
校　閲　榊原砂麻理（有限会社くすのき舎）
執筆協力　青木信子
編集・構成　養田桃（株式会社フロンテア）
企画・進行　本田真穂（辰巳出版）

給与明細から読み解く
お金のしくみ

2021年10月15日　初版第1刷発行
2023年 4月20日　初版第4刷発行
監修者　高橋　創
編集人　宮田玲子
発行人　廣瀬和二
発行所　株式会社 日東書院本社
〒113-0033
東京都文京区本郷1-33-13 春日町ビル5F
TEL：03-5931-5930（代表）
FAX：03-6386-3087（販売部）
URL：http://www.tg-net.co.jp

印刷・製本　図書印刷株式会社

Printed in Japan
ISBN　978-4-528-02354-3 C0033